中国经济体制：变革与挑战

1978—2008

高新才 主编

兰州大学出版社

图书在版编目(CIP)数据

中国经济体制:变革与挑战(1978—2008)/高新才主编.兰州:兰州大学出版社,2008.11

ISBN 978-7-311-03146-6

Ⅰ.中... Ⅱ.高... Ⅲ.经济体制改革—研究—中国—1978—2008 Ⅳ.F121

中国版本图书馆 CIP 数据核字(2008)第 162494 号

策划编辑 陈红升
责任编辑 高燕平 陈红升
封面设计 张友乾

书　　名 中国经济体制:变革与挑战(1978—2008)
作　　者 高新才 主编
出版发行 兰州大学出版社 (地址:兰州市天水南路 222 号 730000)
电　　话 0931-8912613(总编办公室) 0931-8617156(营销中心)
　　　　 0931-8914298(读者服务部)
网　　址 http://www.onbook.com.cn
电子信箱 press@onbook.com.cn
印　　刷 兰州新华印刷厂
开　　本 787×1092 1/16
印　　张 14.75
字　　数 330 千字
版　　次 2008 年 12 月第 1 版
印　　次 2008 年 12 月第 1 次印刷
书　　号 ISBN 978-7-311-03146-6
定　　价 28.00 元

前　言

三十年,人生可称而立,国家可见枯荣。1978—2008年,中华民族用改革开放的实践,以崭新的姿态重新屹立于世界民族之林,使之成为中国历史上最为辉煌的三十年。身为亲历这段历史的一名经济学者,我没有理由放弃自己的思考责任。

三十年前,经过"十年浩劫",我国的国民经济濒于崩溃,人均GDP仅100多美元,近3亿国民处于贫困之中,相当一部分国民在温饱线上挣扎,中国属于当时世界上最贫困的国家之一。而且,当时的经济结构严重扭曲,农业落后,轻工业不发达,重工业内部自我循环,消费品奇缺,城乡严重分割……正是在这样的背景下,中国开始了改革的征程。尽管在当时,我们,包括所有的改革推进者,对改革的目标、路径等都并不完全明了,对今天看来很多在改革中遇到的深层次理论问题也缺乏深刻系统的认识,但改革的实践一步步深化,"摸着石头过河"的理念成就了这场伟大的变革。今天,市场经济体制已经取代计划经济体制成为资源配置的主要力量;兼顾公平与效率的收入分配体制取代了原来的低效率的"大锅饭"分配方式;民营经济不再是"资本主义的尾巴",而是中国经济的重要组成部分;全方位对外开放格局已经形成,开放型经济取代了原来的半封闭型经济……

通过改革开放这场伟大革命的洗礼,中国日益具有大国风范,在世界经济中的影响力不断上升。2007年,中国已经是世界第四大经济体,进出口贸易额达到21738亿美元,是世界第三大贸易国,外汇储备达1.53万亿美元,是当之无愧的第一大外汇储备国。

改革开放令中国人民的生活状况得到了极大的改善。改革开放初期,中国的人均GDP不到200美元,许多人挣扎在贫困线上;如今,中国的人均GDP达到2600美元。与改革开放前相比,现在的中国无疑称得上是国强民富。

……

正如十七大报告所言:改革开放"作为一场新的伟大的革命,不可能一帆风顺,也不可能一蹴而就"。改革开放的每一步,都伴随着新旧思想的碰撞,新旧体制的斗争。没有人会忘记改革史上的三次思想大碰撞:"两个凡是"与"实践是检验真理的唯一标准"的理论讨论,姓"社"姓"资"的思想争锋,姓"公"姓"私"的是非辩论。三次思想大碰撞带来了三次思想大解放,也带来了中国体制的大变化,这也正是中国渐进式改革的一个体现。"摸着石头过河"的渐进式改革让中国"当惊世界殊"。

确实,我们可以自豪地宣称中国改革取得了巨大的成就,但我们绝不能陶醉其中,而应该看到差距和不足,清醒地认识到高速发展所带来的新挑战。经过三十年的改革,浅层次的、相对容易完成的改革任务我们已基本完成,相应地,改革也进入了"深水区",这个"深水区"绕不开,也躲不过。收入分配不公现象有日益严重之趋势,政治体制改革滞后于经济体制改革所引发的矛盾越来越显现其破坏力,环境保护问题并没有能取得突破性进展,此外,教育、医疗卫生、社会保障等领域也存在众多亟需解决的问题。如此之多艰巨的任务埋伏在我们的前方,而且,我们无法回避。

一如混浊的河水需要沉淀之后才能清澈见底一样,历史也需要积淀,对历史的认识更需要一个沉淀过程。十五年前,基于专业的思考,我们从计划、价格、财政、金融、社会保障、工业、农业、商业、外贸、劳动工资等十大体制的视角对中国经济体制改革的方向和目标进行了剖析,出版了《中国经济体制大走势》一书。如今,中国的改革开放已经进入了一个新的阶段。温故而知新。回顾改革开放三十年的经济体制演义,不应该仅仅是凭吊过去,品味过去的丰功伟绩;更要紧的,应该是获得一份警醒,一份勇气,为中国扬帆前行提供经验和动力。

准确、客观、深入地对改革开放三十年中国经济体制改革的理论与实践进行回顾和总结,意义重大,但任务艰巨。本书选取了市场体系、农村经济、价格、财政税收、金融服务、收入分配、民营经济、劳动就业、社会保障、区域经济、对外开放等经济体制改革的十一个方面进行研究,回顾了其历程,总结了其经验,提出了该领域未来改革的方向,希望对关心中国改革开放进程的读者有所裨益。

"路漫漫其修远兮,吾将上下而求索",这不仅仅是对中国的改革开放而言,更是对我们的研究而言。

改革无止境,学海亦无涯!

作者

2008 年 9 月 5 日

目 录

第一章　市场体系:上下求索铸特色

改革开放三十年,是中国计划经济体制向市场经济体制转型的三十年,也是中国经济迅速增长的三十年。这三十年里,中国经济渐进式的转型特征和市场体系“统一开放、竞争有序”的特征,决定了市场体系构建的主基调,决定了市场体系从商品市场的逐步放开,向劳动力市场、资本市场、土地市场的逐步推进,以及提出要建立和健全社会信用体系,勾勒出我国社会主义市场经济体系在各时期建立和完善的重点。

古人云,“三十而立”。我国市场体系的发育程度反映着我国社会主义市场经济配置资源的有效程度,也标志着我国市场经济体制的成熟程度。市场体系作为各类市场密切联系、相互制约而形成的有机统一体,构成了我国市场机制发挥功效的实现基础,是我国建立社会主义市场经济体制的重要内容和关键环节。在此认识下,在经济体制转型的背景下,着眼于我国社会主义市场经济体系“渐进式”的总体特征,纵览我国社会主义市场体系三十年的演进过程,分析各类市场的演进特征,对于我们发现改革中出现的问题、总结改革过程中的成功经验、探索下一步努力的方向具有重要意义。

1.1　演进纵览:从“指令性计划”到“统一开放、竞争有序”的转变

市场体系是市场机制发挥资源优化配置功能的深刻反映和综合表现。在计划体制向市场体制转型的背景下,市场体系构建的逻辑过程是围绕“计划体制弊端的深刻暴露(转型的前提背景)——商品(交换物)交易种类的放开——商品交易正式规则(各类市场的管理制度和法规)的制定——商品交易非正式规则(包括信用、信任、企业文化等)的形成——生产要素市场正式规则和非正式规则的形成——各类市场正式规则和非正式规则的修正和融合”而逐步展开的。改革开放三十年市场经济体系建立健全的过程,总体体现了从“指令性计划”向“统一开放、竞争有序”市场体系转变的特征。

考虑到在市场体系建立健全过程中,逻辑路径和现实路径并不完全相同,但在实践过程中,却总体体现了这一逻辑。为此,根据各阶段的总体特征(相对变量而非绝对变量),可以概括为三个阶段:(1)拨开云雾的萌芽时期(1978—1991 年),主要解决的是在计划体制弊端

深刻暴露的背景下商品市场和生产要素市场放开的问题;(2)峥嵘岁月的建立时期(1992—2002年),主要是各类市场正式规则的逐步形成;(3)长风破浪的完善时期(2003—),主要是信用体系等非正式规则逐步形成,市场正式规则和非正式规则进一步改进和融合的过程。

1.1.1 市场体系的萌发时期(1978—1991年)

1978年之前,虽然全国范围的统一市场随着1956年生产资料私有制的社会主义改造基本形成,但在整个国家范围内,各阶层普遍认为,“生产资料的完全公有才是社会主义”,“不患寡而患不均,不患贫而患不安”,导致对生产资料私有作用的错误估计,也低估了市场的作用,力图用强制性的指令完全代替市场作用。因而直到1978年我国尚未形成成熟的商品市场,更不必提“统一开放、竞争有序”的市场体系了。回溯1978年之前我国社会主义市场体系构建的历程,有利于全面认识我国在建立和完善社会主义市场体系所经历的坎坷之路。在1978年之前市场体系的发展经历了四个阶段:

第一阶段为社会主义经济体制的形成时期。在这一阶段,完成了生产资料私有制的社会主义改造,生产资料在全国范围实行统一分配制度,公有制开始占据主导地位,基本建成了社会主义的经济体制。对于关系国计民生的通用物资由国家计委平衡分配,专用物资由各主管部门平衡分配;中央和省、市管理的国营企业、公私合营企业所需重要物资,均纳入国家物资分配计划。“物资大调拨,资金大回笼”,这一阶段,指令性计划占了主导地位,市场机制的作用在逐渐弱化。

第二阶段为党的八大召开至60年代初的调整改革时期。1957年,虽然经济建设取得了很大成绩,但是八大的正确路线并没有坚持贯彻下去,“左”倾思潮开始滋长。1958年,全国进入了“大跃进”和人民公社化时期,国家开始实行政企合一,对各种不同经济成分的商业网点进行大合并,由国营商业大包大揽,开始执行“生产什么收购什么,有多少收多少”和“需要多少就贷多少,什么时候要就什么时候贷”的商业、信贷政策。在此期间,市场配置资源的作用基本上未发挥出来。

第三阶段为60年代初期的调整改革时期。这一阶段,中央恢复了经济杠杆的调节作用,逐步稳定了市场。比如,从1960年冬开放农村集市贸易,城乡恢复合作社商业,在大中城市相继出现了一些农贸市场。从1961年起,将粮食收购价格提高了25%,其他农产品的收购价格也有不同程度的提高。同时,逐步敞开供应高价商品,回笼了50多亿货币。

第四阶段为“文化大革命”时期。在此期间中,一切有利于市场发展的正确观点与做法均遭到批判。如,把农村的自留地、副业、集市贸易等,诬蔑为“资本主义尾巴”;把改善经营、增加盈利、尊重价值规律,诬蔑为“走资本主义道路”。这一时期,市场机制未再发挥作用,刚刚萌芽的社会主义市场体系基本夭折。①

1978年,特别是邓小平在党的十一届三中全会上发表了“解放思想,实事求是,团结一

① 截天顺,王大勇,唐恒照.社会主义经济概论.兵器工业出版社.1998.46~47.

致向前看”的主题报告之后,“在经济政策上,要允许一部分地区、一部分企业、一部分工人农民收入先多一些,生活先好一些”开始深入人心,这无疑破除了长期禁锢人们思想的“不患贫而患不均”的认识,拨开了困扰人们心扉的迷雾,商品市场和生产要素市场开始逐步放开,为社会主义市场体系的形成与发展提供了原动力。

在1978—1984年的这一阶段,国家重点改革流通环节部分商品的价格,建立了价格放调结合机制,政府也开始逐渐减少对集市贸易的限制。肉菜供应市场率先放开,消费品零售市场、农副产品及工业品集贸市场等随之得到了较好发育,允许人们从事农村商品流通所需要的、法律范围内所允许的贩运活动,允许国营农、牧、渔场完成交售任务后的多余产品上市。这促进了商品流通和商品生产,价值规律与市场机制开始发挥作用。这一段时间,市场建设虽然取得了一定的成绩,但是发生相对显著的变化是在党的十二届三中全会之后展现出来的。

1984年10月,中共中央召开十二届三中全会,决定进一步贯彻执行“对内搞活经济、对外实行开放”的方针,加快“以城市为重点”的经济体制改革步伐,提出经济体制改革的目的是“为了建立充满生机的社会主义经济体制”,经济体制改革的具体实现是“建立自觉运用价值规律的计划体制,发展社会主义商品经济”。但作为体制转变的主要环节——市场体系并没有明确的政策导向,只是提出“考虑到我国幅员广大、人口众多,考虑到交通不便、信息不灵、经济文化发展很不平衡的状况在短期内还难以完全改变,考虑到我国目前商品经济还很不发达,必须大力发展商品生产和商品交换的实际情况,建立这样的计划体制的需要就更加迫切。”可见,其目的是“发展商品生产和商品交换”,并且认为“在我国社会主义条件下,劳动力不是商品,土地、矿山、银行、铁路等等一切国有的企业和资源也都不是商品。”

显然,这一认识是我国当时“摸着石头过河”的改革思路的体现,国家当时对市场体系建设的侧重点主要局限于商品市场,或者更为准确地说主要局限于消费品市场,对劳动力市场、资本市场、土地市场等生产要素市场的健全尚未形成共识,并没有对其发展作出具体规划。同年,我国以城市为依托的物资贸易中心开始出现并迅速发展起来。到1987年,地、市级以上的物资贸易中心达400家,一些大型物资贸易中心逐步演变为重要生产资料的批发市场。1985年9月,在中共中央《关于制定七五计划的建议》中首次把建立和培育社会主义市场体系作为经济体制改革的三项基本任务之一提出来。

自1985年开始,国家在“双轨制”价格改革上迈出了重要的一步,以实行生产资料价格“双轨制”为契机,加快消费品市场与生产资料市场的迅速发展。

进入到20世纪80年代末期、90年代初期,社会主义市场体系进一步形成。

在商品市场的建设方面,一方面,消费品市场进一步走向成熟。1990年7月,中国期货市场的雏形——郑州粮食批发市场建立,之后陆续出现多家开展农产品期货交易的交易所,从而形成农产品现货和期货市场共有的格局。到1992年底,乡村集市贸易发展到7万多个。另一方面,生产资料市场也得到了进一步的发展。到1992年,已建立一批专业性的生产资料市场,深圳、上海开始了金属期货交易,建立了期货交易所。到1992年,随着生产资料价格的双轨转入到"市场轨",国家定价和国家指导价格的范围仅限于少数关系国计民生的产品,绝大部分生产资料价格已经放开。至此,我国的消费品和生产资料产品基本上实现了市场配置。

在生产要素市场的建设方面,劳动力市场和资本市场也得到了初步发展。劳动力市场的出现和发展,主要得益于20世纪80年代初期非国有经济的恢复与发展。随着非公有制经济的迅猛增长,劳动力双向选择关系开始建立,出现了人员的自由流动,非计划配置的劳动力市场随之发展起来。1986年,企业开始普遍实行劳动合同制,在吸收劳动力方面有了更大的自主权,在一定程度上动摇了原有的"大锅饭"分配机制,也扩大了企业职工工资分配的自主权,极大地调动了企业职工工作的积极性和创造性。在金融市场上,进一步理顺了企业和银行的关系,由国家财政对企业拨款逐步过渡到银行对企业贷款,企业在资金运用上开始受到利率机制的约束。1985年,同业拆借业务开始形成,此后,银行以及金融机构之间的资金拆借进一步扩大,金融债券、企业债券和股票开始发行,一些企业开始试行股份制,引导和促进了社会集资方式的发展。到1992年,资本市场处在以债券为主的交易阶段,股票交易还是少量的试点。

1.1.2 市场体系的建立时期(1992—2002年)

度过了"计划经济为主,市场调节为辅"和"有计划商品经济"两段经济改革的调整期,经历了1989—1991年改革的苦闷期之后,1992年,邓小平发表南巡讲话,主张生产力是衡量制度是否优越的基础;社会主义也可以有市场经济。随后这一论断出现在十四大报告中,成为了指导社会主义市场经济建立的主要理论。在1992—2002年这段时期,在建立社会主义市场经济体制明确之后,国家开始加强各类市场的建立健全问题,形成了相应的制度和法规。

1992年6月,中共中央、国务院颁发《关于加快发展第三产业的决定》,提出用10年左右或更长一些时间,逐步建立起适合我国国情的社会主义统一市场体系。

同年10月,在党的十四大上确立了社会主义市场经济体制的改革目标,为我国市场体系的发展与完善提供了广阔空间,各类市场的发展进入了新的历史时期。

期间我国市场体系的基本框架已经显现:消费品市场渐趋成熟,生产资料市场不断壮大,金融、房地产、劳动力、信息、技术等生产要素市场方兴未艾,在全国基本形成了以商品市场为基础、生产要素市场为支柱的市场体系格局。

党的十四届三中全会上通过了《关于建立社会主义市场经济体制若干问题的决定》,把十四大确定的目标和基本原则系统化、具体化,指明了实施途径。此后,市场体系的建立健全主要从以下几个方面展开:

一是规范市场行为,打破地区、部门的分割和封锁,反对不正当竞争,创造平等竞争的环境,培育统一、开放、竞争、有序的大市场。

二是改革商品流通体系,进一步发展商品市场。在重要商品的产地、销地或集散地,建立了大宗农产品、工业消费品和生产资料的批发市场。同时，根据商品流通的需要，构造大中小相结合、各种经济形式和经营方式并存、功能完备的商品市场网络，推动流通现代化。

三是将培育市场体系的重点定位为生产要素市场，即发展资本市场、劳动力市场、房地产市场、技术市场和信息市场等，主题是生产要素市场各项制度的形成。

——在资本市场上，虽然我国资本市场的起步是从短期资金市场开始的，但是到 1994 年，短期资金市场才逐步得到规范。1996 年 1 月，全国统一同业拆借市场开始试运行。20 世纪 90 年代以后，随着上海和深圳证券交易所的开业，以及一些城市证券交易中心的建立，我国的证券市场开始正式运行。到 1998 年，我国财政和企业累计发行债券 1.9 万多亿元，全国上市公司已超过 800 家。在此阶段，开始建立了发债机构和债券信用评级制度，规范股票的发行和上市，发展和完善以银行融资为主的金融市场，规范银行同业拆借和票据贴现。

——在劳动力市场上，开发利用和合理配置人力资源是发展劳动力市场的出发点。1992 年以后，适应劳动力流动性加大的需要，城市中出现了职业介绍、就业培训、失业保险等中介机构。到 1997 年，我国已有职业介绍机构 3.4 万多家，有 30 个城市实现失业保险微机化管理，失业培训机构达到 3000 个左右。① 至此，传统意义上的国家计划分配就业岗位的制度已不复存在，开始发展多种就业形式，运用经济手段调节就业结构，促进形成用人单位和劳动者双向选择的就业机制。实现了两个“转变”：一方面，广开就业门路，更多地吸纳城镇劳动力就业；另一方面，鼓励和引导农村剩余劳动力逐步向非农产业转移和向发达地区有序流动。

可以说，企业劳动力资源的需求已主要通过市场配置来实现。但由于我国户籍制度和机关、事业单位人事制度改革的相对滞后，使得我国劳动力市场在建设上表现出了“不完全性”，制约了市场对劳动力的自由配置功能。

——房地产市场上，我国地少人多，国家对土地的管理主要在两个层面：一是国家垄断城镇土地一级市场，实行土地使用权有偿、有限期出让制度，对商业性用地使用权的出让开始实行招标、拍卖。二是建立正常土地使用权价格的市场形成机制。通过开征和调整房地产税费等措施，防止在房地产交易中获取暴利和国家收益的流失。同时还加强了城镇住房制度的改革，促进了住房商品化和城镇住宅建设的发展。

此后，我国社会主义市场体系向“开放”迈出了重要的一步，1994 年 1 月，国务院作出《关于进一步深化对外贸易体制改革的决定》，提出我国对外贸易体制改革的目标是：统一政策、开放经营、平等竞争、自负盈亏、工贸结合、推行代理制，建立适应国际经济通行规则的运行机制。1996 年 4 月，我国对 4000 多种商品进口关税进行大幅度削减，关税总水平降至 23%。2001 年，我国成为世贸组织新成员，开始享受多边贸易体系多年来促进贸易自由化的成果，享受多边的、稳定的、无条件的最惠国待遇，这有助于中国商品进入国际市场。

2002 年，党的十六大报告明确指出，我国“社会主义市场经济体制初步建立”，社会主义

① 戴天顺，王大勇，唐恒照．社会主义经济概论．兵器工业出版社．1998.46～47.

市场经济体系总体框架已基本形成。

1.1.3 市场体系的完善时期（2003 年以来）

在社会主义市场经济体制初步建立之后，面临着完善社会主义市场经济体制，建成更具活力、更加开放的经济体系等一系列问题。2003 年，十六届三中全会讨论了关于完善社会主义市场经济体制的若干重大问题，其中，重点提出了完善市场体系，规范市场秩序的决定，明确了我国市场体系健全过程中的重点环节：

一是将资本市场的发展作为市场体系建设的重点，提出：积极推进资本市场的改革开放和稳定发展，扩大直接融资。建立多层次资本市场体系，完善资本市场结构，丰富资本市场产品。规范和发展主板市场，推进风险投资和创业板市场建设。积极拓展债券市场，完善和规范发行程序，扩大公司债券发行规模。大力发展机构投资者，拓宽合规资金入市渠道。建立统一互联的证券市场，完善交易、登记和结算体系。

根据此决定，2004 年 1 月，推进资本市场发展的“国九条”颁布，明确指出大力发展资本市场对我国实现本世纪头二十年国民经济翻两番的战略目标具有重要意义。2004 年，国有商业银行进行股份制改革，中国银行股份有限公司、中国建设银行股份有限公司、中国工商银行股份有限公司，分别于 2004 年 8 月 26 日、9 月 21 日和 2006 年 7 月成立，三家国有独资商业银行整体改制为国家控股的股份制商业银行。

二是强调市场建设的统一性，提出：完善行政执法、行业自律、舆论监督、群众参与相结合的市场监管体系，健全产品质量监管机制，严厉打击制假售假、商业欺诈等违法行为，维护和健全市场秩序。大力推进市场对内对外开放，加快要素价格市场化，发展电子商务、连锁经营、物流配送等现代流通方式，促进商品和各种要素在全国范围自由流动和充分竞争。废止妨碍公平竞争、设置行政壁垒、排斥外地产品和服务的各种分割市场的规定，打破行业垄断和地区封锁。积极发展独立公正、规范运作的专业化市场中介服务机构，按市场化原则规范和发展各类行业协会、商会等自律性组织。

三是强调建立健全社会信用体系对于市场体系完善的重要性，提出：形成以道德为支撑、产权为基础、法律为保障的社会信用制度，是建设现代市场体系的必要条件，也是规范市场经济秩序的治本之策。增强全社会的信用意识，政府、企事业单位和个人都要把诚实守信作为基本行为准则。按照完善法规、特许经营、商业运作、专业服务的方向，加快建设企业和个人信用服务体系；建立信用监督和失信惩戒制度；逐步开放信用服务市场。

此后，2007 年 10 月，党的十七大提出要加快形成现代市场体系，就市场体系的完善提出了两个重点，一是发展各类生产要素市场；二是完善反映市场供求关系、资源稀缺程度、环境损害成本的生产要素和资源价格形成机制。

在发展各类生产要素市场方面，主要任务包括如下几方面：

一是发展多层次资本市场，包括在海外上市的大公司发行 A 股，加快创业板和场外交易市场建设，大力发展公司债券市场等，完善市场结构和运行机制，提高直接融资的比重。

同时,稳步发展金融衍生产品市场,培育外汇市场,积极发展保险市场等。

二是建立和健全统一规范的劳动力市场。劳动力资源丰富,是我国的一大优势。要形成城乡劳动者平等就业制度,使数以亿计的农村剩余劳动力平稳有序地向城市和向二、三产业转移,以提高我国的社会劳动生产率。

三是规范发展土地市场。我国人均耕地只及世界平均水平的40%,在工业化、城镇化过程中,严格限制农用地转为非农用地,提高土地使用效率。发展土地市场,提高土地资源配置效率。

在深化价格改革方面,以生产要素和资源产品价格改革为重点。长期以来,我国生产要素和资源产品价格受政府管制,明显偏低,资金价格低、地价低、水价低、汽油和天然气价格低、矿产品价格低,不能反映资源的稀缺程度,许多资源产品价格也不能反映环境损害成本。建设资源节约型、环境友好型社会,形成节能、节地、节水、节材的生产方式和消费模式,必须深化生产要素和资源产品价格改革,使它们的价格能很好地反映市场供求关系和资源稀缺程度。

同时,还提出建立和健全社会信用体系,加快建设和完善企业和个人征信系统,建立有效的信用激励和失信惩戒制度,强化全社会信用意识和诚信行为,营造诚实守信、公平竞争的市场环境。规范发展行业协会和市场中介组织。

总体来看,由于市场体系的完善时期主要解决的是市场正式规则和非正式规则修正和改进问题,现在来看,本阶段的任务还远未完成,这将是一项长期的历史任务。

总之,改革开放三十年来,发展最快最好的是商品市场,商品价格除个别情况外,几乎都是由商品价值和市场供求状况所决定,市场化程度最高。其次是劳动力市场,劳动力自由流动程度不高,但是企业劳动工资由市场决定程度却很高,特别是农民工的工资收入完全由市场供求决定。而金融市场、土地市场、技术市场、信息市场等市场发育程度较差,市场化进程相对较为缓慢。

1.2 市场体系构建重点的嬗变:从商品市场到要素市场

发展市场经济要求有一个完善的市场体系,而一个完善的市场体系,必须是门类齐全的市场体系。完整的市场体系不仅包括商品市场,还包括金融市场、技术市场、房地产市场、劳动力市场、信息市场等生产要素市场。各个市场特定的功能是市场体系建立健全不可或缺的部分,它们互相联系、互相补充并构成了一个不可分割的有机整体,是我国市场经济体制运行的“血液”。能否形成一个统一开放、竞争有序的市场经济体系,直接关系到市场运行的效率和市场功能的发挥。在我国市场经济转型过程中,市场体系的构建遵循着先商品市场放开,后要素市场逐步建立健全的渐进规律。

1.2.1 商品市场:欲说当年好困惑

商品市场根据商品最终用途的不同,分为消费品市场(生活资料市场)和生产资料市场。消费品市场是以直接供人们消费的商品为交易或流通对象的商品市场;生产资料市场是以工业部门加工且提供给社会使用的原料、材料、燃料、机器、设备、仪器仪表、工具量具等为交易或流通对象的商品市场。1978年改革之前,我国在商品流通管理上实行统一领导、分级管理的体制,针对商品在国民经济中地位的不同,分别采取了统购统销、派购、议购等不同形式;在居民的日常生活中,充斥着粮票、布票、油票、肉票等明显带有计划特征的各类票证,给居民生活带来了极大的不便,人们开始“困惑”于这种指令性的商品分配管理模式。1978年之后,国家开始逐步放开了消费品市场和生产资料市场。回顾我国商品市场的发展过程,主要历史事件扫描有:

1979年1月初,中共中央将党的十一届三中全会讨论的《中共中央关于加快农业发展若干问题的决定(草案)》下发各省区市讨论和试行。其中规定:家庭副业和集市贸易是社会主义经济的必要补充部分,不得当作“资本主义尾巴”加以取缔。这是改革开放以来中央首次明确地肯定自留地、家庭副业和集市贸易对于社会主义经济发展的重要性,为商品市场的发育提供了最初原动力。

1979年3月,国务院决定将粮食、棉花、油料、生猪等18种主要农副产品的收购价格平均提高24.8%,使农民收入得到大幅度增加,极大地调动了农民发展生产、销售农副产品的积极性,这是对冻结了二十多年的农副产品价格的首次重大调整。

1983年3月,中共中央、国务院《关于发展城乡零售商业、服务业的指示》进一步明确指出集体和个体零售商业、服务业是国营商业的补充,确保了商品市场多元主体的建立。

1985年1月,中共中央、国务院《关于进一步活跃农村经济的十项政策》决定改革农产品统购派购制度,从1985年起实行合同定购和市场收购。

1985年6月,国务院批转国家物价局《关于价格改革出台情况及稳定物价措施的报告》指出,截至5月20日,各地生猪收购价格均已放开,猪肉的销售价格已在26个省、自治区、直辖市放开,牛、羊、禽、蛋、水产品的价格也已放开,商品市场已初步形成。

截至2005年底,全国共有商品交易市场75563个,其中消费品市场69520个,生产资料市场6043个。到2006年底,全国亿元以上的商品交易市场数量达到3876个,比2005年增加了553个。总体来看,我国商品市场的发展正呈现以下特征:

一是规模化发展。据统计,2006年全国亿元以上商品交易市场摊位数为252.8万个,比2005年增长12.4%;营业面积1.8亿平方米,比2005年增长37.5%;年成交额3.7万亿元,比2005年增长23.7%。年成交额100亿元以上的市场有53个,成交额占全部亿元市场成交额的近1/3。

二是专门市场占据主导地位。2001—2005年我国亿元市场中专业市场在数量、摊位数、营业面积、成交额等方面的比重逐年上升。2006年专业市场数量、摊位数、营业面积、成交额分别占全部亿元市场的65.1%、58.3%、71.3%和70.8%,明显占据主导地位。

三是经营效率明显提高。2006年亿元以上商品交易市场平均摊位营业面积达71.5平方米,平均摊位年成交额达146.9万元,分别比2005年增长22.3%和10%。同时,市场规模越大,平均摊位成交额越高。100亿元以上市场摊位年平均成交额和单位面积成交额分别为506.4万元和6.6万元,分别是亿元市场的3.4倍和2.4倍。

四是农产品批发市场发展迅速。2006年亿元以上农产品市场数量增加了272个,成交额增长了79.9%。2006年纳入商务部"双百市场工程"的100家大型农产品批发市场交易总额超过3000亿元,占全国亿元以上农产品市场交易总额的1/3以上。①

1.2.2　金融市场:漫漫长路任君闯

金融市场是资金需求者与供给者之间融通资金的场所或过程,包括参与者、金融工具和组织方式三个基本要素构成。金融市场的参与者主要有政府、中央银行、商业银行和非银行性金融机构、企业及居民个人等;金融工具是证明资金交易双方债权债务关系的书面凭证,是一种具有法律效力的金融契约;组织方式是指金融交易所采取的方式。我国金融市场虽然起步较晚,从20世纪90年代初期开始培育,但是纵观我国经济体制改革的三十年,从最初的严格管理,到债权债务凭证、有权凭证交易的逐步放开,人们开始摆脱了计划经济思想的束缚,投资、融资等市场经济的全新理念深入人心。金融市场已经和仍将继续担当"直挂云帆济沧海"的角色,从国有企业改制,到非公经济缓解资本不足;从债权、国库券到股票、基金、期权,都已渗透到我国市场经济发展的格局之中。回顾我国金融市场的发展过程,主要历史事件扫描有:

1981年,我国重新开始发行国债。

1982年,最初的企业债出现。

1983年9月,国务院作出《关于中国人民银行专门行使中央银行职能的决定》,规定中国人民银行专门行使中央银行职能,不再办理工商信贷和储蓄业务。这是银行体制的一项重大改革。

1984年,最初的金融债出现。

1985年,同业拆借业务开始形成。之后,我国逐步放开了金融市场,其中以资本市场发展最为迅速。

1987年9月,第一家专业证券公司——深圳特区证券公司成立。

1988年,中国人民银行组建了33家证券公司。

1990年11月,经国务院授权、中国人民银行批准,上海证券交易所正式成立。这是改革开放以来大陆第一家证券交易所。12月19日,上海证券交易所开业。之后,我国一些城市证券交易中心相继成立,我国的证券市场开始正式运行。

---

① 常晓村.推动商品流通和物流体系建设再上新台阶——访商务部市场体系建设司司长常晓村.中国市场.2007(12).12~15.

1991 年开始,出现了一批投资于证券、期货、房地产等市场的基金(统称“老基金”)。

1992 年 10 月,国务院证券管理委员会和中国证券监督管理委员会(简称“国务院证券委”和“中国证监会”)成立。

1993 年,股票发行试点正式由上海、深圳推广至全国。

1993 年 12 月,国务院作出《关于金融体制改革的决定》。《决定》提出,金融体制改革的目标是:建立在国务院领导下,独立执行货币政策的中央银行宏观调控体系;建立政策性金融与商业性金融分离,以国有商业银行为主体、多种金融机构并存的金融组织体系;建立统一开放、有序竞争、严格管理的金融市场体系。通过金融体制改革,确立中国人民银行作为独立执行货币政策的中央银行的宏观调控体系;实行政策性银行与商业银行分离的金融组织体系。

1994 年起实行汇率并轨。

1995 年八届全国人大三次会议通过《中国人民银行法》。从 1996 年 12 月 1 日起,我国实现了人民币在经常项目下的可兑换。

1996 年 1 月,全国统一同业拆借市场开始试运行,这标志着我国短期资金市场已经形成。

1997 年,我国金融体系进一步确定了银行业、证券业、保险业分业经营、分业管理的原则。

1997 年 11 月,《证券投资基金管理暂行办法》颁布。推出了人民币特种股票(B 股),境内企业逐渐在香港、纽约、伦敦和新加坡等市场上市。

1998 年国务院证券委撤销,中国证监会成为全国证券期货市场的监管部门,建立了集中统一的证券期货市场监管体制,实施“属地监管、职责明确、责任到人、相互配合”的辖区监管责任制。执法体系逐步完善,中国证监会在各证监局设立了稽查分支机构。

1999 年 7 月,《中华人民共和国证券法》实施,这是我国第一部规范证券发行与交易行为的法律。修订后的《中华人民共和国证券法》于 2006 年 1 月起施行。

从 2001 年开始,市场步入持续 4 年的调整阶段:股票指数大幅下挫,证券公司遇到严重的经营困难,到 2005 年全行业连续 4 年总体亏损。

2002 年中国证监会增设了专司操纵市场和内幕交易查处的机构。

2004 年 1 月,《国务院关于推进资本市场改革开放和稳定发展的若干意见》发布。此后,进行了包括股权分置改革、提高上市公司质量、综合治理证券公司、大力发展机构投资者、改革发行制度等在内的一系列改革。

2006 年底,我国全部履行了入世时有关证券市场对外开放的承诺。这一时期,合资证券期货经营机构大量设立;合格境外机构投资者(QFII)与合格境内机构投资者(QDII)机制相继建立;大型国有企业集团重组境外上市继续推进;外商投资股份公司开始在我国境内发行上市,外资也被允许对上市公司进行战略投资。

2007 年中国证监会建立了集中统一指挥的稽查体制。

总体来看,我国的金融市场在经济改革三十年取得了很大的成绩,实现了由计划管理向市场运行的重大转变,但是我国金融市场结构还不完善。其特征是:重间接融资,轻直接融资;重银行融资,轻证券市场融资;在资本市场上重股市,轻债市;重国债,轻企债;重投机,轻投资。这种结构性特征制约了我国金融资源的合理配置。同时,我国资本市场的重点问题在于信息高度不对称,由此产生了内幕交易和操纵市场等违规、违法行为,资本市场的规范性监管有待加强。

1.2.3　劳动力市场:花儿为什么这样红

劳动力市场是指劳动力交换的场所及交换关系的总和。1978年之前,我国劳动力配置实行统一安排、统一分配的工作原则。工资管理体制由中央劳动部统一负责,职工工资标准、定级升级制度等均由全国统一规定,地方、企业无权决定。

在1978年之后的经济改革三十年中,我国劳动力市场呈现出两个重大转变:一是分割的劳动力市场向统一的劳动力市场转变。农村劳动力不再局限于离土不离乡,开始流入城镇,寻找就业机会,不断加剧城镇劳动力市场供求失衡的状态。二是刚性就业向柔性就业转变。职工一次就业定终身和企业职工能进不能出的铁饭碗被打破,企业富余人员被大量分流,加入失业和待业队伍。这两方面的转变使计划经济体制下潜藏和累积的就业压力渐次释放出来,构成了浩浩荡荡的就业大军,人们不禁要问:“花儿为什么这样红?”在劳动力市场的繁荣背后,我们也看到了失业人数的与日俱增,面对这些问题,我们该何去何从,该如何面对和解决这一历史难题?

回顾我国劳动力市场的发展过程,主要历史事件扫描有:

1980年代初期,受益于非国有经济的放开,劳动力市场初见端倪。

1980年代中期,非公有制经济增长迅猛,非计划配置的劳动力市场随之发展起来。

1986年,企业开始普遍实行劳动合同制,在劳动力使用方面有了更大的自主权。随着劳动力双向选择关系的建立,出现了人员的自由流动,各地普遍出现了劳动力市场。

1992年以后,适应劳动力流动性加大的情况,城市中出现了许多职业介绍、就业训练、失业保险等中介机构。

1994年7月,《中华人民共和国劳动法》颁布。

1997年,我国已有职业介绍机构3.4万多家,有30个城市实现失业保险微机化管理并联网,失业培训机构达到3000个左右。传统意义上的国家计划分配就业岗位的制度已不复存在,企业所需劳动力资源的配置将主要通过市场来进行。

此后,我国劳动力市场的建设,主要在就业和失业人员的权益保障方面展开:

1999年1月,《失业保险条例》颁布。

同年,《城市居民最低生活保障条例》颁布。

2000年,《失业保险金申领发放办法》颁布。

2003年9月,《非法用工单位伤亡人员一次性赔偿办法》颁布。

2004 年 11 月,《劳动保障监察条例》颁布。

2007 年 6 月,《中华人民共和国劳动合同法》颁布,从 2008 年 1 月 1 日起开始施行。

劳动保障部于 2002 年 12 月就我国劳动力的就业情况在全国范围开展的城镇劳动力就业和社会保障状况抽样调查。调查在全国范围内随机抽取 66 个城市进行,涉及城市非农业人口为 7755 万人,占全国城市非农业人口的 33.8%。调查表明:

一是离退休人员能够按时领到养老金的比例为 96.8%。

二是就业形式呈现多样化趋势。正式职工占全部就业人员 70.6%,非正式职工占 29.4%,其中,临时性工作占 26.5%,小时工占 0.6%,劳务派遣工及其他占 2.3%。

三是城镇就业的所有制结构发生重大变化。私营、个体、三资企业和其他非公经济领域的从业人员占全部从业人员的比例为 39.8%,其中私营、个体就业人员占 32.0%;国有、集体企业和机关事业单位就业人员占全部从业人员的比例为 59.2%,其中国有、集体企业只占 38.3%。

四是社区就业已成为就业和再就业的重要渠道。社区就业人数占全部就业人数的比例为 9.4%。

五是从业人员文化、技术水平仍然偏低。从受教育程度看,初中以下文化水平的占就业总数的 37.3%,其中小学以下人员占 7.5%,高中阶段(包括职高、中专在内)占 37.6%,大专占 16.4%,大学以上人员占 8.7%;从技术等级看,有近 58.7% 的就业人员没有技术等级,中级技工占 8%,高级技工、技师和高级技师占就业总人数的 4.4%。从专业职称看,具有初级专业技术职称占 9.4%,中级占 12.4%,高级占 3.5%。

六是失业长期化的问题值得关注,青年失业问题比较突出。失业 2 年以上的占 55.2%,失业 1 年以上 2 年以下的占 19.7%。全体失业人员平均年龄为 33.4 岁,其中 35 岁以下的失业人员占全部失业人员总数的 55.5%。

七是亲朋介绍仍然是目前找工作的主要方式。失业人员找工作,有 67.6% 的人求助亲戚朋友介绍,32.5% 的人通过街道推荐和在职业介绍机构登记,29.0% 的人是通过应聘或刊登广告。

八是从事个体私营经济和服务业是再就业的主要领域。从单位性质看,失业人员实现再就业的去向主要在非公有经济领域,占全部实现再就业的失业人员的 81.7%,其中,从事个体和在私营企业就业的占 69%。从行业看,失业人员实现再就业的去向主要是批发和零售贸易业(占 23.3%)、居民服务和其他服务业(占 19.2%)、交通运输、仓储和邮政业(占 12.2%)和其他服务业(占 14.9%),这些行业占了全部再就业失业人员的近七成。

九是大龄下岗职工依然是再就业的困难群体。下岗职工平均年龄 39.9 岁,主要集中在 40～50 岁之间(占下岗职工总量的 43.8%),其中,女性 40 岁以上、男性 50 岁以上下岗职工(40～50 人员)占全部下岗职工总数的比例为 41.4%。

十是非正式工、私营企业是社会保险扩面的重点。企业正式职工参加基本养老保险的比例为 93.3%,其中,国有企业参保比例达 95.9%,外资/合资企业为 91.1%,私营企业最低,为74.3%;非正式工参加基本养老保险的比例只有35.5%。

总体来看,我国的劳动力市场的发展呈现了以下显著特点:

一是劳动力流动的自由度日益扩大,劳动力的城乡转移、地区转移流量不断扩大。企业所需人才已实现市场配置完成,招聘人员跨度从一般员工到高技能工人、高层次专门技术人才、经营管理人才;招聘人员年薪从万元到几十万元、几百万元。一些事业单位则采取"三不要招聘法",即不要户口迁移证、不要人事档案、不要工作调转手续,一定程度上优化了劳动力资源的配置。但由于户籍制度、机关事业单位人员录用制度的相对不合理,一定程度上破坏了劳动力市场的统一性,带来了体制性消极作用,需继续采取得力措施,克服体制性障碍,促进劳动力的优化配置。

二是劳动者就业依靠市场的观念正在形成。计划经济体制下,劳动者就业是由政府统一安排的,但在社会主义市场经济体制的转型过程中,劳动者就业开始转向依靠市场。我国现已建立了劳动力进出市场的聘任、劳动保障等法律法规。

三是劳动力商品价格(工资)定价的双轨制方式急需改变。所谓劳动力商品价格定价的"双轨制"指:部分劳动者的工资仍由国家统一确定标准,主要为机关单位和事业单位;而另一部分由行业或企业单位自行确定,造成了劳动力商品定价的不合理。

1.2.4　土地市场:长风破浪会有时

新中国成立后,随着经济体制的变化,我国城市土地使用制度相应地经历了由有偿到无偿无期使用,又由无偿无期使用到有偿有期使用的变化过程。认识我国经济改革三十年土地市场的发展的独特性及其发展的历史过程,不仅要看到土地自身位置的固定性、面积的有限性、利用的长期性等自然特征,更要看到我国土地所有权的公有制特征和政府所主导的社会主义市场经济转型的特征。因此,对于土地市场的培育、形成和完善,一方面,离不开政府的引导、管理和调控,另一方面,也需要思考在土地供给者和需求者之间政府充当的"中介"角色,下一步该如何定位和发展的问题。

土地市场是一定空间上土地交换关系的总和。在我国土地所有权包括国家所有制和集体所有制两种制度。具体而言,城市土地和非农业用地实行国家所有制,农业用地实行集体所有制。农村集体所有的土地必须被国家征用为国有土地后,才能进入城市土地转让市场。土地使用权市场的建立,有利于土地资源优化配置和集约利用,从土地出让和转让中获得大量建设资金,投入到城市建设之中。

通过十几年的发展,我国基本形成了以国有土地使用权为核心的土地出让、转让市场,形成了具有中国特色的土地市场体系。回顾我国劳动力市场的发展过程,主要历史事件扫描有:

在社会主义改造之后,到了1957年左右,城市土地绝大部分实际上已属于国有,土地权属的转移大多通过行政手段办理,对地租、地价也由限制到逐渐从名义上取消,这是土地市场在我国逐步消失的时期。

1982 年,宪法宣布全部城市土地归国家所有,“任何组织或者个人不得侵占,买卖,出租或者以其他形式非法转让土地”,可以看出,当时,土地不被视为商品。

1984 年 1 月,中央《关于一九八四年农村工作的通知》提出延长土地承包期,一般应在 15 年以上。

同年,抚顺市开始了征收城市土地使用税的试点,拉开了土地有偿使用的序幕。

1987 年,《中华人民共和国土地管理法》颁布实施。

同年,深圳特区率先进行了国有土地使用权出让的试点,国有土地使用不但有偿,而且有了时间的限制。

1988 年 4 月全国人大通过宪法修正案,将宪法第 10 条第四款修改为:“任何组织或者个人不得侵占,买卖或以其他形式非法转让土地。土地的使用权可以依照法律的规定转让。”同年底又修改了《中华人民共和国土地管理法》,从法律上为实行国有土地有偿使用制度奠定了基础。

1990 年国务院 55 号令颁布了《中华人民共和国城镇国有土地使用权出让转让暂行条例》,对城镇国有土地使用权出让、转让做了规定。

1992 年国家土地管理局 1 号令实施,对划拨土地使用权上市进行了规定。

1995 年 1 月,《中华人民共和国城市房地产管理法》颁布实施,完善了对城市国有土地使用权出让、转让的法律规定。

1997 年底,洛阳市成立了“地产交易中心”,1998 年 3 月正式办公,5 月份建成“洛阳市地产交易市场”,要求转让土地的单位到该市场预先申报,受让土地的单位到该市场申请,然后在地产交易中心的监督下由交易双方洽谈土地交易事宜,签订土地交易合同,成为我国交易方式转变的第一个试点。

2004 年是我国土地市场建设进程中不寻常的一年,土地成为中央政府调控经济的重要手段被确定下来,一系列重大政策相继出台。2004 年 10 月 28 日,国务院颁布《关于深化改革严格土地管理的决定》。同时,最高人民法院发布了《关于转发(国土资源部关于划拨土地使用权抵押登记有关问题的通知)的通知》和《关于依法规范人民法院执行和国土资源房地产管理部门协助执行若干问题的通知》;银行业监督管理委员会发布了《关于加强土地储备贷款和城市基础设施建设贷款风险提示的通知》和《商业银行房地产贷款风险管理指引》;国土资源部为落实国务院 28 号文,印发了《关于完善征地补偿安置制度的指导意见》、《关于加强农村宅基地管理的意见》、《进一步加强新增建设用地土地有偿使用费征收使用管理的通知》等 11 个配套文件;国家税务总局下发了《关于进一步加强城镇土地使用税和土地增值税征收管理工作的通知》等,这一系列政策为土地市场的进一步规范提供了重要依据和保障。

“长风破浪会有时”,发挥市场手段来配置土地使用,是土地市场研究和建设中必须解决的重要问题。纵观我国土地市场的发展过程,总体来看,我国土地市场发展中主要有以下问题需要解决:

一是在土地所有权、使用权明晰的前提下,还有土地抵押权、租赁权等土地他项权利的设定、变更、终止等,须进一步规定。

二是规范内部工作程序,健全土地市场规则,通过制度设计来解决土地交易中的信息不对称问题,以便妥善处理政府寻租、企业寻租和个人寻租问题。

三是对一些地方违法违规出让土地,违法批地用地,尤其是违反规划用地、未批先用、边报边用、越权批地、擅自下放土地审批权等问题依法查处。

四是对土地"占而不开"、隐形交易、不公平交易等通过相应制度设计来有效解决。

1.2.5　技术市场:犹抱琵琶半遮面

技术市场是我国建立社会主义市场经济体系中的一个新兴市场。纵观经济改革的三十年,可以看出,我国的技术市场起步较晚,发育较为缓慢。技术市场是技术商品交换的场所和交换关系的总和。由于技术具有可复制性,把它作为商品,其典型交易形式就是技术转让,即将具有一定技术水平和实用价值的科技成果(包括专利技术和专有技术)由一方转让给另一方的活动。

总体来看我国技术市场的发展过程,主要历史事件扫描有:

1985年3月,中共中央作出《关于科学技术体制改革的决定》。《决定》指出,现代科学技术是新的社会生产力中最活跃和决定性的因素,全党必须高度重视并充分发挥科学技术的巨大作用。同时规定了当前科学技术体制改革的主要任务。《决定》从宏观上制定了科学技术必须为振兴经济服务、促进科技成果的商品化、开拓技术市场等方针和政策,促进了科技成果向现实生产力的转化以及高新技术产业化的发展,揭开了"文革"后国家全面科技体制改革的序幕。作为经济体制改革的一个重要部分,这一改革政策的颁布极大地促进了我国经济和科技的结合以及由此而生的中国多领域跨越式的进步。

同年,《中华人民共和国专利法》颁布实施,技术的知识产权保护以法律的形式被界定下来,奠定了技术市场形成的基础。

1986年8月,全国技术市场协调指导小组颁布了《技术市场管理暂行办法》,明确提出了对技术市场实行"放开、搞活、扶植、引导"的方针。

1987年6月,全国人大六届第21次常委会批准《中华人民共和国技术合同法》。

1988年,国务院明确由国家科委归口管理全国技术市场工作。国家科委技术市场管理办公室行使管理全国技术市场的行政职能。

1988年9月,邓小平在会见捷克斯洛伐克总统胡萨克时,提出了"科学技术是第一生产力"的著名论断。

1989年3月,国务院颁布了《技术合同法实施条例》,我国技术市场开始走上法制轨道。随后,各省市相继成立了专门的技术市场管理机构,技术市场管理工作得到加强。

1992年之后,我国技术市场迅速发展,到1994年,我国已有科技贸易机构5万家,技术成交额为230亿元。在1992—1997年期间,我国技术市场的成交额从150.9亿元增至351.4亿元,年均增长约18.8%。

同时,我国技术市场在法律体系建立方面也取得了较大的进展。《中华人民共和国技术合同法》、《中华人民共和国专利法》、《中华人民共和国促进科技成果转化法》相继出台,中央和各省、市出台了有关知识产权保护的各种配套政策规定,保障了技术交易的法制化运行。

此外,各省、市、自治区的技术市场管理机构、各种综合性或专业性技术交易会,也相应地推进了技术商品交易市场的建立和健全。

但是,相对于经济发展的要求来说,我国技术市场的功能尚未有效发挥,还有许多不完善的地方,如技术合同的实现率不高、技术商品的应用性不强等问题。为此,需要强化与完善技术中介服务,大力培养高素质的技术经纪人队伍。同时,还要积极发展技术创新组织,推动产、学、研结合,提高技术成果转化程度,推进技术市场的进一步发展。

1.3 进一步的思考:建立信用体系和健全市场法规孰轻孰重

中国经济改革的三十年,成绩彪炳史册。这三十年,年均10%以上的增长率是世界上任何国家所没有的。至于在"而立之年"之后,我国能否通过核心竞争力的培育继续保持经济的高速度增长,与当前形势下深思改革开放中存在的问题,进而去解决这些问题紧密相关。在这三十年里,国家经济的高速增长主要来源于市场转型过程中市场体系"配置效率"的发挥,至于由社会主义市场经济体制所决定的"适应效率"尚未真正发挥出来。而这种"适应效率"作用的发挥与我国当前解决市场经济体制和体系所存在的弊端紧密相关。对此,我们将从当前在市场经济体制存在的主要弊端——经济发展中"制度设计"的"新双轨制"说起,从短期和长期两个视角,由市场法规建设和市场信用体系建设两个方面进行阐述。

1.3.1 市场体系完善中"新双轨制"问题的思考

现代市场体系的特征是"统一开放、竞争有序"。"统一开放"体现的是对市场发挥机制的根本要求,而"竞争有序"体现的是"统一开放"后的"总体"描述。经济学理论告诉我们,在"市场完全"的假定下,市场主体在"自利"心的作用下,才会使市场达到"最优化"配置的均衡状态。但对于中国这样的计划经济向市场经济转型的国家,市场的"不完全"是现代市场体系建设的"难解之题",也是要"破解之题"。纵览中国经济改革三十年,不难看出,我国商品市场已趋于成熟,但是,在劳动力、资本、土地生产要素市场上,"新双轨制"(区别于1980年代中期生产资料价格的"双轨制")已成为市场体系"统一"、"开放"建设的"绊脚石"。何谓"新双轨制"呢?中国改革基金会公共政策研究所钟伟教授在其《新双轨制复归——中国改革不能承受之重?》中提到,我们也许可以定义"新双轨制"为:以公共权力为背景,自下而上地寻找和套取已经市场化了的商品和服务价格体系,和远未市场化的资金、土地、劳动力等要素价格体系,以及这两大体系之间的巨额租金。他将"新双轨制"划分为以下四个层面,即资金价格管制和资金配置失衡、用地制度扭曲的市场化和征地制度明显的权力寻租化、劳动力价格的恶性竞争和资方利益的难以撼动、国有企业作为"要素组合"其产权垄断定价和无序转让的问题。在这里,我们姑且不论国有企业的问题,仅从要素市场的方面来考虑。

1. 金融市场的"双轨制"

金融市场的"双轨制"主要反映在资金使用价格的形成机制尚未实现市场化。表征资金的使用价格,无非是利率和汇率。考虑到汇率问题已经超出了作者所论述的市场体系的范围,在此将不再讨论。仅就利率而言,在我国现行金融市场体系中,利率市场化形成机制充满坎坷。尤其是在转型前,在计划经济体制路径依赖的影响下,尚不能完全脱离这一管理模式,只能是"渐进式"的变革,在这种情况下,既得利益团体可以在有意或者无意间获得一定收益。比如,在我国利率由政府确定而非市场动态调节的过程中,国有企业主要是国有大型企业,往往可以凭借自身在一定领域的垄断获得银行贷款。而 2002 年到 2006 年,我国一直维持着低利率,而真实的由市场需求所决定的资金利率高于国家所规定的利率。在这一过程中,低利率、高的贷款成功率和逐步上扬的物价使国有企业及国有控股企业能够从 2003 年到 2007 年实现年利润增长率 40% 以上,但就此也给整个市场带来了损失:

一是从存款人获得的利息收入角度来观察,1996 年之后,扣除利息税的年储蓄收益大致在 1.5 个百分点,2003 以来,由于物价水平的逐渐走高,剔除通货膨胀影响后,实际收益已不足 1 个百分点,且随着通货膨胀的加剧,居民实际收益不断下降。若不加以控制,实际利率收益有为负的可能。

二是从银行发放信贷来看,在银行放贷给国有企业的资金中,有一部分是无法收回的呆坏账,若以 5% 的坏账率和银行给国有企业放贷 1000 亿元来计算,每年银行将损失 50 亿元。

三是从国有企业获得贷款来看,虽然国有企业以低利息获得了高额利润率,但是这种状态不是金融市场的均衡状态,生产者剩余和消费者剩余之和是小于均衡状态下的社会总剩余的。为此,其他生产者的福利会受到损失。

2. 土地市场的"双轨制"

土地市场的"双轨制"反映在用地制度上为扭曲的市场化(即土地需求者和土地供给者之间并不是直接的进行面对面地谈论价格)和征地制度上权力(主要为地方政府而非地方官员)的寻租化。我国土地所有权包括国家所有制和集体所有制两种制度,城市土地和非农业用地实行国家所有制,农业用地实行集体所有制。但是农村集体所有的土地必须被国家征用为国有土地后,才能进入城市土地转让市场,这样,我们在市场上交易的是土地的使用权。那么,在这种制度设计下,政府作为"中介",在土地的征用和供给上,左手通过权力低价征地,右手仍然是通过权力在以扭曲的市场化方式出让土地。一进一出,政府可以获得高的收入,成为地方政府重要的"财政支柱"。这种非市场化,一方面,涌现出了身价上亿元的地产大亨;另一方面,也使一部分城市低收入阶层成为"房奴",一些农民成为涌入城市但又无"自生能力"的城市"新贫民"。

3. 劳动力市场的"双轨制"

劳动力市场的"新双轨制"反映的是劳动力价格定价机制的严重不协调,反映的是企业所需劳动力由市场决定,而行政事业单位所需劳动力间接由政府决定的不协调。在劳动力由市场供需所决定时,劳动力不仅有城市、农村的"户籍"差别,有机关单位、事业单位和企业单位的"身份"界定,还有以工代干,退休后按工人对待的说法。这种由"户籍"、"身份"所决定的用人制度则造成了市场的"弱化"——企业职工(含农民工)恶性竞争和资方利益的难以撼动,以及机关事业单位的"弱"竞争状态。此外,这种用工制度也造成了个体收入的差异,在20世纪90年代初期,农民工涌入东南沿海城市后,月收入大致在500～800元之间,但在今天,东部农民工的收入变化相对于经济增长速度来说是微小的。

1.3.2 健全与国际接轨的市场法规:近期视角

完善的社会主义市场经济体系,不仅仅是市场形式的健全,而是各类市场在一定的规则作用下,相互协调统一而构成的一个有机系统,即强调了市场运行的秩序性。这种秩序性的建设不仅包括社会主义市场经济的法律、法规的建立健全(近期视角),还包括非正式制度的形成和发挥长期稳定的作用(长期视角)。从近期视角来看,站在中国经济改革三十年的舞台上,我们大致可以看出市场运行的正式规则已日臻完善,但非正式制度(现阶段主要体现的信用体系建设上)仅仅是万里长征迈出的第一步。此部分将从市场法规的角度(正式规则)展开论述;下部分从非正式制度角度,主要从信用体系建设的方面展开论述。

市场正式规则是国家依据市场运行规律的要求,为保证市场有序运行而制定的所有市场活动主体都必须遵守的规章制度。纵览中国经济改革三十年,在我国计划经济体制向社会主义市场经济体制转变过程中,市场体系建设中的市场进出规则(即指市场主体和市场客体进出市场的法律规范和行为准则)、市场竞争规则(即指国家依法确立的维护各市场主体之间平等交换、公平竞争的规则)、市场交易规则(它是市场规则中最主要的规则,指规范市场交易方式与市场行为的规则)、市场仲裁规则(即指为协调和解决各市场主体进出市场、展开竞争和进行交易的过程中的矛盾与纠纷所遵循的规则)等规则已形成,且发挥着重要作用。对于今后一段时间而言,我国市场体系制度建设的重点应放在立法和对现行市场规则进一步修订完善、市场规则的落实和监督执行上。具体来讲:

一是加强立法,并注重修订现行法律法规中与当前经济形式不一致的规定。加强立法目的是使市场经济活动有法可依,并且市场越发达,需要立法的地方就会越多。比如,美国政府在1760年之后颁布的与经济有关的法规呈明显递增趋势,1760—1770年间政府颁布的经济法规仅为4个,1860—1870年间为18个,1960—1970年间为73个,而1970—1980年间则达到125个。同时,要注重修订现行法律法规中与当前经济形势不一致的规定,在我国经济经济体制向社会主义经济体制转型的过程中,根据市场经济体制运行的需要,废止了一些不合时宜的法律法规,也颁布了一些诸如《公司法》、《价格法》、《反不正当竞争法》、《消费者权益保护法》等一系列有关市场经济运行的法律法规。但是计划经济所遗留的弊端以及当前我国经济中存在的地方保护、行业垄断、假冒伪劣、坑蒙拐骗等问题,需要进一步修订相应的条款。

二是市场规则的执行落实层面:一方面,规范政府行为,把培育现代市场体系、监督市场运行、维护公平竞争、调整经济结构、创造良好的经济运行环境,作为重要责任。程序公开,手续简便;按照审批权力与责任挂钩的原则,建立行政审批责任追究制度;禁止任何单位或个人以个人权利或单位职能去妨碍市场的公平竞争。另一方面,对于一些违法乱纪活动,地方公安机关要执法必严,违法必纠,打击破坏市场经济秩序的犯罪活动。

三是加强对市场管理的监督。在市场管理过程中,为了避免市场管理者利用权力之便,通过寻租去满足个人私利,要增设相关的监督机构,以加强对市场管理者的监管,促进市场的健康有序发展。

1.3.3 烙着中国特色印记的信用体系:长期视角

从长期来看,影响中国社会主义市场经济体系的非正式变量,作为慢驰预变量,对市场体系建设方面的作用是长久的。以当前较为重要的信用问题而言,“商无信不盛,国无信不兴。”信用可以节约交易成本,促进市场经济的良性发展。在十六届三中全会中提到“形成以道德为支撑、产权为基础、法律为保障的社会信用制度,是建设市场体系的必要条件”。但对此问题的认识,我们要着眼于中国信用问题的实际,因为在这个问题上,中国人同外国人是有区别的。比如,在中国,父母管教子女时善意的谎言,我们是不纳入“非信用”问题行列的,但是这个问题在美国就不同,父母会因此受到责问。易纲对此认为,“中国人的诚信与基本的伦理在‘文革’中受到严重破坏。美国人为什么有比较好的信誉,因为在美国诚信是有价值的,我有信用,在社会上就有更多的收入。”那么,在中国信用问题这样一个特定的背景下,如何来建立健全信用体系呢?

在我国信用体系的框架建构上,应包括三方面的内容:一是以市场交易为主要内容的基础信用,使市场微观主体间建立相互信赖、遵守承诺的关系,这是形成诚实守信的信用体系的基础。二是以法律制度、国际惯例和商业习惯为主要评价依据的制度信用。通过建立公开、完整、稳定的评级标准,指导和保障基础信用的建立和发展。三是以多层次综合监管为主要尺度的监督信用。通过引导和监督守信行为,及时惩戒失信行为,保障基础信用的健康发展,促进整个社会信用体系的建立。

在具体的信用体系建设重点上,我们要围绕信用的“价值性”问题,加强信用体系建设的统筹规划和整体协调,以保证全国信用体系的构建。

一是加快法制建设。虽然信用一词并不属于法律范畴,但是在市场经济的运行过程中,银行信贷等问题涉及了企业和个人的信用问题,一方面,经济社会需要“表彰”“有信用”的人,赋予他一定的“价值性”;另一方面,我们又需要“惩戒”失信行为,以免失信的人在信贷等

方面频繁得手。为此，政府需要颁布全国范围的个人信用征信及信用评级的专门法律、法规，以指导信用体系的建立，

二是引导企业将“诚信”纳入企业文化建设之中。虽然市场经济以个人的“自利”为基础，但是市场经济并不是一个不讲信用的经济体制。良好的信用有助于企业在生意往来时，减少谈判成本，节省交易成本。尤其是在企业间信息不对称时，良好的信用是企业的“品牌”，可以增强企业竞争力。虽然我国信用体系建设的改革尚不到位，但通过政府的积极引导，将“诚信”纳入企业文化建设之中，促进企业在改革与发展的过程中增强诚信意识，遵守“信守合同、及时还贷、按期交费、按质论价、童叟无欺、不拖欠职工工资”等基本信用规范。

三是推进信用评价机构的建立。市场经济中，企业为了解对方的基本情况和信用情况，由当事企业安排一定的人力、物力、财力进行调研，往往是事倍功半。但是，这对专业的评价机构来说，往往是事半功倍。为此，培育和发展一批具备相应执业能力的信用机构，将便于当事企业了解对方企业的信用状况，促进形成良好的市场经济信用体系建设。

第二章　农村经济:伟大创新开盛世

泱泱中华,上下五千年,历来以农为本。革命、建设和改革的实践都已经证明:“三农”问题一直是关乎中国生存与发展的根本问题。没有农村的稳定和发展,就不会有全社会的稳定和发展;没有农民的小康,就不会有全国人民的小康;没有农业的现代化,就不会有全国的现代化。

三十年前,中国的改革开放发源于农村。家庭联产承包责任制在安徽凤阳小岗村静悄悄地萌芽,一时之间,中国农村风起云涌,原来束缚农业生产力发展的制度被逐渐废除,农民的生产积极性如火山般喷发,中国农村迎来了新时代。

三十年来,中国农村发生了翻天覆地的变化。我们在农村建立了社会主义市场经济体制,极大地解放和发展了生产力,结束了主要农产品长期短缺的历史,农民生活正在实现全面建设小康社会的历史性跨越,创造了中国历史上从未有过的辉煌。

但是,农民增收困难、农村生态环境恶化、农业发展滞后等问题仍然存在,已经开始影响国民经济和社会的发展。为了在2020年实现全面建设小康社会的宏伟目标,就必须坚持改革开放,沿着建设有中国特色的社会主义道路把农村改革继续引向深入。

2.1　星火燎原:家庭联产承包经营迅速铺开

在“包产到户”和“包干到户”等形式的基础上,中国逐步形成了家庭联产承包责任制,废除了人民公社制度,重构了农村微观经济基础,实现了农村改革的突破。

2.1.1　“人民公社”在“大跃进”的浪潮中走来

1.从“分田分地”到“人民公社”

中国历朝历代的农民运动几乎都是以执着地占有土地为根本诉求的。中国共产党正是通过告诉广大农民“革命就是土改,土改就是革命”、“打倒土豪劣绅,人民当家作主”等一系列通俗易懂的道理,才激发起亿万农民的革命热情。1949年新中国成立,中国共产党开始兑现诺言,在全国农村“分田分地”,几千年来,农民第一次真正成为土地的主人。

可是，好景不长。1952年我国开始了社会主义改造，农村掀起合作化运动的浪潮，先是“初级社”，后是“高级社”。在经过了两个过渡步骤之后，农民在“大跃进”运动的浪潮中，于1958年几乎都加入了人民公社。

1958年3月，在成都召开的中央工作会议上，根据毛泽东的建议，会议通过了《中共中央把小型的农业合作社适当地合并为大社的意见》。文件下达后，福建、河南、辽宁等地农村开展联乡并社的工作。1958年5月，中共八大二次会议确定了“鼓足干劲，力争上游，多快好省地建设社会主义”的总路线。在这条总路线的指导下，“大跃进”运动逐步形成，各地相继加快了小社并大社的进程。在各级党组织的动员和强大的舆论宣传中，1958年8月，《河南查岈山卫星人民公社试行简章》(草案)和《徐水县委关于加速社会主义建设向共产主义迈进的规划》相继出现，这些文件都体现了毛泽东的公社思想和直接向共产主义过渡的思想，为中共中央作出建立人民公社的决策提供了有力的支持。

1958年8月下旬，中共中央政治局在北戴河举行了扩大会议。经过讨论，会议通过了《关于在农村建立人民公社问题的决议》，决定在全国农村普遍建立人民公社。决议还认为：人民公社是建成社会主义和逐步向共产主义过渡最好的组织形式，并认定共产主义在中国即将实现。北戴河会议后，全国迅速开展了农村人民公社化运动。到10月底，全国农村人民公社化全部完成，原有74万多个农业生产合作社，改组成为2.6万多个公社，参加公社的农户有1.2亿多户，占全国农户的99%。

2.“人民公社”制约了农村发展

人民公社的规模比农业生产合作社(高级社)大出很多。全国平均28.5个合作社合并成为一个公社，平均3个多乡合为一个公社，有的甚至是一个县就是一个公社。实行人民公社制度以后，农民的土地以及其他财产都被收为公有，并且没有得到任何形式的补偿。在人民公社内部，从生产资料所有、分配制度、交换关系甚至到社员的生活资料都强调一个“公”字，基本上实行平均分配、无偿调拨、义务劳动。“一大二公”的人民公社“政企不分”，几乎拥有政府拥有的一切权力，已经不仅仅是一项经济制度，同时也是政治制度，对社员的生产和生活有着很强的控制力。

人民公社制度严重地阻碍了农业和农村经济的发展。在当时的生产力水平下，农业生产比较落后，主要是手工劳动，并不适合大规模经营；而大规模经营下的集体劳动对个人的劳动数量、质量很难准确统计，不可避免地成了平均主义的“大锅饭”。由于责权利不明确，农业生产者的积极性不断被挫伤，这种制度严重地束缚了广大农民的积极性和创造性，阻碍了农村生产力的解放和发展。制度的不合理和“十年浩劫”的破坏，使得中国农村经济的发展陷入了困境。1978年人均粮食产量为195公斤，低于1957年的203公斤，1955年至1958年人均热量消费是2256卡，1975至1978年是2287卡，两个时期并没有显著变化，粮食产量没有提高，农民的生活质量也没有得到改善。人民公社成立以来，我国农业生产与农民生活水平一直在20世纪50年代的较低水平上徘徊，每三个农民中就有一个是生活在贫困之中,农村的问题已经相当突出。

2.1.2　镰刀收获了复兴的欢乐

人们普遍认为家庭联产承包责任制是发源于安徽凤阳县小岗村,其实不然。所谓家庭联产承包责任制是由“包产到户”发展而来的,后经过中央多项政策的实践和补充才得以确立,成为中国农村的基本经营制度。“包产到户”最早发生在1950年代的温州地区,而后在全国多个地方都曾出现过。它几经起落,最后在改革开放的春风下,星星之火才从小岗村燃向全国。

1.不灭的“星火”燃起了“烈焰”

中国最早的“包产到户”,发生在浙江省永嘉县。在1956年农业合作化高潮中,24岁的县委书记李云河,为调动农民的生产积极性实行“包产到户”,由于效果非常明显,“包产到户”在全温州地区迅速发展起来。但在随后的政治运动中,“右倾机会主义错误”、“射向社会主义的一支毒箭”等罪名就一齐扑向这位年轻的干部,李云河被开除党籍,撤销职务,劳动改造。

在20世纪60年代初的三年困难时期,“包产到户”又一次在河南新乡、洛阳,河北张家口等地区,以及安徽、贵州两省的不少地方,开始自发地蔓延,1961年数量已达到全国生产队的1/5左右。然而在庐山会议后,风向骤然大变,各省纷纷下达通知,指出包产到户“是要走资本主义道路,是企图复辟资本主义”,“是反对社会主义的逆流”,中国农村的第二次包产到户又一次以失败告终。

似乎每一次“包产到户”的试验都是农民在穷途末路时的选择,并且都起到了积极的作用。20世纪70年代末,“文化大革命”对生产造成了严重的破坏,不合理的人民公社制度逐渐激化了社会矛盾,中国农村发展长期停滞不前,农民生活在贫穷困苦之中,亟待改革。1978年夏秋之交,安徽发生了百年不遇的旱灾,安徽省委根据面对的困难,作出了“借地种麦”的决定。在这项政策的鼓励下,安徽凤阳县小岗村18户农民聚集在一起订立生死同盟,冒着坐牢的风险,秘密达成了“包产到户”的协定。

“包产到户”一年后,小岗生产队获得了大丰收,起到了巨大的示范作用。与此同时,小岗村所在的凤阳县的其他一些乡村、安徽省肥西县的部分地区、四川省的一些地区也先后搞起了名称各异的承包责任制。这个办法被证明对于促进农业的发展是有效的,能够解决中国人民的吃饭问题,并且最终发展成为中国农村的基本经营制度,这就是后来的家庭联产承包责任制。小岗村农民作为中国改革开放的报春鸟,永远留在了历史的记忆里。

2.家庭联产承包责任制确立

党的十一届三中全会以后,在党中央的积极支持和大力倡导下,家庭联产承包责任制逐步在全国推开。1982年到1984年连续三年的中央“一号文件”,从理论上肯定了家庭联产承包责任制是中国共产党领导下中国农民的伟大创造,是社会主义经济的组成部分,是马克思农业合作化理论在实践中的新发展。从此,这种新的制度开始在中国大地上迅速发展,到1983年,全国90%以上的农村实行了家庭联产承包责任制。

家庭联产承包责任制的普遍推行,动摇和瓦解了人民公社体制的基础。1983年10月《中共中央、国务院关于实行政社分开建立乡政府的通知》指出:“宪法已明确规定在农村建立乡政府,政社必须相应分开”,“要尽快改变党不管党、政不管政和政企不分的状况。”自此,人民公社体制迅速瓦解,全国农村逐渐形成了“乡政村治”的社会政治模式,宣告了人民公社体制的彻底解体,标志着农村微观经济组织基础从此发生了本质的改变。

3.农村旧貌换新颜

实行改革以后,主要生产资料仍归集体所有,实行按劳分配,集体经营和家庭经营有分有合,农户以家庭为单位向集体组织承包土地等生产资料和生产任务,具体有包干到户和包产到户两种形式。这种新的经营制度极大地调动了中国农民的生产积极性,短短几年间就使农业恢复和发展起来。农业生产在1980到1984年获得超常规增长,粮食产量年均增幅达6.2%,棉花、油料、糖料的年均增幅也分别高达23.3%、11.6%和13.2%,同期,林牧渔业也得到了较快增长。1978年到1984年,中国农业产出平均每年保持了7.7%的增长速度,农业总产值以不变价计算增加了42.33%,按照生产函数和生产反应函数估算,其中约有一半是农村经济体制改革的贡献。家庭联产承包制度使中国农业发展进入了“黄金时期”,在很短的时间内解决了上亿人的温饱问题,农村贫困人口的绝对数量从2.5亿人下降到1.3亿人,贫困发生率从30.7%下降到15.51%,创造了人类发展的又一项奇迹。以农村家庭联产承包经营为主的农村经营体制,极大地解放和发展了生产力,农业获得了大丰收,农民得到了大实惠,给农村带来了前所未有的“复兴的欢乐”。

2.2 几经跋涉:改革的征途上踏平了多少坎坷

1984年,党的十二届三中全会通过了《中共中央关于经济体制改革的决定》,明确了社会主义经济是有计划的商品经济,从理论上实现了经济体制从计划经济向商品经济的重大转变,农村经济改革从此进入了迈向市场化改革的探索阶段。改革农产品统购统销制度,建立农产品市场体系,成为这个阶段改革的中心任务。短短几年里,改革开放的巨大成就激起了广大农民拓展农业生产经营领域的强烈愿望,特殊经济体制的约束使得乡镇企业在中国大地上异军突起,有效促进了产业结构的调整,带动了全国的经济发展。

市场化的改革,使得市场机制逐渐被引入到农村经济社会之中,并发挥了越来越重要的作用,为农业和农村经济向市场经济过渡奠定了基础,但在深化和拓宽改革领域的过程中,农村经济社会出现了一些始料未及的情况。如价格放开后农产品市场价格剧烈波动,引起了生产者和消费者的普遍不安,粮食产量一度下滑,粮食购销体制未达到预期目标,又从合同订购退回到实际上的统购;乱收费、乱罚款、乱占耕地的“三乱”致使农民负担加重、农业生产资料价格高涨和农产品市场管理无序；乡镇企业与城镇工业争原料、争能源和争产品，农民进入非农产业领域的摩擦加剧。中央在这个时期出台了很多文件并采取了很多措施，进行了治理整顿，但由于受资金紧缩、市场疲软等宏观背景和一些行政措施的影响，我国农村产业结构调整、尤其是乡镇企业发展受到抑制，农民收入出现改革以来的首次徘徊，甚至出现了负增长，农村贫困人口数量也有所上升，农村发展进入了停滞状态。

1992年初，邓小平同志南巡发表的重要讲话和同年10月党的十四大，明确了建立社会主义市场经济体制的改革目标，农村改革由此进入了向社会主义市场经济体制转轨的阶段，建立健全农村市场经济体制，把经济全面转向市场经济轨道，建立国家对农业有效的支持、保障、调控、服务体系，成为这一个时期的主要任务。到21世纪初，我国农村依靠市场机制配置资源和调节供求的体系已经初步确立，在多种因素的作用下，农业综合生产能力有了全面稳定的提高，农村经济的增长方式也发生了明显的变化，农业和农村经济发展与整个国民经济发展的关联程度越来越高，中国农村经济步入了新的发展阶段。

随着改革的深入，农民从过去主要按照国家计划生产转变到面向市场需求生产，承包责任制的“责任”被彻底淡化，激发了空前的生产热情，然而并非所有农民自主调整生产结构的激情都转化成了利润。农民被推到了商品化、市场化浪潮的最前沿，成为市场的主体，但是市场组织建设的步伐却没有跟上市场化的要求，形成了后来被总结为“千家万户小生产与千变万化大市场”之间的矛盾。如何以新的形式将农民组织起来，走上商品化、市场化道路，直至今天，仍然是农村经济改革的重大课题。

2.2.1　农产品流通体制的改革

1.统购统销制度

从1953年我国开始实行第一个五年计划开始，大规模经济建设使得城市和工矿区的人口迅速增多，粮食消费量也随之增大；农民生活水平不断提高，自己消费的口粮也逐年增加；再加上牲畜家禽饲料需求的增加，商品粮数量的增长受到了限制。这样的增减变化造成了粮食生产和需求的矛盾。同时，由于私营粮食工商业在粮食经营中还占相当大的比重，在粮食供求紧张的情况下，资本主义粮商利用自由市场和小农经济的自发势力，趁机套购粮食，囤积居奇，投机倒把，哄抬粮价，扰乱市场，致使农村中的余粮户贮存观望，等待高价，不愿把粮食卖给国家。在这样的国情下，政府采取了利用粮食统购统销来取代粮食自由贸易的政策，用来解决这种矛盾，这是由社会经济条件所决定的，是一定历史条件下的产物。

粮食统购统销是计划收购与计划供应的简称。1953年10月16日，中共中央发布了《关于粮食统购统销的决议》，同年11月19日，政务院发布了《关于实行粮食的计划收购和计划供应的命令》。根据这两个文件，在全国范围内开始贯彻执行粮食统购统销政策。统购统销的政策实施后，由于“全民动员，全力以赴”，而且把统购统销当作是贯彻执行过渡时期总路线的一个组成部分，1953年10月部署的粮食征购任务得以超额完成。统购统销制度应该说较好地适应了当时生产力发展的要求，同时保证了国家优先发展工业的战略部署，为国民经济的整体推进提供了支持，与同期的计划经济体制是相适应的。但是，国家也为此付出了巨大的代价，高额的财政补贴给国家财政带来了很大的负担；同时，这种购销高度集中的流通体制，也使国家忽视了农产品市场体系的建设，给以后的进一步改革设置了障碍。

2.放开农产品市场

改革农产品统派购制度，建立农产品市场体系，是这个阶段改革的中心任务。国家于1985年开始实行农产品收购的"双轨制"，以合同订购和市场收购的形式取代了农产品统购统销。1991年《国务院关于进一步搞活农产品流通的通知》提出，要适当缩小指令性计划管理，完善指导性计划管理，更多地发挥市场机制的作用，对主要农产品都不同程度地放开经营，并且提出了打破地区封锁等一系列措施，这标志着我国农村经济管理与宏观调控方式也日趋迈向市场化。

改革初期，对于主要农产品流通体制的改革只涉及到了收购体制，并没有触动销售体制，在粮食收购价格不断提高的情况下，购销价格的倒挂问题日益凸显，粮食收储企业亏损严重。1992年，国家开始改革粮食销售体制，但由于市场体系不够完善，改革导致了粮食市场价格的异常波动，为稳定市场，国家先后实行了"粮食地区平衡"和"米袋子"省长负责制等政策措施。到2004年，国家通过《粮食流通管理条例》，决定全面放开粮食收购价格，并将国家实行按保护价敞开收购农民余粮间接给农民的补贴转为直接补贴，农产品生产和流通才真正实现了市场化。

蛋类、水产品、蔬菜和肉类等畜产品的生产和流通在1992年之前就被全面放开，其中水产品也是我国最早完全放开管制的农产品；国家对粮食和棉花的流通则实行了较长时间的"双轨制"，粮食也是我国最晚放开管制的农产品。

2.2.2 乡镇企业"异军突起"

1."突起"之因

1984年3月1日，中共中央、国务院转发农牧渔业部《关于开创社队企业新局面的报告》并发出通知，同意报告提出的将社队企业名称改为乡镇企业的建议，并提出了发展乡镇企业的若干政策，以促进乡镇企业的迅速发展。改革开放催生出了一系列有别于传统农业经济活动的新体制、新方法和新观念，面对着土地产出的客观技术条件内在约束的特性和工农产品价格剪刀差的外部限制，致富热情高涨的农民必然会把眼光投向非农产业。同时，户籍制度的限制和非农产业的进入壁垒，又使农民只能在本地传统农业和城市边缘领域进行选择。由于传统二元结构之间的显著差别和因此造成的产业与产品真空形成了巨大的市场空间，使得乡镇企业在产生之后迅速膨胀，有力地带动了国家整体经济的发展，成为中国经济改革中的独特现象。

2.艰难"行军"

1984到1988年的起步阶段,我国乡镇企业产值每年都以30%以上的速度高速增长,为乡镇企业发展打下了坚实的基础。1988年下半年,由于经济紧缩,乡镇企业投资减少,增长速度放慢,许多企业处于停产半停产状态,几百万乡镇企业职工又回到农田。针对经济生活中出现的经济过热、通货膨胀等问题,国家对国民经济进行了"治理整顿"。"八五"期间,乡镇企业以其顽强的生命力抓住机遇,大力发展外向型经济,成为推动中国对外经济贸易发展的重要力量,乡镇企业率先摆脱困难局面,各地创造了"五个轮子一起转"和"一村一品、一县一业"的集群成长模式。"九五"期间,中国经济增速明显放缓,再加上多种因素的影响,中国乡镇企业发展再次面临困境。随着"引进来、走出去"战略的实施,国内企业借助对国外生产技术的引进、吸收、消化和创新,农村市场和国内外市场的融合和对接,实现了由国际产业链的加工车间向世界工厂转变,上万种物美价廉的"中国制造"产品走出国门,乡镇企业又一次进入高速发展时期。

3.功不可没

乡镇企业的超常规增长对我国农村经济的发展产生了巨大的推动作用,它不但为调整农村经济结构奠定了基础,而且还为解决长期困扰我国经济发展的农村剩余劳动力转移问题,闯出了一条新的路子。国家一方面积极鼓励发展多种经营,优化种植业结构,促进农林牧渔全面发展;另一方面鼓励农民从事工商业等非农产业活动和发展乡镇企业,这些措施不仅促进了乡镇企业在20世纪80年代中期的异军突起,而且促进了农村经济结构的调整,农业生产结构呈现出多样化的综合发展。由于乡镇企业以不同于传统农业的生产方式进入农村,把工业文明注入农村,为农村经济社会带去了新理念、新思想、新技术、新事物。新的生产方式客观上要求企业提高职工的科学文化、技术技能和经营管理水平,造就了一大批农民企业家和新型农民,原有的狭隘封闭的观念和意识正在被打破,加速了农民现代观念、信息观念、市场观念的形成。

2.2.3　发展农业产业化经营

1.重新审视家庭联产承包责任制

我国农业在家庭承包责任制为主的经营模式下取得了长足的发展,然而随着改革的不断深入,传统农业在面临国内外大市场、大流通格局下却面临着严峻的考验。农业耕地逐年减少和农村剩余劳动力逐年增加的矛盾日益加剧,超小规模的家庭经营与社会化、协作化大生产不相协调,农产品供给的趋同性与千变万化的市场需求难以平衡等问题,都不同程度地影响了农村经济的健康稳定发展。就全国绝大多数地区的农村来说,家庭联产承包责任制已经发生了很大的变化,已不再是当初那种意义上的联产承包了。家庭经营逐渐得到较为充分的发展,在农村生产领域中占据主导地位,农村家庭不再是简单意义上的劳动力组合,而是独立的生产经营单位；集体经济组织统一经营的功能，更多地为服务功能所替代。现实要求人们不得不重新审视双层经营体制中两个不同经营层次的行为和效果，界定双层经营体制的内涵，以此完善双层经营体制。

2.农业产业化经营符合发展规律

在农村微观组织制度建设中，经济利益驱使广大农民走向合作。农村中各类合作经济组织悄然出现，各类专业协会、研究会如雨后春笋，成为农民组织的主要形式；在某些发达地区，生产要素在市场机制下发生重新组合，有的乡村集体经济组织逐步过渡成为本来意义上的生产合作经济组织。以“公司+农户”、“订单农业”等为主要形式的产业化经营已经是农业发展的必然趋势。这种发展趋势符合市场经济规律，也是对于1990年3月3日邓小平提出的“两个飞跃”理论的具体实践。《中共中央、国务院关于“九五”时期和今年农村工作的主要任务和政策措施》(1996年1月)和《中共中央、国务院关于做好2001年农业和农村工作的意见》(2001年1月)中都提到了关于发展农业产业化的政策方针，强调要大力推行农业产业化，实现农村经营制度的创新。在生产实践中，我国的农业产业化经营显现了竞争力增强、带动力提高的发展态势，探索了用现代工业理念、先进的科技成果建设现代农业的新途径，构建了政府扶持、龙头带动、农民参与和中介组织服务多方推进的新机制，取得了明显成效。

3.农业产业化经营发展迅速

2002年底，全国各类农业产业化组织总数已达到9.4万个。其中，国家级重点龙头企业372家，平均固定资产2.5亿元，平均销售收入7.1亿元；省级重点龙头企业目前达到1839家。一个以国家级重点龙头企业为核心，省级重点龙头企业为骨干，数万个中介组织、专业市场、小型龙头企业为基础的农业产业化组织群已初步形成。随着龙头企业规模的不断扩大，带动农户的能力也不断增强。全国各类龙头组织带动农户总数超过7000万户，占农户总数的30.5%，其中，每个国家级重点龙头企业平均带动农户达到7.6万户。通过积极发展订单农业，用“订单”的形式把企业和农民的利益有机联系起来，既避免了结构调整的盲目性，又为企业发展提供了充裕的原料。2002年全国种植业“订单”面积达3.27亿亩，比上年增长16.8%，其中近一半左右是由龙头企业完成的。

各地结合实际，把农业产业化与壮大县域经济、推进小城镇建设有机结合起来，积极引导龙头企业向工业园区集中。沿海地区结合大城市郊区加快外向型农产品产业带建设，推动了出口型农业产业化快速发展；中部地区结合建设粮棉油等优质专用产品产业带，加快了大宗农产品型农业产业化发展；西部地区结合培育特色优势产业带，大力推进特色型农业产业化发展。目前，已经初步形成了东中西分工协作，出口型、大宗农产品型和特色型共同发展的农业产业化格局。

2.2.4 农村金融服务体系基本建立

1993年12月国务院作出了《关于金融体制改革的决定》,要求通过改革逐步建立在中国人民银行统一监督和管理下,中国农业发展银行、中国农业银行和农村合作金融组织密切配合、协调发展的农村金融体系。按照这个要求,1994年成立了中国农业发展银行,试图通过该银行的建立将政策性金融业务从中国农业银行和农村信用合作社业务中剥离出来,加快中国农业银行商业化的步伐。国务院原计划在1994年基本完成县联社的组建工作,1995年大量组建农村信用合作银行,但实际进度大大落后于这一阶段所设计的目标。改革后的农村信用合作社由县联社负责,人民银行直接承担对其的监督管理责任,不再受中国农业银行管理。

1997年亚洲金融危机爆发,国家在强调继续深化金融体制改革的同时,对金融风险的控制也开始给予重视,国有专业银行开始推行贷款责任制,并且收缩国有专业银行战线,客观上强化了农村信用合作社对农村金融市场的垄断。1997年中央金融工作会议确定了"各国有商业银行收缩县(及以下)机构,发展中小金融机构,支持地方经济发展"的基本策略,包括农业银行在内的国有商业银行开始日渐收缩县及县以下机构,打击各种非正规金融活动,对民间金融行为进行压抑。此后,我国四大国有银行纷纷弃乡返城,收缩撤并县及县以下机构网点,同时由于邮政储蓄职能尚未完全发挥,农村信用社自身包袱重、支农能力受限,致使农村地区网点覆盖率低,有些乡镇竟然出现没有一个金融服务网点的尴尬局面。

1999年,国家开始撤消清算农村信用合作基金会,将农村金融体制改革的重点确定到对农村信用合作社的改革上,改革取得阶段性成果以后,农村小额贷款广度和深度进一步拓展。不久,中国邮政储蓄银行挂牌营业,为进一步解决储蓄资金返回农村使用问题迈出了关键的一步。与此同时,中国农业发展银行职能也进一步扩大,形成了以粮棉油贷款为主,农林牧副渔生产、加工转化和农业科技等新增业务为辅的业务范围。国家还调整和放宽了农村地区银行业金融机构市场准入政策并开展试点工作,已有24家村镇银行、贷款公司和农村资金互动社等三类新型农村金融机构相继开业。我国已经初步形成了政策性金融、商业性金融和其他金融为主体的农村金融体系。

2.2.5 农村社会保障制度逐渐健全

改革以来,农村社会保障制度逐渐健全。农村社会养老保险制度、农村最低生活保障制度和农村医疗保险制度的建立和完善,在一定程度上为农民生产生活提供了保障。1987年3月14日民政部发布了《关于探索建立农村社会保障制度的报告》,逐步建立了农村社会养老保险制度。1995年起,民政部开始在部分地区开展了建立农村最低生活保障制度的试点,并对优抚安置制度进行了改革。2002年10月,中共中央、国务院发布了《关于进一步加强农村卫生工作的决定》,明确指出:要"逐步建立以大病统筹为主的新型农村合作医疗制度"。全国各省、自治区、直辖市先后启动了新型农村合作医疗试点工作。2005年中央决定进一步提高农村合作医疗筹资中的中央和地方政府的筹资比例,到2008年,新型农村合作医疗已经基本覆盖全国所有的县(市、区),在一定程度上缓解了农民“因病致贫、因病返贫”的问题。

2003年抗击“非典”和2008年“抗震救灾”的战斗已经严重地暴露出我国农村社会保障服务存在的许多问题:农村社会保障投入严重不足,社会保障的体制改革严重滞后;社会保障服务网络很不健全,运营困难;农村社会保障机构机制不活,设施陈旧,人浮于事,效率不高;农村社会保障服务技术人才匮乏,服务水平和质量低下。由于经济基础薄弱、经验不足、农民认识偏差等原因,各种社会保障制度在全国的推进并非顺水行舟,一个个阻力的形成无一不牵涉到深刻的大范围的社会因素。是先排除万难还是另辟蹊径?各级政府及相关管理部门都面临着严峻的考验。然而,农村社会保障制度的构建是一项复杂的社会系统工程,需要较长时间的努力,而非一日之功。中国政府的改革从维护广大农民的根本利益出发,采取了先行试点,逐步推开的方式,为社会保障事业健康发展奠定了良好的基础。

2.2.6 实现农村税费改革

1.农民负担的“罪魁祸首”

在1984年开始实行的农村税费制度下,农民不仅要为政府提供税收,还要为乡镇和村提供各种费用或基金,实际上,农民所交纳的这些收费相当于税收,是乡村公共产品服务的主要资金来源。在最初的几年,由于农民收入增长较快,农民对税费负担还能够接受,但这种制度的弊端逐步暴露出来,原有农村税费制度很不规范,为乡镇政府和村民委员会加重农民负担提供了条件。特别是1997年以来,农民收入增长缓慢,农民财政负担重的问题越来越突出。根据有关统计,1998年农民的税费总额为1224亿元,其中农业税300亿元,乡村收费(乡统筹、村提留)约为600亿元,其他收费300多亿元。可见,在农民所交纳的各种税费中,由法律规定的农业税、农业特产税及其附加税并不是主要的部分,而乡镇政府和村民委员会各种合法与不合法的收费和集资项目才是农民负担不断加重的主要原因。

2.税费改革顺利实现

1990年前后,农民负担加重的问题就引起了学者和政府的注意。1993年5月,国务院授权农业部取消了43项要求农民出钱、出物、出工的达标升级,纠正了10种错误的收费和管理办法,1995年国务院又宣布了“约法三章”,要求各地防止农民负担反弹的现象。由于造成农民负担增加的主要制度和政策没有进行根本性调整,农民税费负担过重的问题并没有得到真正的解决。在经过长时间讨论和实践之后,减轻农民负担的政策最后定位于农村税费改革。

1998年9月召开的中国共产党十五届三中全会提出了逐步改革税费制度的意见。2000年,在党中央、国务院的部署下,我国开始了以减轻农民负担为中心,以取消“三提五统”等税外收费、改革农业税收为主要内容的农村税费改革。改革首先在安徽试点。2002

年3月27日,国务院办公厅发出《关于做好2002年扩大农村税费改革试点工作的通知》,要求对税费改革转移支付资金实行包干使用,努力做到"三个确保",即确保农民负担得到明显减轻、不反弹,确保乡镇机构和村级组织正常运转,确保农村义务教育经费的正常需要。2003年,在全国普遍实行农村税费改革,加大对农村的补贴力度。采取"两减免、三补贴"政策,即减免农业税、取消除烟叶以外的农业特产税;给予农民种粮补贴、良种补贴和购置农机具补贴。2006年,中国延续了2600年的"皇粮国税"终结,标志着国家与农民间"汲取型"的关系已被打破,国家对农民实现了由"取"向"予"的转折。

2.3　探索前行:农业和农村发展进入新阶段

2003年底的中央农村工作会议认为,我国农业和农村经济发展进入新阶段,农产品供求关系、农村劳动力就业格局和转移动因、农民增收的主要来源、农村发展对城镇和国民经济的依赖程度、中国农业与世界农业的关联程度、农业和农村发展的内涵都发生了重大的变化。这种变化符合经济发展的规律,是对改革开放辉煌成就的充分肯定,也为农村经济社会发展带来了许多新机遇和新挑战,对农村经济增长方式、运行机制和管理体制的转变提出了新要求和新任务。在新的发展阶段,改革更加关注农业和农村经济结构战略性调整、实现农业增长方式转变,完善与社会主义市场经济体制相适应的农村经济体制,统筹城乡经济社会发展、推进农村小康建设。

在改革开放的历史进程中,我们已经胜利实现了现代化建设"三步走"战略的第一步、第二步目标,人民生活总体上达到了小康水平,但这个小康还是低水平的、不全面的、发展很不平衡的小康。党的十六大,立足于总体小康的实际,作出了集中力量全面建设惠及十几亿人口的更高水平的小康社会的重大决策。党的十七大,适应国内外形势的新变化,顺应各族人民过上更好生活的新期待,把握经济社会发展趋势和规律,提出了全面建设小康社会的新要求。这个新要求,集中体现了以人为本、全面协调可持续的科学发展观,它将引领我们夺取全面建设小康社会的新胜利。

农业和农村的发展,为我国胜利实现现代化建设前两步战略目标,作出了巨大的贡献,提供了坚实的基础。从我国的发展趋势看,实现全面建设小康社会的宏伟目标,最繁重、最艰巨的任务在农村,没有农民的小康就没有全国人民的小康,没有农村的现代化就没有国家的现代化。我们必须从这样的高度来认识问题,更加重视农业、农村和农民问题,自觉把全面建设小康社会的工作重点放在农村。改革应该更加关注农业和农村发展的深层次矛盾和问题,考虑在工业化的中期阶段与外部环境变化的背景下,如何建立促进农业和农村经济发展的长效机制,统筹城乡经济发展,综合解决"三农"问题。

2.3.1 农村经济社会发展的新趋势

1."卖方市场"变为"买方市场"

随着温饱问题的基本解决和收入水平的不断提高,城乡居民用于食品支出的比重逐步下降,食品消费结构也发生了较大变化。农产品供给的增长在受到资源约束的同时,越来越受到市场需求的约束。农业的结构问题凸显,农产品价格低迷,农民增产难以增效。粮食等主要农产品由长期短缺转变为总量基本平衡、丰年有余,由卖方市场转变为买方市场。

2."离乡不离土"变为"离乡又离土"

现今,对经济效益、良好生态环境和较高生活质量的追求,已成为农村劳动力转移的动因。农民外出就业已不再是权宜之计,越来越多的农民开始由过去一人进城务工到现在举家进城,由暂时居住到稳定居住,由从事简单劳动到从事技术工种,由"离乡不离土"变为"离乡又离土"。部分进城农民,正在逐步转变为城镇居民、企业工人和工商业经营者,农村劳动力的就业格局将继续呈现农业就业比重逐步下降、非农产业就业比重稳步上升、外出就业较快增加的基本态势。

3."收入单一"变为"收入多元"

目前农业收入仍是农民收入的重要基础,但收入增长的来源日趋多元化、多样化。农民收入由主要来自农业转向农业和非农产业并举,农业收入由主要来自种植业转向种植业和养殖业并举,农民增收由主要靠增加产量、提高价格转向主要靠提高效益、扩大就业。目前,农民收入构成中来自非农产业的比重已经接近一半;工资性收入比重已超过1/3,对农民收入增长的贡献率达60%强。来自非农产业和进城务工的收入已成为农民收入增长的主要来源。

4."城乡分割"变为"城乡一体"

在计划经济体制下,农业商品率低、自给性强,城市和乡村分治,农民和市民分隔,农业和非农产业分离,很大程度上是农业和农村承担着为工业化和城镇化提供积累的重任。随着市场经济体制的建立和完善,城乡二元经济结构开始有所改变,各种生产要素加速流动,工农之间、城乡之间相互联系、相互依赖、相互补充、相互促进。城市发展离不开农村的促进和支持,农村发展也离不开城市的辐射和带动,农业和农村经济发展与宏观经济环境的关系更加紧密。

5."小农经济"变为"世界农业"

随着经济全球化和农业国际化程度的不断加深,各国农业联系更为紧密,农业专业化分工日益明显,农产品国际竞争日趋激烈。加入世贸组织,既为我国农业发展带来了机遇,为引进资金、技术和扩大农产品出口创造了条件，也使我国农业发展更加直接地面临来自国际市场、国外产品和技术的严峻挑战。我国是农产品生产和消费的大国，在对国际市场有着巨大影响的同时，国际市场也影响和冲击着国内的生产和市场。

6."数量增长"变为"生态农业"

伴随农业综合生产能力和农民收入水平的显著提高，人们开始追求生活质量的提高、生态环境的改善和自身的全面发展，全面建设小康社会也对农业和农村提出了"生态农业"的发展要求。农业和农村发展，不仅要保持数量增长，而且要注重改善结构、提高质量、增加效益；不仅要开发利用资源，而且要重视保护资源和生态环境；不仅要繁荣经济，而且要加快社会公益事业的发展。

2.3.2　农村经济社会发展的新思想

1."三农"问题是全党工作的重中之重

"农民、农村、农业"是当前社会各界关注的焦点。高度重视并认真解决"三农"问题，是我们党一以贯之的战略思想。农业滞后、农民增收困难、部分农村的生态环境恶化，已经成为困扰我国经济社会全面发展的难题。十六大以来，我们党提出要更多地关注农村，关心农民，支持农业，把解决好农业、农村和农民问题作为全党工作的重中之重，放在更加突出的位置，努力开创农业和农村工作的新局面。十七大报告也指出，"解决好农业、农村、农民问题，事关全面建设小康社会大局，必须始终作为全党工作的重中之重"，这进一步明确了"三农"工作的重中之重地位，为今后农业稳定发展、农民持续增收指明了方向。

2."多予、少取、放活"的方针

"多予、少取、放活"方针的确立有一个过程，最早的提法是"多予、少取"。多予，就是要增加对农业和农村的投入，加快农村基础设施建设，扩大退耕还林规模，直接增加农民收入。少取，就是要推进农村税费改革，切实减轻农民负担，让农民休养生息。2002 年 1 月召开的中央农村工作会议第一次提出了"多予，少取，放活"，在以往"多予、少取"提法的后面，加上了"放活"二字。放活，就是要认真落实党在农村的各项政策，把农民群众的积极性、主动性、创造性充分发挥出来，进一步活跃农村经济，拓宽农民增收渠道，包含着鼓励社会力量参与小城镇和农村基础设施建设，合理引导农村劳动力进城务工和有序流动，加快发展农村二三产业等内容。"多予、少取、放活"六字，言简意赅，贡献巨大，意义非凡，完整地表述了我党在新时期的农村政策。2003 年 12 月 31 日中央农村工作会议通过的《中共中央国务院关于促进农民增加收入若干政策的意见》作为 2004 年中共中央"一号文件"正式颁布，把"多予、少取、放活"确立为"三农"工作的重要指导方针。

3."两个趋向"的论断

党的十六届四中全会上,胡锦涛总书记明确提出了"两个趋向"的重要论断。这就是"纵观一些工业化国家发展的历程,在工业化初始阶段,农业支持工业、为工业提供积累是带有普遍性的趋向;但在工业化达到相当程度以后,工业反哺农业、城市支持农村,实现工业与农业、城市与农村协调发展,也是带有普遍性的趋向。"2004 年 12 月召开的中央经济工作会议再次强调,"我国现在总体上已到了以工促农、以城带乡的发展阶段"。2005 年在十届全国人大三次会议上的《政府工作报告》以此为基础,提出了实行工业反哺农业、城市支持农村的方针。"两个趋向"的重要论断已经成为指导我国经济和社会协调发展的战略思想和制定农业和农村发展政策的基本依据。

4."全体人民共享改革发展成果"的理念

在 2004 年 3 月 10 日的中央人口资源环境工作座谈会上,胡锦涛总书记提出要让发展成果惠及全体人民。温家宝总理在 2005 年 3 月的《政府工作报告》中指出"要让全体人民共同分享改革与发展的成果"。2005 年 10 月,在中国共产党十六届五中全会通过的《中共中央关于制定国民经济和社会发展第十一个五年规划的建议》中写到,要按照以人为本的要求,从解决关系人民群众切身利益的现实问题入手,"更加注重社会公平,使全体人民共享改革发展成果"。2005 年 12 月胡锦涛在青海考察工作时强调:坚持发展为了人民,发展依靠人民,发展成果由人民共享,切实解决人民群众最关心、最直接、最现实的利益问题,千方百计为困难群众多办好事实事,进一步凝聚起广大人民群众的力量,共同为全面建设小康社会而努力奋斗。"全体人民共享改革发展成果"成为当前改革发展的基本理念。

5."社会主义新农村"的战略目标和任务

中国共产党十六届五中全会强调指出:"建设社会主义新农村是我国现代化进程中的重大历史任务",并赋予了社会主义新农村"生产发展、生活宽裕、乡风文明、村容整洁、管理民主"的新内涵和目标要求。2005 年底的中央农村工作会议讨论了《中共中央关于建设社会主义新农村决议》,并作为 2006 年的"一号文件"颁布实施。建国初提出的社会主义新农村,是与旧社会相对立、与社会主义新制度相适应的概念;改革开放后提出的社会主义新农村,一方面是党和国家工作重心的转移,另一方面是为了适应建设社会主义现代化的总目标。建设社会主义新农村,是新阶段指导"三农"工作新理念、新举措、新取向的集成和发展,进一步丰富和发展了中国特色社会主义建设理论,是党中央在实践基础上集中全党智慧、深思熟虑作出的科学决策,具有鲜明的时代性。

2.3.3 农村进入综合改革阶段

2006 年在全国范围内取消农业税以后,为巩固农村税费改革成果和建设社会主义新农村提供体制保障和动力源泉,国家开始进行综合改革,调整农村生产关系和上层建筑不适应生产力发展的环节和方面。改革的目标是按照巩固农村税费改革成果和完善社会主义市场经济体制的要求,推进乡镇机构、农村义务教育和县乡财政管理体制改革,建立精干高效的农村行政管理体制和运行机制,建立覆盖城乡的公共财政制度,建立政府保障的农村义务教育体制,促进农民减负增收和农村公益事业发展。全面推进社会主义新农村建设是农村综合改革的目标。改革的总体要求是,统一思想认识,加强组织领导解决遗留问题,扎实稳步推进;加强调研总结,完善政策措施;积极探索实践,实行重点突破。各地区、各有关部门要把农村综合改革工作与推进新农村建设紧密结合起来,统筹兼顾,协调推进,并做好农村综合改革与其他各项改革之间的配套衔接。

农村综合改革是在试点的基础上全面推进的,有些条件较好的省份在全省范围内开展了试点,暂不具备条件的省份也逐步扩大了市、县试点范围。国家计划在"十一五"或更长时间内要基本完成乡镇机构、农村义务教育和县乡财政管理体制的改革任务。乡镇机构改革要从乡村实际出发,切实转变乡镇政府职能,完善农村基层行政管理体制,创新农村工作机制。要进一步探索乡镇政府职能定位,充分发挥乡镇在新农村建设中的重要作用,为农村经济发展创造环境、为农民提供更多的公共服务、为农村构建和谐社会创造条件。要继续合理调整乡镇机构,改革和整合乡镇事业站所,精简分流乡镇富余人员。农村义务教育改革要着力完善"政府投入办学、各级责任明确、财政分级负担、经费稳定增长、管理以县为主"的经费保障机制,不断增加农村义务教育投入,切实减轻农民的教育负担;同时加快教育部门自身的改革,通过深化教育人事制度改革、合理配置城乡教育资源、合理调整农村中小学布局等政策措施,不断提高农村义务教育的办学水平和教育质量。县乡财政管理体制改革,要进一步理顺省以下财政分配关系,划分各级政府之间的事权和支出范围,建立健全财力与事权相匹配的财政管理体制,不断增加对农业和农村的投入;进一步完善财政转移支付制度,减少专项性转移支付,增加一般性转移支付,切实增强基层政府公共产品和公共服务的供给能力。

农村综合改革正在紧张有序地进行着。当前农业和农村发展的体制和机制发生了根本改变,市场机制在农业和农村发展中发挥着日益重要的作用;农业和农村发展的手段和环境发生了根本改变,农业和农村需要依靠现代科技和新型农民,发展现代农业,积极参与国际竞争;农业和农村发展的阶段和目标发生根本改变,已经进入城乡统筹发展的阶段,建设社会主义新农村和全面建设小康社会成为中国农业和农村发展的首要目标。但农业基础还很薄弱,改革的任务还很重,农村许多深层次的矛盾和问题会逐渐显现出来,稳步推进农村综合改革将是未来较长一个时期内我国农村改革的中心任务。

2.4　继往开来:解决"三农"问题任重道远

中国共产党十七大报告指出,解决好农业、农村、农民问题,事关全面建设小康社会大局,必须始终作为全党工作的重中之重。报告提出要走中国特色农业现代化道路,建立以工促农、以城带乡长效机制,形成城乡经济社会发展一体化新格局。统筹城乡发展,是构建和谐社会的重要原则,“三农”问题可以说是社会和谐的最大难点。“三农”问题不解决,建设公平正义的社会就失去前提,建设安定有序的社会就没有基础,人与自然和谐相处就会缺乏重要条件。

人们正越来越多地提到“三农”问题,但常常不理解这个提法与过去强调“农业问题”之间的不同,“三农”问题背后隐含着更多深层次的问题,已不再仅仅是一个经济问题。当前农村的许多复杂问题,都是社会主义初级阶段有中国特色的“三农”问题,改革任重道远,只有实事求是,坚持走有中国特色的农业现代化道路才能解决。

2.4.1 “三农”问题的表现及原因

“三农”问题最突出的表现就是农民增收困难,这将直接导致城乡收入差距拉大、农业生产滑坡等一系列严重影响国民经济持续健康稳定发展的问题。化肥和农药的不科学使用已经对农业生态环境造成严重破坏,我国农业基础设施落后的面貌也未得到根本改观,生产发展受到制约。农民文化素质低、民主意识还很淡薄,科技推广还存在一定的难度,外出务工和就业存在困难,乡村治理很不民主,还存在许多不文明的现象。导致这些问题的原因是多方面的,解决“三农”问题是一项系统工程。

1.农产品供给与劳动力供给结构性过剩

过去是农村劳动力过剩,农产品市场供给短缺,可以用充裕的劳动力生产短缺的商品,以实现和保持农村经济和农民收入稳定增长。在农产品买方市场形成以后,主要矛盾由供给制约转为市场需求制约。在农产品供给方面,土地被细碎分割,机械化不能有效推进,生产效率难有质的提高;单户农民科技知识缺乏,使农产品科技含量低、质量差;农业运作空间封闭,社会对农业的参与度低;大量的化肥和剧毒农药的使用破坏了农业生态平衡,使土地的自然生产能力减弱;加上前几年粮食丰收和农业保护措施效果的减弱,农业开始增产不增收。从需求的角度说,随着城镇恩格尔系数的下降,对于农产品数量的需求逐步变成对质量的需求,对农业生产提出了新的挑战。发展质量型农业就需要高素质的农民,而劳动力素质的普遍偏低与市场需求的高素质也形成断层,农产品和劳动力供给的结构性过剩使我国农民增收出现困难。

2.农业劳动生产率和农产品加工率过低

劳动生产率是衡量一个国家经济社会创造力的总尺度,按每个劳动力生产的谷物计算,我国还不到世界的平均水平,与发达国家则相差更远,按肉类口径计算也是略低于世界平均水平。多年来,我国农业劳动生产率一直很低,而且主要是售卖初级农产品,农产品加工、流通等环节的增值收益大部分从农民手中流失,虽然近几年农业劳动生产率有所提高,农产品加工有所发展,但还是远远滞后于市场化程度的提高。发达国家农产品加工的数量一般占总量的80%,而我国只有不到20%,发达国家食品工业产值相当于农业生产产值的3倍,而我国还不到1/3。这说明,我国农产品加工业的发展远不能满足产业链延伸的需要,还有很大的发展空间。

3.农产品质量和标准化程度较低

经过几年的结构性调整,农产品质量有所提高,但还不能适应日益变化的市场需求。在国际市场上,对于每一种产品都有非常严格的质量标准,而我国仍在沿用不能与国际接轨的等级制,且在执行中又不能严格遵守。前些年,农业生产的投入在逐年加大而农产品市场价格却普遍下跌,农产品加工转化和农产品质量标准体系建设严重滞后,导致我国农业难以打入国际市场,国内大路产品供给又过于饱和,从而导致农业综合效益不高,严重制约了农民收入的增长。

4.农村工业化和城镇化发展滞后

现阶段我国农村乡镇企业仍处于低水平重复、分散小规模的初级发展状况,对农业的反哺作用很弱,大部分乡镇企业还是以轻工业产品为主,与农产品无缘,农村的工业化进程缓慢。同时,农村小城镇基础设施建设落后,不能成为当地的经济中心,难以带动企业的集聚和产生规模效应。因而,短期看,依靠乡镇企业和城镇培植农民增收的新增长点困难较大,但长期来看,就农业来论农业是找不到农业的根本出路的,必须"反弹琵琶",加快农村工业化、城镇化进程,反哺农业,促进农业劳动力非农化,减少农民的数量,才能富裕农民,才能使农民从人地矛盾中解脱出来,走上富裕之路。

5.产业结构和要素市场缺乏效率

农民增收难,首先表现为农产品销售难,从表面上看是白农业生产结构性矛盾引起的。产业结构的确需要调整,但这只是解决近期内生产什么的问题,而没有解决长期生产什么以及如何更有效生产的问题,应该让农民能及时按市场需求安排生产,并能持续顺利地得到价值实现,而不是总由政府出面。如果只是产业结构调整了,很快也会出现新的矛盾,出现新的产品积压。因此,从经济学的观点分析,解决三农问题,还要从解决长期性的生产问题入手,建立和完善农业生产要素配置的市场机制。每一次大的农村变革,都进行了人、地、资金、技术、管理等生产要素的重新配置,才实现了大发展、大跨越。因此在目前情况下,提高农民收入需要推进农村二次市场的制度创新。

6.农村中介组织服务和基层政府不到位

农民普遍对市场十分陌生,只能跟着别人干,跟着价格上,这种经营上的趋同性,必然带来价格和收入上的趋同性及共振性。农民最迫切需要的是准确的市场信息服务,而目前农村中自发建立起来的经济合作组织及一些中介服务组织数量太少,远不能满足农村各项事业发展的需要。基层政府在农业发展指导上多采取行政手段,分解种植目标,催种催收等计划模式,在传统农业向现代农业转变的新时期,缺乏指点迷津的手段,不能使农民增收,有时还适得其反。

2.4.2 解决"三农"问题是一项系统工程

1.在稳定农村基本经营制度的基础上推进土地产权制度创新

回顾三十年改革史,以家庭联产承包经营为基础、统分结合的双层经营体制是农村改革最重要的制度性成果。1983年,中共中央颁布了《当前农村经济政策的若干问题》,从理论上肯定家庭联产承包责任制"是在党的领导下中国农民的伟大创造,是马克思主义农业合作化理论在我国实践中的新发展",正式确立了中国农村的基本经营制度。2008年公布的《中共中央国务院关于切实加强农业基础建设 进一步促进农业发展农民增收的若干意见》指出,必须稳定和完善农村基本经营制度,不断深化农村改革,激发亿万农民的创造活力,为农村经济社会发展提供强大动力。以家庭联产承包经营为基础、统分结合的双层经营体制是农村改革最重要的制度性成果,也是宪法规定的农村基本经营制度,必须毫不动摇地长期坚持,并在实践中加以完善。

家庭联产承包责任制因土地按均田分包制造成了耕地的分割与分散,形成了其固有的矛盾,在农村经济全面发展的情况下,矛盾又呈现三大特征:(1)农村非农产业的发展,大量的农民转移到二、三产业,但又不肯放弃在农村的土地产权,于是便出现了大量粗耕、弃耕现象,农村迫切需要新的土地产权制度,实现农业规模经营;(2)随着农村城市化的快速推进,地价及土地资本性收益也随之提高,加速了农民对农村土地产权的追求;(3)随着土地资源增值收益的直线上升,在土地收益问题上出现了集体与集体、集体与农民之间日益尖锐的矛盾,成为社会不安定的潜在因素。

在市场机制作用下有效率地实现土地规模经营是我国农村土地制度改革的目标。土地具有资源与资产的双重内涵,不可能脱离产权而独立存在,然而中国农村现行土地制度最主要的缺陷就是产权不明确。科斯定理表明,模糊的土地产权很难实现土地有效率的流转,建立适合生产力发展水平的土地产权制度是中国农村土地优化配置的前提和基础。由于中国建设资金在较长时期内仍将紧缺,不能支撑庞大的社会保障体系,同时民主和法制建设的成果能否保证土地再次分配的公平还有待商榷,所以,在稳定家庭联产承包责任制基础上建立农村土地产权流转制度成为中国新一轮改革的必然选择。

2.积极推进农业产业化经营

目前发达国家以农产品为原料的工业增加值同农业增加值之间的比例已经超过2.5:1,而中国的这一比例仅是0.5:1(2002年)。考虑到中国农产品产量充裕和人均收入水平的稳步提高,中国农产品加工业增加值与农业增加值之间的比例完全有条件达到发达国家现有水平的60%,即1.5:1,那么,到2015年,中国农产品加工业增加值至少可达到96980亿元。如果农产品加工业增加值的1/2能够在县城以下的农村区域实现,且同时GDP能够保持

8%的平均增速,届时农村农林牧渔业增加值和第二、三产业增加值合计可望达到18.7万亿元,农村产业增加值占全国GDP的比重将由目前49.1%(2003年)增加到58.75%(2015年)。在确保农村居民收入与生活不低于城市居民的同等水平条件下,农村就业人口占社会就业总人口的比重可达到60%左右。有关数据充分说明,中国农业产业化发展还存在巨大的潜力。

如果中国农业产业化能够实现上述发展,必然会吸收大量劳动力就业,大幅增加农民收入,优化农业与农村的产业结构,极大地扩展农业的生产空间,这与农村改革三十年中的每一次大的变革具有相似的效应。毋庸置疑,农业产业化大发展将带来中国农业与农村经济的下一场深刻变革。引导和推动农业产业化经营是未来一个时期农村经济工作的重要方面,主要应做好以下工作:

(1)加强指导和扶持,科学引导产业化发展。随着实践的发展,要认识到农业产业化经营是商品经济发展到一定阶段的产物,它的产生和发展必须具备一定的条件,所能解决的问题也是有针对性的。我国地区间发展有明显的不平衡性,在不同的地区,不同的发展阶段,有着不同的目标和重点,不能急于求成,搞一刀切。一些地方已从开始的把"产业化作为一个筐,什么都往里装"的盲目状态中走出来,积极稳妥正成为各地指导产业化经营的一个基本方针。

(2)按照农业产业化经营的思路,调整和优化农业结构。要把抓农业产业化经营作为调整和优化农业结构的重点,充分发挥龙头企业开拓市场、引导生产、科技创新、加工增值和组织销售的功能,引导农业结构调整向深度进军。一批市场开拓能力强、加工增值潜力大和带动农户多的龙头企业逐步发展起来,已经成为优化农业结构的带动力量。

(3)积极推行合同制、股份合作和合作制等做法,完善利益机制。要重视和加强农业产业化经营运行机制建设,使农业产业化经营链条中的各环节、各主体之间的利益结合日趋紧密。在各种利益机制中,合同制仍是主要形式,同时,合作制正成为一种新的形式呈现出好的发展势头。陕西、山西、安徽进行了农业专业合作经济组织试点,山东、江苏、四川、北京等地农民专业合作社发展也较快,在一些地方,农民专业合作社已经成为公司与农户之间的中介,逐步形成了"公司+专业合作社+农户"的经营模式。

(4)狠抓科技创新,促进产业化升级。要重视科技对农业产业化经营的推动作用,尤其是一批大中型龙头企业的技术创新主体作用,在实践中创造好经验,应用高新技术搞深度开发;围绕提高农产品质量组织重点攻关,以技术入股和产权联结的形式,发挥专业合作社和农业技术推广服务体系的优势,促进科技成果转化。

(5)按照现代化企业制度运作方式,扩大龙头企业的规模和实力。要积极探索按照现代企业制度的运作方式,以股份制和股份合作制为重点,加大对现有龙头企业的改造,提高资本运作效率,增强龙头企业的市场竞争能力。

3.继续推进农村综合改革

(1)关于乡镇机构改革问题。改革开放后,我国进行过三次较大规模的乡镇机构改革,其目的在于精简人员,转变职能。这些改革虽然取得了一些成效,但还算不上成功,主要是有些地方在改革中仅注重减人减事减支,而在转变乡镇政府职能上功夫下得不够,使改革始终没有走出“精简—膨胀—再精简—再膨胀”的怪圈。如何真正建立精干高效的基层行政管理体制,切实转变政府职能,强化社会管理,加快农村社会服务体系建设,是当前乡镇机构改革的重点。乡镇机构改革的核心是如何转变政府职能,当前主要应从两个方面入手:

第一,转变思想观念,树立乡镇政府是社会管理者和公共产品提供者的理念。作为社会管理者,要从直接抓资源配置、招商引资、项目建设、生产经营等行为转到对农户及各类经营主体进行示范引导、提供政策服务和营造发展环境上来;作为政策的具体执行者,要稳定农村基本经营制度,维护农民的主体地位和民主权利,组织好农村基础设施建设等;作为公共产品与公共服务的供给者,在配置资源时要把重点转向为农村提供充分的公共产品和公共服务上,要搞好义务教育,健全社会保障体系,发展公共事业,加强生态和环境保护,维护好社会治安。

第二,制定乡镇政府职能转变的具体措施。要加强乡镇政府政权建设,为乡镇政府职能转变提供组织保证。乡镇政府职能的转变不是抽象地对乡镇政府的职能进行增减,而是与乡镇机构建设密不可分。在乡镇政府机构建设方面,要理顺县、乡镇的职权关系。县(市、区)政府要进一步下放权力,改变乡镇政府缺权、少权状况;要优化乡镇政府机构设置,按照精简、统一、效能原则,在实行政企、政事分开的基础上,重组乡镇政府机构,强化政府的信息咨询、综合协调、执法监督等部门的职能。要大力发展各类经济服务和社会中介组织,把那些政府管不了、管不好的事情交由这些组织去做。

(2)关于农村公共产品供给问题。建立和谐社会客观要求实现基本公共服务均等化。基于当前农村公共产品严重短缺的现实,政府应该把公共资源的分配重点放在农村。要重新界定中央与省、县与乡镇基层政府的事权范围,合理划分各级政府的财政职能。凡属于计划生育、国防开支、大型农田水利基础设施建设、农业基础科学研究、农村义务教育等全国性的农村“纯公共品”以及部分外部性强、接近于纯公共品的“准公共品”,要由中央和省级政府负起主要责任。在制度安排上,事权可以下放到县级政府,但财政投入应由具有更高财政能力的上级政府统筹解决,同时,要加大政府间财政转移支付力度,这是实现基本公共服务均等化的主要途径。

政府负有公共产品供给的全部或部分责任,但政府的责任并不等于政府的直接供给。对于大部分公共品,政府可以通过委托、政府采购、代理等方式,把公共服务的供给转移给企业、民间团体和中介组织来运作,政府的责任在于通过合适的方式提供资金并对运作部门进行监管。比如,对于小型农田水利和乡村公路等,可以通过“一事一议”筹资酬劳制度来解决,政府可以提供适当的财政贴补资金加以引导。

(3)关于财政管理体制改革问题。县乡财政管理体制是国家财政体制的重要组成部分。村提留、乡统筹、农业税和农业特产税是县乡财政和村级运转的主要收入来源,农村税费改革取消了所有面向农民的税费,对县乡财政产生了较大影响。由于县域经济普遍不发达,县乡政府和村开辟和培育新的财源还要一个过程,县乡财政对上级财政转移支付的依赖性增大,收支存在一定缺口,运行存在较大困难,因此建立健全财权与事权相匹配的财政体制是当务之急。要适当调整中央与地方共享税的分成比例,在确保中央宏观调控能力的同时,充分调动地方组织收入的积极性;同时,要坚持分类指导,因地制宜,完善省以下财政管理体制,有条件的地方继续推进"省直管县"财政管理体制和"乡财县管乡用"财政管理方式的改革,改善县乡财政的困难状况。

(4)关于乡村债务化解问题。农村税费改革后,随着减轻农民负担、规范分配关系等一系列政策措施的落实,乡村组织原有的一些合法的或者违规的还债渠道逐步被堵死,乡村债务问题进一步凸显出来,已成为当前农村工作中的一个难点问题。沉重的乡村债务影响了基层政权组织的正常运转,制约了农村经济社会事业的健康发展,并成为诱发农民负担反弹的严重隐患。清理化解乡村债务工作要在全面清理核实和锁定债务的基础上,因地制宜地确定化解乡村债务试点范围和顺序,区别轻重缓急,从农民群众和乡村干部最关心、利益关系最直接、矛盾最集中的涉农债务着手,优先化解农村义务教育、基础设施建设、公益性事业等方面的债务,有计划、有步骤地选择部分县开展化解债务试点,积累经验,逐步推开。

(5)关于农村金融改革问题。中央对农村金融一直非常重视,但是农村金融改革远没有破题,农户和中小企业贷款难的问题没有得到有效解决。推进农村金融改革,不能仅仅在农村信用社上下功夫,而是要在满足农户和中小企业融资需求,建立竞争性的金融市场上取得突破。目前来看,应该采取的主要措施是:①鼓励小额信贷机构的发展,中央要在"只贷不存"小额信贷试点的基础上,进一步扩大试点范围,并明确其可以通过资本入股、资金互助等方式扩大规模。②促进植根于合作经济的资金互助组织的发展,培育真正的合作金融机构,实现农村弱势群体微小资金的自助性联合。③明确规定农村信用社、商业性银行为其所在社区提供金融服务的义务,将吸收存款的一定比例用于支持本社区经济社会发展。④创新农村信贷抵押担保形式。建立专门的担保基金或担保机构从事农业担保服务;探索实行动产抵押、仓单质押、权益质押等担保形式,发展农户联户担保。⑤积极发展农业保险。按照"政府引导、政策支持、市场运作、农民自愿"的原则,探索中央和地方财政对农户投保和保险公司经营政策性农业保险给予适当补贴的措施,逐步建立政策性农业保险与财政补助相结合的农业风险防范和救助机制。

4.统筹新农村建设与城镇化发展

新农村建设和城镇化发展是二元经济社会调整转型的两个方面。在我国现代化建设进程加快的背景下,农村城镇化和新农村建设的进程必然是二元经济和社会结构全面调整转型的过程,是现有的村庄逐渐向被动城镇化、主动城镇化、亦城亦乡的混合型社区以及现代农村社区分类演进的过程。农村的产业结构调整升级、农民向二三产业转移就业、村庄的整治合并等,都是这一进程中不可缺少的内容。城乡一体化是新农村建设和城镇化发展的共同目标。对于农村整体现代化进程而言,加快城镇化进程和推进新农村建设只是起点和侧重点不同的同一过程,二者殊途同归。城镇化进程如果不能解决农民的就业和转移问题,不能使农民享受改革发展和城市文明的成果,就偏离了正确方向;新农村建设如果没有以工促农、以城带乡机制的保证,没有城镇化进程的带动,也难以收到预期效果。因此,应把城镇化进程和新农村建设作为一个整体来考虑,统筹兼顾,协调推进。

根据我国的国情,只有减少农村人口,才能富裕农民。农村人口进城定居,从事非农产业,一方面增加城镇人口对于农产品的消费需求,增加农产品的商品量和附加价值,另一方面,留下的农村人口可以增加人均占有的耕地资源,进而增加农民的收入。从我国农村人口外出流动打工的分布上看,大约有60%的人口集中在县级市以上的城市中,有40%集中在小城镇。这说明了城镇吸收非农就业人口和促进城镇化发展的重要地位和作用。近年来,中国城镇的乡镇企业聚集度由原来的20%上升到近50%,非农就业率达到45%,乡镇企业非农就业人数占乡镇企业就业总量的70%,在上个世纪80年代出现的“村村点火,户户冒烟”的过度分散局面得到了明显改善。东部地区的许多小城镇已经形成独具特色的主导产业,在统筹城乡发展、缩小收入差距上发挥着重要作用,中西部地区的部分重点城镇,在外接产业转移、内聚乡镇企业上,也发挥了越来越大的作用,成为本地区集聚资本、人口和公共服务的中心。城镇已经培育了产业和经济基础,可以支持部分基础设施建设,在转移和集中农村剩余劳动力的同时,作为龙头,也带动了周边农村的经济发展,有力地促进和支持了新农村建设。

从我国未来人口转移的趋势上看,如果从现在起到2020年实现年均增长1个百分点的城镇化增长水平,就需要每年转移1500万农村人口和900万个农村劳动力,总共要转移农村人口2亿多。如果要让现有的660个城市全部接纳这些农村人口,平均每个城市至少要接纳30万人,如果包括现在已经在统计上计为城镇人口的农民工,每个城市就要接纳50万人。这些受教育程度相对于城市人口水平要低得多的农村人口,城市是否有足够的传统产业和劳动密集型产业容纳他们就业?城镇如何满足他们的生存以及解决由此而带来的一系列社会问题?虽然小城镇和农村人口有着地缘联系,就业成本和定居成本比较低,相对分散,在吸纳未来农村人口转移的过程中,具有不可替代的重要作用,但城镇容量和城镇化的速度都是有限的,在未来较长一个时期内,较大部分的人口还是要生活在农村,因此,做好新农村建设工作也是保持经济社会健康稳定发展的重要方面。

第三章　价格改革:小步快调软着陆

英国思想家罗素曾说过:“提到过去,每个时代都承认是事实,提到当前,每个时代都否认是事实。”三十年的改革磨砺,回首过去伫立当前,这是一个变革的年代。从经济边缘体到全球第四大经济体的三十年改革历程,为中国积蓄出一种强大的生产力惯性,使中国发展稳步向前。

价格改革关系到国计民生,牵涉到千家万户,牵一发而动全身,通过市场供求关系的间接影响调节着国民收入的分配、社会资源的配置。因此,价格改革是一项系统工程。

改革是没有先例可循的,每一次改革都具有不可复制性,因此我国价格改革在“摸着石头过河”的不断探索中逐步推进:打破旧的计划价格体制,放开绝大部分商品价格,基本建立起在宏观调控下以市场价格为主的价格机制,并逐步完善价格调控体系和法律体系,建立了以《价格法》为核心的价格法律体系,初步形成了具有中国特色的价格体系。随着全球化的浪潮,国内价格同国际价格的联系也愈加紧密,价格改革也将步入国际化的新进程。

3.1　摸石头过小河:以“调”为主

3.1.1　“理论”指导实践

“理顺价格,改革才能加快步伐。”“价格没有理顺,就谈不上经济改革的真正成功。”以理顺价格为目标,局部性调整畸形价格体系为手段的改革于 1978 年展开,六年以“调”为主的价格调整,初步改变了扭曲的价格结构,逐步优化了失衡的产业结构。

谈及以“调”为主的改革,如何科学定价成为以调为主的价格改革中不可避免的首要问题。能否利用最优规划、影子价格的办法来制定合理的价格,在经济学界引起了广泛讨论。但是,合理的价格是在计划价格的框架里存在的,实质是一种最优计划价格,是以国家定价作为主要定价形式为前提的。①

---

① 李晓西．价格改革回顾与展望．载于中央党校《中国党政干部论坛》编辑部．50 年执政启示录．哈尔滨:黑龙江人民出版社．2000．

1980 年 7 月,国务院成立了国务院价格研究中心,在价格研究中心中专门设置了理论价格测算办公室,负责全国的理论价格研究与测算。测算的数据,从全国各地、各行业中抽取样本。

第一次的理论价格采用 1981 年的资料进行了测算。资料来源于 7000 多个工业企业、3000 多个商业企业、2000 多个农业生产队的汇整。通过 1000 多万个数据的运算,采用多种方案,计算出一套静态模型的理论价格。其中理论价格测算范围包括农产品的收购价,工业品的出厂价,工农产品流通环节的销售价,铁路、水路、公路、航空的客运、货运价,建筑工程造价和城市公用设施及主要服务业的收费标准。在测算制定理论价格中,比较全面地考虑了价格测算的成本范围及计算方法问题,利用各种平均利润率理论方案解决了各行业的利润计算问题。①

对于平均利润率的处理,经济学界对其存在众多异议。马克思《资本论》第三卷对平均利率做了如下阐述:"通过资本在不同部门之间根据利润的升降进行的分配,供求之间就会形成这样一种比例,以至不同的部门都有相同的平均利润。"② 据此,我们不难发现,理论价格体系中的平均利润率不能通过计划假定而得出,而是需要依靠市场供求运动而产生,需要建立在供求关系调节的客观力量上,而不是依靠人工计算形成的虚拟市场的结果。

人工计算理论价格的最大缺陷是不能反映市场供需的状态,用事先计算过的计划价格来代替市场运行的趋向结果,致使经济效率低下。平均利润取决于各种产品的产量结构,事先的平均利润率必然要求计划确定一个不变的生产结构,既定的价格和既定的数量会随着供给和需求的不吻合而出现矛盾,产生两难选择③:通过改变计划价格来平衡供求结构,但随之,既定的平均利润率发生改变;抑或通过改变供求结构来保持计划价格,但不可避免的是呆滞与短缺并存的失衡局面产生,致使经济结构处于瘫痪状态。

理论价格作为一种信号,在生产者、消费者、决策者三者之间双向循环。消费者偏好、收入、分布结构,生产者生产能力、消耗系数与存货数量以及市场表现等信息以理论价格为载体,变为价格信号发出,通过价格信号的反馈,进一步收集新的价格反应信息做调整性处理,形成可以调节的价格系统信号。

但在价格信息系统中,生产者接受到的是双重信号——价格信号和数量信号的双重调节,容易使生产者在决策生产时处于矛盾状态,而使行为出现扭曲。但另一方面,企业在数量指标和限定价格的双重指定下,当价格较高时,企业会挖掘自身生产能力以增加生产超标产品,来谋求自身的利润。当价格较低时,企业会隐瞒生产能力或变相生产其他高利润产品,来降低自身的损失。政府通过调整价格来实现指标的贯彻执行。在调节企业的供求上看,形式是依靠指标数量来调节,但实质却是价格在进行"潜在"的调节,通过价格的不同来调整完成指标的自身能力,从而达到通过价格调整来实现结构的优化调整。

作为国家,价格经信息系统的信息支持经过人工模拟给出,计划决策者根据上述分析的

---

①③李慧中．中国价格改革的逻辑．山西经济出版社．1998.

② 马克思．资本论(第 3 卷),中文版．北京:人民出版社．1975.218~219.

信息操作价格杠杆,调节生产要素的配置与经济结构的变动。在1978—1984年这一价格改革期间,指令性的计划指标并未取消,国家一方面利用数量指标调节供求结构,一方面也利用价格指标来调节价格结构的畸形状态,对于支持关乎国计民生的基础部门或行业,提高价格;而对于一些影响国民生活消费的部门或行业,则降低价格。

以"调"为主的改革只能是价格结构上的优化,而不是价格结构的均衡。即使将这种优化的成效以点扩面来看,价格体系的稳定性和均衡性也只能达到价格局部均衡的界限。用部分地调整计划价格的方法以求短期的局部性静态均衡,其目标在于理顺价格体系。

3.1.2 "实践"出真知

计划价格的主动调整在基本不触动计划价格体制本身的情况下展开。根据十一届三中全会精神,按照"计划经济为主、市场调节为辅"的原则进行价格改革,改革的方式是调放结合,以调为主,改革的区域以农村为主,改革的产品以农产品为主。从提高农产品收购价格开始,有计划有步骤地调整价格结构。

1978年到1984年期间,涨价最多的是副食品,降价比较明显的是耐用消费品。涨价降价相抵,1979、1980两年物价每年平均提高4%上下,此后几年比较稳定,平均每年上升2%~2.5%。同一时期,全国城镇居民每人每年可用于生活费的收入增加92.4%,农村居民平均每人纯收入增加164.9%。

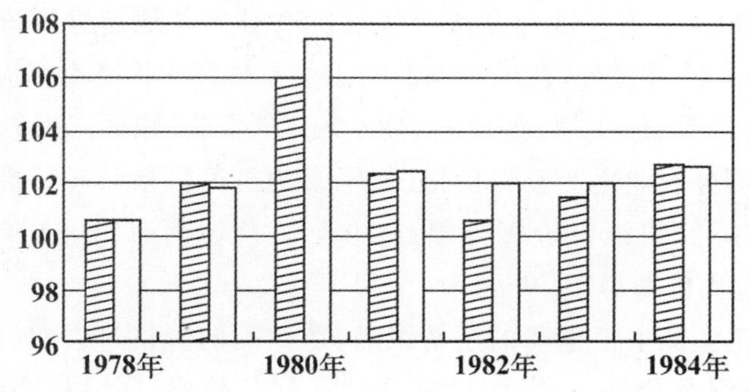

图3-1 1978—1984年物价指数

我国在改革价格体系方面,本着稳定市场、安定人民生活的目标,国家对物价的调整采取稳步前进的方针,先后进行了全国范围的、影响较大的价格调整。

大幅度地提高农副产品收购价格。1979年农产品收购价格总体水平提高了22.1%,提价总金额达108亿元;1984年同1978年相比,农产品收购价格提高了将近50%,工农业产品综合比价缩小了30%。此项措施保证了农民在改革农业生产管理体制、实行包产制度后得到显著的经济利益,因而对农业生产的迅速增长和农民生活水平的迅速提高起了巨大的推动作用。对于1979年农产品提价的措施,总体效果趋于合理,但超过征购任务的部分加价50%,增幅跨度较大,以后又从加价奖励只限于从粮食扩大到棉花、油料、烟叶等经济作物,使其产生了一些偏差。1982年降低了油菜籽的超售加价,烟叶取消加价,这种不正常现象才得到迅速纠正。棉花加价未变，鲁西北等新棉区超售加价的部分达到80%上下，收购价格远远高于南通等老棉区，以致棉花生产在新棉区盲目发展，难于控制。1983年，棉花取消统购，实行合同收购。国家收购的棉花，在新棉区适当降低、老棉区适当提高超售加价的比例，不论增收歉收，比例固定不变。国家合同收购以外的棉花，可以自由上市，实行议价购销，也可以按原统购价卖给国家。此后每年都有个别农产品收购价格进行调整，特别是由于农业增产，超售加价所占比例不断提高。

提高猪肉、牛肉、羊肉、水产品、禽、蛋、蔬菜、牛奶等八大副食品及制成品价格。1979年提高生猪的收购价后，短时期内养猪在某些地区发展到产大于销，出现农民卖猪难的现象，集市上的猪肉价格低于国家标价。鉴于猪肉供销情况各地不同，全国统一调价不能适应各地不同的情况，因此猪肉价格的调整，应当由各地因地制宜按国家政策灵活安排，不能强求一律，价格可随市场供求情况上下浮动。禽、蛋、水产以至蔬菜等副食品，也因地制宜，由各地根据本地情况，从南到北逐步放松价格管理，扩大市场调节。

调整煤炭、铁矿石等重工业品的价格。我国煤炭、石油等能源价格由于低于国际价格，致使我国能源加速消耗，浪费严重。为了解决上述能源问题，我国必须逐步提高煤炭、石油等能源的价格，以保证国民经济的持续发展。于1979年，煤炭每吨提价5元，并在持续保持统配煤价格不变的几年中，通过计划价格外实行超产加价的方法，隐形提高煤炭能源的价格。因此煤炭实际上存在多重价格，而且统配煤所占比例逐渐缩小，加价、议价煤所占比例逐渐扩大，1984年统配煤已经只占50%上下。这种办法促使煤炭产量显著地超过国家计划，逐步提升了煤炭的供给量和价格。除此之外，我国对偏低的工业原材料的价格也相应做出了适当的调整。1983年陆续提高了焦炭、生铁、铁矿石、硼矿石、结晶硅、硼砂、硼酸、钢锭、钢坯、水泥等产品的出厂价格和部分农业生产资料价格，如尿素的出厂价格每吨提高了5元。硝价提高60元，硝酸铵的出厂价和销售价每吨提高50元。总体而言，1984年与1978年相比较，工农业产品交换综合比价缩小29.9%。

调整部分轻工业品的价格。轻工业品中最重要的是纺织品，纺织品的价格过去实行计划管理制度。1981年适当提高棉纺织品价格，较大幅度降低化纤制品价格，同时提高烟、酒、竹木制品、皮革制品价格，降低黑白电视机、手表等产品价格。轻工业产品价格的调整，引导产品结构趋于合理化，同时调整生产者与消费者居民的利益，将一些行业的生产者剩余转移给消费者。

提高部分运输价格。1983年提高铁路货物运价和水运价格，铁路货运价提价幅度平均为20%左右，水运货运价除隐形提价(从原来的单纯按重量计费变为按体积与重量择大计费)外，还适当提高了费率；客运则进一步调整了舱位等级差价，拉开质量差价。

1979—1984年的价格改革，是酝酿、准备和进行探索性改革的阶段，在“以调为主”的方针指导下，主要是国家有计划地调整价格，寓改革于调整之中，侧重于理顺价格结构，使不合理的价格体系得到了初步调整，改革之路显示出了成效。

3.2 市场化大迈步:以“放”为主

3.2.1 调放结合,以放为主

1984年10月党的十二届三中全会做出了一项重大决议——《关于经济体制改革的决定》,《决定》指出:“价格体系的改革是整个经济体制改革的关键,而价格体系不合理,同价格管理体制不合理有密切关系。在调整价格时,必须改革过分集中的价格管理体制,逐步缩小国家统一定价的范围,适当扩大有一定幅度的浮动价格和自由价格的范围,使价格能够比较灵敏地反映社会劳动生产率和市场供求关系的变化,比较好地符合国民经济发展的需要。”根据《决定》和中国当时实际的结合,国家选取了“调放结合,以放为主”的价格改革方式,于1985年开始实施。

“调放结合,以放为主”是1985—1988年这一阶段价格改革的主旋律。价格改革的目标已经从改善价格体系转向改革价格体制,明确提出了逐步缩小国家统一定价范围,以尽快转换价格形成机制作为主攻目标。

这一阶段的价格改革具有三个明显的特征:

价格放开涉及面比较广。这一阶段价格放开的范围,已经由上一阶段的小商品价格放开和三类农副产品议价,扩大到农、轻、重领域。1986年与1978年相比,在全国社会商品零售总额中,国家定价比重由97%降为47%,指导价格比重由0.5%上升到19%,自由价格比重由2.5%上升到3.4%。1987年与1978年相比,在农民出售的总额中,国家定价比重由92.4%降为24%,指导价格和自由价格比重由7.6%上升为76.1%。1978年,全部轻工业和重工业品均实行国家定价,到1987年轻工业品按市场调节价格销售部分所占比重已达到40%,以上数字表明,价格放开以不同的形式,不同的程度,在不同的领域进行了有效实施。

价格体系的扭曲得到一定程度的缓解。这一阶段价格改革步伐加大加快,使价格扭曲状况有所缓解。1978—1987年,全国农产品收购价格提高了98.8%,提高得如此迅速主要源自于后四年,其提价幅度为66.4%,占总增幅的67.2%。1985年后,放开了计划外工业生产资料价格,实行市场调节。到1987年,重工业品按浮动价格和市场调节价格销售部分所占的比重达到40%。1978—1988年,我国重工业产品的出厂价格上升64.5%,其中采掘工业品价格上升近一倍,原材料价格上升72%。

严重的通货膨胀。在价格体制和价格体系结构变化的同时,1985—1988年仅四年间,我国全社会零售物价总水平上升了55%,物价年均增长率超过5%,其中三年物价上涨幅度超过一年期储蓄存款年利率。

1985—1988年这一阶段,在农村改革进一步深入的同时,城市经济体制改革全面展开。价格改革以不同形式、不同程度放开价格为主要的改革方式,以转换价格形成机制为重点,迈出了三次较大的步伐:

第一步是从1985年开始,放开了除国家定购的粮食、棉花、油料、糖料等少数品种以外的大多数农副产品的购销价格。全面解决生产资料价格问题要求时间过长,代价过大,因此1985年的价格改革转向了更具有操作性和实践性的农产品。

1985年1月1日,中共中央、国务院发布了《关于进一步活跃农村经济的七项政策》。其主要内容是从1985年起,除个别品种外国家不再向农民下达农产品统购任务,而是按照不同情况个别实施合同定购和市场收购。其中,粮食、棉花取消统购任务,改为合同定购,粮食的合同定购以"倒三七"计价,即三成按统购价,七成按原超购价,定购以外部分可自由上市,出现市场粮价低于原统购价,国家仍按原统购价收购。棉花的收购价格,北方按"倒三七",南方按"正四六"比例计价,定购以外的棉花允许农民在市场上进行自销。对于生猪、水产品和部分蔬菜,逐步取消派购,在市场上自行交易,放开的时间和步骤由各地区自行安排。1987年局部调整部分农副产品价格,包括提高南方水稻、北方玉米等定购内收购价格。

第二步是从1985年开始,取消了对超产自销的生产资料加价幅度不得高于国家定价20%的限制,即放开了计划外生产资料价格。1985年1月20日,国家物价局与国家物资局联合发出《关于放开工业生产资料超产自销产品的通知》。通知规定,凡是计划内生产的产品,仍应严格执行国家规定的价格,不允许将计划内产品转为计划外。工业生产资料属于企业自销和完成国家计划后超产部分的出厂价格,取消原定的不高于定价20%的规定,实行市场调节价格。对于钢铁等生产资料超出计划产品全部放开,这一项举措也表明了"价格双轨制"的合法地位,使市场机制迅速扩大到各个部门。"扩大计划外比例,缩小计划内比例"的观念也成为工业品价格改革的主要思路。1986年,对于生产资料的价格,国家进行了再一次的调整:铝、铁、锌、钨等有色金属产品提价10%~60%,平均提价37%左右;水泥提价50%;冶金行业的碳素制品、锰矿石及硅铁提价30%~100%,平均提价58%;化工产品中的烧碱、电石等提价9%~40%。1987年提高部分能源、原材料价格,包括对部分煤炭实行按质论价,提高7种有色金属及6种化工产品价格。

第三步是以1986年放开名牌自行车、电冰箱、洗衣机、收录机等7种耐用消费品价格为标志,放开了大部分轻工业消费品的价格。放开紧俏和优质商品,对其价格的上涨影响不大,供求基本平衡和供过于求的商品价格稳中有降。对于放开的这7种工业消费品,价格的影响对当年社会的商品零售物价上涨影响甚微。1988年又广泛地提高了一些日用百货产品的价格。

3.2.2 放中有调,放中有度

始于1984年的莫干山会议,"调"和"放"就开始进行了正面的交锋。一是"调"派,主张对中国价格改革进行"调"策略,认为国家有能力调整好价格体系;二是"放"派,主张对中国价格改革进行"放"策略,认为国家应该全面将价格放开;三是"放调"结合派,主张对中国价格改革进行"放"、"调"结合的策略,认为国家应以放为主,以调为辅。对于三种主张,国家最后采纳了"调放结合,以放为主"的建议进行价格改革,也同时颁布和同步实施了有效的价格措施。

从产品的不同——生产消费品和生产资料品来考虑价格的放开和取消价格管制。对于生产消费品而言,将消费者对这类消费的消费支出、替代性进行消费者偏好分类,当消费支出比例不太大,替代性较大,就可以适当考虑放开消费品价格,在此基础上,当产品的需求大于供给,则可以放开消费品价格并取消相应的平价物质供应。而对于占消费者消费支出比例较大,替代性较小的基础消费品,放开这类消费品价格管制和取消相应的平价物资供应,则要慎重考虑、放慢步骤来实施。对于生产资料品而言,因为其特殊性,国家指令计划生产一部分产品按照相应的计划价格以便进行物资的调拨,于是在市场上先有一部分物资作为投入品。对于此类产品,要考虑各种计划内投入品的比重,产品的替代性和这种计划产品的市场供求状态,当计划产品需求大于供给,考虑适当减少计划供应显得更具有操作性,同时采取放开价格管制的措施。从中间产品视角来看,这些产品生产中的各种投入品构成也必须是短缺的投入品所占比例不大。当需求小于供给,则选择暂不放开更加理性。生产资料品与生产消费品不同,它影响的是国家的基础生产,因此对生产资料品放开价格国家采取的措施显得尤为谨慎。

从产品的需求者角度来对产品进行放开价格和取消价格管制。从国家采取放开价格的产品中,我们发现这些产品的市场供求状态大多是需求大于供给。这样,不至于引起产品价格的上涨或过多上涨。当这些产品的供给远不能满足需求,只要在需求者的支出构成中所占比重不大,对于产品的价格浮动就应能被需求者所承受。高档消费品和奢侈品在消费者消费支出中所占份额小,因此,此类产品的放开价格对消费者影响都不大。对于最终产品,只要是在投资者和消费者的需求结构中所占比重不太大,就可以首先放开价格,对于需求者的影响均可被接受。

放开价格的局部均衡化过程是一个动态过程,是追求局部均衡到整体均衡的必经之路。我国产业结构的严重扭曲,致使中国的价格改革不能全盘转制,必须采用局部均衡化的方法放开价格。在局部均衡化过程中,从放开一个产品的价格到放出一个产品群到市场去,逐步使市场的供求关系对这些产品发生作用。由于生产这些产品的企业受同一经济机制约束,同一市场信号诱导,因此就为微观规模市场的形成创造了条件。这一过程是一种先容易后困难的过程,前一步改革为后一步改革创造更好的条件,价格模式与价格体系改革同步进行、价格改革与计划生产体制和物资调拨体制同时完成转换。

3.3 渐进式巧过渡:价格双轨

3.3.1 现实之选

对于价格改革采用价格双轨制的模式进行了长期的研究和权衡,因为调整价格体系牵一发而动全身,价格的调整影响着社会资源的重新分配以及利益结构的变化,还有人们无法

预计的连锁反应。对于价格双轨制的讨论一直持续升温,形成的观点主要有以下两种:

第一种观点,田源等人提出对中国当下的严重扭曲的价格体系必须进行大步调整的建议,并进行了大量的测算和方案比较,引起很大的关注。

第二种观点,周小川、楼继伟等人提出用小步快调的办法,不断矫正价格体系,缓解扭曲程度。在小步快调的进程中,既减少价格改革过程对价格体系的震动,又逐步逼近市场均衡价格。此种主张也得到了重视。①

价格双轨制是以帕累托改进的方式实施市场化的一种具体的制度安排,从实质上说是双重体制增量渐进进行市场化变革的进程。它最终取代了其他模式的价格改革,不但是因为更具有现实的可操作性,更主要是出于"路径依赖"② 和路径实施问题的考虑。

最终目标是市场价格体制的改革在两种路径中选择,通过重新塑造现存组织来实现全新功能,抑或保留某些现存组织及其赖以生存的体制。现存组织所蕴含的信息与组织原理都是与旧体制息息相关的,在现存体制经济信息基础的面前,人们往往避免不可预计的损失,而选择了在原有基础上的改造整合。二是路径实施问题。确定价格改革目标后,就必须依据现实的社会条件做出具体的路径实施选择。在转型的过程中,创建市场价格体制的过程必须依赖将资源从低效率体系中解放出来,逐步进入新体系。在路径的实施中,双轨制是安全系数较高、风险较小的选择。

价格改革中的价格双轨制是在1984年9月召开的莫干山会议上提出来的。1985年3月,国务院下文首次废除计划外生产资料的价格控制,在历史上被认为是生产资料价格双轨制改革的正式实施。因此,价格双轨制最初的提法和针对的对象只是生产资料的价格双轨制(见表3-1),后来将其宽泛地理解为价格双轨制,即对同样价值的标的物实行两种不同的定价机制。在我国价格改革的进程中,表现形式有以下几种:有同一商品实行政府定价和市场价,有不同商品实行分类管理、双轨并行,有已经市场化的商品价格和尚未市场化的要素价格。

3.3.2 功过参半

诺贝尔经济学奖得主,世界银行副行长和美国总统经济顾问委员会主席斯蒂克利斯教授对于价格双轨制曾经这样评价过,它是"一项有益的发明",是计划价格向市场价格转换中"中国人找到的天才解决办法"。

波兰经济学家弗·布鲁斯对于中国的双轨制成功的实施颇为赞叹,他认为:"生产资料方面实行双重价格,是中国人的发明创造。从配给制向商品化过渡的时期,社会主义国家曾经在消费品方面实行过双重价格,但把双重价格应用到生产资料上,没听说过。这是一个有用的发明。所谓有用,是指它可以作为一座桥梁,通过它从一种价格体系过渡到另一种价格体

---

① 根据莫干山会议部分内容整理而成。

② 诺斯认为:一旦选择某一技术路线,即使这一路线可能不比放弃的另一种技术路线更为有效,它也会持续到最终。

系,也就是从行政、官定价格过渡到市场价格。有了这座桥梁,过渡起来就比较平稳。但有一个重要条件,双重价格不能持续时间过长。”

表 3-1　生产资料价格双轨制在工业部门的合法过程(1979—1985 年)

年份	改革内容
1979 年	《扩大企业经营管理自主权的若干规定》首次指出国有生产企业享有对其生产产品的自销权。自销产品的范围几乎扩展到所有国家计划分配的生产资料产品,从而对国家计划管理的产品在实行“价格双轨制”之前实行了“流通双轨制”。
1981 年	国家允许油田超基数生产的原油按国际市场价格出口,结果使出口原油的同一油田出现了两种价格。
1983 年	国家允许部分出口原油“以出顶进”,在国内加工成品油,再按国际价格在国内出售,从而出现成品油的“双轨价格”。
1984 年	《关于进一步扩大国营企业自主权的决定》规定指出凡属于企业自销的生产资料和计划外的生产部分,在不高于计划价格的 20% 的幅度内由企业自行定价或由双方协议定价。
1985 年	《关于放开工业生产资料超产自销产品价格的通知》取消了原来规定的计划外价格不得高于计划内价格 20% 的限制,允许企业按市场价出售和购买“计划外”的产品部分。

资料来源:李慧中.中国价格改革的逻辑.山西:山西经济出版社,1998.

价格双轨制并不是我国价格改革的目标模式,只是一种作为从计划价格向市场价格转换的过渡形式,因而难免产生一些不足和弊端。学者张光远在《愚者千虑》一书中论述到,“价格双轨制首先在事实上形成了计划内外两重市场,损害了市场的统一性,两个市场之间造成市场秩序的混乱;其次,损害了价值尺度的统一性,同量的货币在两个市场具有不同的购买力;再次,两重市场通行不同规则,既冲击了计划安排的严肃性,又损害了市场规则的权威性;最后,损害了竞争原则的公平性,不同市场的参与者具有不同身份,导致交易行为的投机性,成为挖国家墙角的温床,还造成社会经济规模效益下降,企业苦乐不均,国际财政状况恶化,也滋生了腐败。”

价格双轨制作为中国改革进程中的一项实验策略,随着“价格双轨制”的逐步实行,其弊端开始慢慢显露。从企业角度来看,计划配额的定价成本核算不合理,致使企业之间缺乏激励机制。在企业中,核算成本上升少,价格提高少,成本上升多,价格提高快的现象频频发生。政府定价使企业感到缺乏提高劳动生产率的原动力,自身追求的降低成本、加强管理的目标没有设定;另一方面,政府通过提高定价的方式使企业从亏损转为盈利,不利用企业资源的配置。从市场角度来看,双轨制违背了市场经济规律,两个“市场”,两种“价格”,而凝聚在同一产品中的无差别劳动相同,价值相同,但价格却不同。统一的市场被割裂,商品交换和分配变得复杂而无序,国家宏观调控和监管的难度也随之加强,市场无力发挥其自身的作用。从资源配置效率来看,由于供求关系引起的价格差别广泛存在,为掌握紧缺部门生产资料的政府管理部门和行业业务管理部门将行政权力转化为市场盈利提供了可能性,巨大规模的寻租活动产生,在寻租过程中,行政权力与市场求利行为的结合,必然导致大量腐败现象。据估算,价格双轨制给中国经济带来的直接损失用人民币量化,每年至少在11000亿元以上,占GDP的9%。计划配额外的市场中,"边际利益"在寻租行为中损耗,国有资产大量流失。

3.3.3 合二为一

双轨制的"一物两价"困境迫使中国的价格改革面临着抉择,回到计划价格体制抑或继续放开全部实行市场调节价格?前者表现为政府定价的复归,在以市场价格为最终目标的价格改革的现实中很难立足,而后者显然实施起来困难程度较大,对于全部放开价格的不确定性后果无法衡量。综观两难选择,解决价格双轨制问题,必须以经济体制改革的目标为基本要求,逐步建立计划经济与市场调节的有机结合,统一市场,达到"一物一价"。并轨的思路在价格双轨制面临艰难抉择时应运而生,形成国家定价与市场定价相结合的定价机制,充分反映价值规律与有计划按比例发展规律的内在要求,做到在同一时空条件下同一商品同一价格。

1992年,提高粮食定购价格18%与统销价格44.9%,实现购销同价;两次调整煤炭价格,提高煤价25.8%;原油提价13.3%;天然气提价50%;铁路货运提价35%,此外在部分化工产业也相应提高价格。这是调价方面国家做出的相应调整。在放开价格方面,主要有:放开部分生产煤炭的价格;放开优质碳工业、钢工业的部分价格;放开铜加工品价格;放开统配玻璃价格;放开10类机械基础件价格;放开部分化工产品价格;取消自1988年实行的原油、钢材、生铁、大部分有色金属、纯碱、烧碱等计划外生产资料的全国统一最高限价;放开定购数量外的棉花价格。经过调放两种方式的调整,加快并轨的进程。在计划内外直接并轨的措施有:继统购水泥计划内外价格并轨后,焦炭出产价以国家指导并轨;炼钢生铁和铸钢生铁也以国家指导价并轨;纯碱、烧碱并轨实行国家指导价格。除此之外,燃料由国家定价改为国家指导价,水泥价格扩大浮动幅度为5%~10%。1994年,取消原油计划内外多种价格,归并为国家定价的两档价格;成品油和天然气计划内外价格并轨为全部的国家定价;化肥计划内外价格并轨为国家指导价格。

"双轨"的实质是两种价格,使两种价格接近并进一步合并便是"并轨"的实质。提高计划价格并缩小计划比例是走向并轨之路的积极举措。我国从1992年开始实施并轨策略,通过调、放两种方式的有机结合,不断提高计划价格、放开市场价格、逐步缩小双轨差成为我国价格并轨进程中卓有成效的手段。我国采用逐步提高计划价格并选择时机缩小计划比例、扩大市场调节比例的方式,将最终实现从"一物两价"到"一物一价"的成功着陆。

3.4 软着陆大转变:价格机制形成

3.4.1 改弦更张

在经历了近十五年的探索改进后,价格改革成为我国各项经济体制改革中开始最早、进展最快、成效最显著的改革。价格改革使我国初步建立了与社会主义市场经济体制相适应的国家宏观调控下主要由市场形成价格的机制,市场在社会资源配置中已经处于主导地位。

1978 年,在社会商品零售总额中,政府定价的比例达 97%;在农产品总额中,政府定价的比例达 94.4%,在工业企业销售的生产资料总额中,政府的定价接近 100%。截至 1992 年,社会商品零售额政府定价比率下降为 10%,农产品总额政府定价比值降低为 15%,工业企业销售的生产资料总额政府定价为 20%左右。十五年前后的对比表明我国的价格机制已经从传统的高度集中政府定价机制转变为大多数商品和服务由市场形成的机制。

回顾价格转换的漫长求索历程,李慧中学者在回顾经济改革二十年时所著《中国价格改革的逻辑》一书中论述到:"价格机制的转换通过价格形成主体、价格形式、价格形成机理、价格形成方法以及价格调控方式五个方面的转换而体现:价格形成的主体从集权的计划体制下的政府转换成除极少数商品和服务由政府定价,其余绝大多数商品和服务价格由生产者及市场决定的实现;从单一的计划价格形式向以市场价格为主的价格形式的转换也初步达成;高度集权的数量调节使价格只有形式的外表而无功能的实质到价值规律真正成为价格的基本支配性规律的跨越;从根据搜集价格信息通过模拟市场手段人工计算的理论价格到由生产者、消费者在市场中由供求关系调节而形成的现实价格的转变;从以政府对价格的直接行政调控到通过经济手段和法律手段的间接调节。我国价格机制形成了重大的转变,促进了市场体系的建立和市场机制的发育,推动了国民经济的发展和人民生活水平的提高,显示出我国价格改革的卓越成就。"

3.4.2 勾画蓝图

1993 年 11 月 11 日,党的十四届三中全会审议通过了《中共中央关于建立社会主义市场经济体制若干问题的决定》,确定了建立社会主义市场经济的总体框架,制定了继续深化改革的总体方向。我国的经济体制改革从此进入了全局性整体推进的新阶段。全会指出,社会主义市场经济体制是同社会主义基本制度结合在一起的。建立社会主义市场经济体制,就是要使市场在国家宏观调控下对资源配置起基础性作用。要进一步转换国有企业经营机制,建立适应市场经济要求,产权清晰、权责明确、政企分开、管理科学的现代企业制度。

价值规律是市场经济运行的最基本规律,这一规律在现实市场经济生活中只有通过价格的变动才能发挥作用,价格带动经济运行的内在机制即价格机制。价格机制是指价格与生产、分配、交换、消费各个环节之间的有机联系。一般而言,价格机制由四个层次构成:一是作为其核心的价格形成机制;二是建立在价格形成机制基础上的价格运行机制;三是规范价格合理形成和有序运行的价格约束机制;四是为保证价格体制有序运转而建立的价格调控机制。

1. 价格形成机制

在任何社会形态下,一切商品的价格最终都要以劳动创造的价值为基础。社会主义价格形成的过程,也符合这条规律。社会主义市场价格形成的第一序列是基础价格,也就是价值仍然是社会主义市场价格形成的基础。价值的衡量一般借助于成本和利润来求得价值的近似值。第二序列是理论价格,即转型价值。虽然价格由价值决定,价值的源泉是凝结在商品中的劳动,但资金、土地等生产要素也会在参与价值形成的过程中,形成影响价值的因素。第三序列是干预价格,即在第一、二序列的基础上,加入其他经济和政治的因素。最终序列是市场价格,即商品在市场中的交换价格。与前三种价格相比,市场价格更具有现实性和检验性。

基于以上价格形成的理论基础,我国在市场价格形成的过程中,主要以企业自主定价为主,政府定价为辅,市场最终决定价格的三种方式来完成社会主义市场价格的形成实践。

作为"自主经营、自负盈亏、自我发展、自我约束"的商品经营者,生产企业的产品一般是以本企业的产品成本价格加上目标利润为原则。生产者价格是根据以往的经验实施拟定的。产品的成本和利润根据不同行业、不同性质和类型而不同,但一般以社会平均利润率为参照系,防止价格的两极偏向。生产者价格要成为消费者价格,必须进入消费领域。

政府对垄断性、强制性、公益性、福利性的部分商品和服务的价格实行直接定价,例如水、电、煤气、邮电等行业。政府在制定价格时,既要以市场为依托,又要考虑国际政策、消费者承受能力等因素。政府定价不但是一种经济行为和行政行为,同时也是一种社会行为,它通过价格的制定来调节和平衡社会的福利分配和利益关系。

生产者价格是理论价格,考虑的仅仅是成本和利润,没有考虑到平均利润和平均成本以及供求关系引起的价格波动状况等因素。政府定价虽然考虑到供求关系、消费者的承担能力,但也容易与市场机制产生冲突。因此,必须让企业和政府的定价在市场竞争中调整,通过市场竞争形成市场价格。

2. 价格运行机制

价格运行机制是指在公平竞争的市场环境中,价格依据市场供求变化自由波动,不断趋于均衡价格的机能。在市场经济中,价格的运行过程是经济总量由平衡到不平衡之间的相互转换,是经济结构从合理到不合理之间的相互转变的动态过程。在这个过程中,供求关系与价格形成相互作用,供给大于需求时,价格下降,供给小于需求时,价格上升,以均衡价格为基准进行波动。市场通过这种自我平衡机制调节着生产要素和资金的流动。

在一般意义上讲,价格运行机制的核心是供求机制。在市场内在机理的作用下,价格运行自动形成一个周而复始、循环不止的连续动态过程。当商品供不应求时,在市场竞争中价格上涨,使生产该商品的部门和企业利润增加,吸引更多的生产要求流入,生产规模扩大,从而使该商品的社会供给总量增加。当供给增多到恰好需求的增加量时,达到供求平衡,但往往价格信息的滞后性和不确定性,导致供给的增加量大于需求的增加量,产生供大于求的市场状态。当该商品供大于求时,在竞争中价格下降,部门和企业的利润减少,促使部分生产要素流出,生产规模缩小,从而使该商品的供给量减少,如此循环不止,最终逐步达到市场均衡价格。

供求决定价格,价格反作用于供求。市场价格作为信号,为经济活动的主体提供市场供求信息作为决策的依据。价格信号在各个市场主体之间传递,指导市场主体生产什么、生产多少、怎样生产。市场通过"看不见的手",使各生产者通过商品在市场上按照价格交换各自的劳动生产品,通过为别人生产物品的同时获取自己需要的使用价值,社会资源随之在不同的经济主体间配置。

在现实的经济社会系统中,市场是复杂的,"看不见的手"受信息不对称、资源不充分流动等因素影响,使价格不能真实反映生产者和消费者双方的生产购买意愿和经济利益关系,导致市场运行机制也存在缺陷。

3. 价格约束机制

价格制约主要包括对生产者、经营者价格行为的监督检查和对政府、消费者价格行为的约束,由一系列的价格监督检查和约束的法律、法规、制度、办法及道德规范组成。

以《价格法》为核心,国家制定了《价格违法行为行政处罚规定》、《制止价格垄断行为暂行规定》、《价格监测规定》、《关于商品和服务实行明码标价的规定》、《价格行政处罚程序规定》等相关配套法规,对规范价格行为,维护经营者和消费者的合法权益做出了明确保证,为创造和维护公平的市场环境,保障社会主义市场经济的持续稳定发展保驾护航。

4. 价格调控机制

价格调控是指政府运用经济手段对价格进行调节和必要的行政干预。政府对市场价格的行政干预,包含两层含义:一是对市场定价的权限进行适当的限制;二是对市场价格的价格水平进行适当的控制。政府主要通过财政政策、货币政策、产业政策三种政策工具来实现价格调控的目的。

财政政策是政府通过变动税收和政府支出进而改变总需求。财政政策工具主要包括税收政策和政府支出政策。通过增加税收、提高税率和缩减政府开支的紧缩性财政政策来抑制总需求的增长,影响供求关系,从而使价格变动;通过减少税收和增加政府开支的扩张性财政政策来刺激总需求的增长,引起供求变化,导致价格波动。但在实施财政政策时,政府也面临着对政策实施效果不确定性的担忧。财政政策的乘数大小以及政策完成预期目标所需要的时间难以准确地确定。除此之外,外在的不可预测的随机因素干扰也可能导致财政政策达不到预期效果。因此,在实行财政政策时,必须全面考虑这些因素的影响,尽量使政策达到预期的效果。

货币政策主要通过法定准备金率、贴现率、公开市场业务三大工具进行调节。利用提高法定准备金率和贴现率,在公开市场上出售国债,减少货币发行,压缩信贷规模,增加储蓄等紧缩性货币政策以抑制总需求的增长;通过有步骤地降低银行法定准备金率和贴现率,从公开市场回购国债,增加货币发行,增加信贷规模,减少储蓄等扩张性货币政策以鼓励投资,刺激总需求的增长。与货币政策不同的是,财政政策直接影响总需求,这种直接作用中间没有任何中间变量,而货币政策需要通过一定的传导机制来影响总需求,属于间接影响,政策调控效果的不确定性更加难以掌控。

倾斜性产业政策是指国家根据国民经济发展的内在要求,通过提高产业素质和调整产业结构,提高供给总量的增长速度,使供给结构适应需求结构要求所使用的产业政策措施。主要包括产业规模政策、产业结构政策、产业联系政策和产业竞争秩序政策。此外,国家也间接地通过影响生产技术,提高劳动生产率,来改变总供给。国家也采取实施一些倾斜的技术政策,主要包括技术创新政策、推广政策、转让政策等等。

3.5 新进程路修远:规制化、法制化与国际化

3.5.1 政府规制价格

价格规制是存在于自然垄断和信息偏差的领域,政府为了保证资源的有效配置和服务的公平供给,对价格水平和价格结构进行规制,以限制垄断企业制定垄断价格。垄断行业从其形成的原因是否具有行政权力干预因素的角度来区分,可以分为自然垄断和经济垄断。

自然垄断行业是指因生产、配送方面的规模经济效益、网络经济效益、范围经济效益等因素,使企业的边际成本持续低于平均生产成本,平均成本随着产量的增长而持续下降,以致单一企业或少数几家企业生产产品的成本小于多个企业分别生产这些产品的成本之和,形成一家或者少数几家企业的行业。自然垄断行业多存在于基础设施和公用事业领域,例如电力、天然气、自来水等行业。

行政垄断是指由立法或政府授权形成的垄断。在市场经济中,政府对一些特殊行业需要控制这些行业的市场准入,限制行业的竞争,如烟草、盐业,以及战略性高技术产业,如航空航天业、核工业等。

对于自然垄断行业的价格规制,传统的价格规制主要形式有价格上限规制和价格下限规制两种。为避免在一定时期内自然垄断行业依靠垄断获得高额利润而无提高效率的动力,无参与竞争的压力,政府对价格上涨进行上限限制,往往通过定期对有关产品或服务的价格比较进行价格调整,并以年度或时期限价进行规制,规定绝对价格水平上涨的幅度。价格下限规制形式比较单一,主要是规定某一时期内有关产品或服务的最低价格底线。这种

规制的目的较多,最主要的目的是维持某一产业一定的竞争秩序。例如,在能源行业中,由于行业特殊性——开采成本较低,容易导致采取短期低价倾销行为,以获得短期利润最大化破坏这一资源的开采限度,危及整个能源资源的长期规划和利用。

在我国价格改革的进程中,政府对垄断行业的规制在传统基础上不断摸索前进,从国外的经验中寻求符合中国情况的解决之道,逐步建立起监管垄断行业的法律框架。1980 年 10 月 17 日,国务院发布的《关于开展和保护社会主义竞争的暂行规定》在第 3 项中明确指出:"在经济活动中,除国家指定由有关部门和单位专门经营的产品以外,其余的不得进行垄断、搞独家经营。"第 6 项规定:"开展竞争必须打破地区封锁和部门分割。任何地区和部门都不得封锁市场,不得禁止外地商品在本地区、本部门销售。对本地区出产的原材料,必须保证按国家计划调出,不准进行封锁。工业、交通、财贸等有关部门对现行规章制度中妨碍竞争的部分,必须进行修改,以利于开展竞争。采取行政手段保护落后,抑制先进,妨碍商品正常流通的做法,是不合法的,应当予以废止。"这些规定第一次提出了反行政垄断的任务,为公平竞争奠定了法律基础。1987 年,国家体改委和国家经委发布《关于组建和发展企业集团的几点意见》中强调组建企业集团,必须遵循鼓励竞争、防止垄断的原则。在一个行业内,一般不搞独家垄断企业集团,鼓励同行业之间的竞争,促进技术进步,提高经济效益。这项规定对行政强制联合经营起到了约束作用。1993 年 12 月 1 日施行的《中华人民共和国反不正当竞争法》第 6 条、第 7 条,对行业垄断和地方垄断做出规制,如第 6 条规定:"公用企业或者其他依法具有独占地位的经营者,不得限制他人购买其指定的经营者的商品,以排挤其他经营者的公平竞争。"第 7 条规定:"政府及其所属部门不得滥用行政权力,限制他人购买其指定的经营者的商品,限制其他经营者正当的经营活动";"政府及其所属部门不得滥用行政权力,限制外地商品进入本地市场,或者本地商品流向外地市场。"但由于我国大多数垄断行业是自然垄断和行政垄断合二为一,国家主要通过政府行为协调的力量来调节垄断行业的各种经济关系。因此,《反不正当竞争法》对于严重的行政垄断显得无能为力或心有余而力不足,需要更加明确和健全的反垄断法律规定。

《反垄断法》从 1994 年开始起草,到 2007 年 8 月 30 日第十届全国人民代表大会常务委员会通过,再到 2008 年 8 月 1 日的正式实施,历经 14 个春秋。《反垄断法》宗旨是反对垄断,反对限制竞争,保护市场主体参与市场竞争的权利。素有"经济宪法"之称的《反垄断法》被寄予厚望,希望通过这样一部法律来解决垄断引起的问题,但尚无配套执行细则的出台使《反垄断法》成为一只"没牙的老虎"。

《反垄断法》的出台引起国外商会纷纷发出声音,异口同声地认为《反垄断法》是外资企业的紧箍咒,反垄断之路将是一条荆棘之路。阳光总在风雨后,配套细则,职权架构,种种的操作规则的完善,将会为中国的反垄断之路保驾护航。

3.5.2 建设价格法系

中国的价格改革随着调整价格、放开价格等改革任务的基本完成,走入了另一个新的阶段。这一阶段的价格改革方向转为根据市场经济规律和市场要求，加大价格立法和执法力度，为市场机制的功能实现提供公平竞争的法治环境。

中国的价格改革法制化进程从社会环境的需求到有意识的培养法制环境，经历了不断的摸索和改进。1982年7月7日，国务院就当时的各种涨价、收费的不合理行为出台了《物价管理暂行条例》，对企业、事业单位和政府机关的价格行为进行规制，为中国价格的初步法制化进程奠定了基础。1987年9月19日，我国第一部物价管理的正式条例——《中华人民共和国价格管理条例》颁布，它是根据1982年的《物价管理暂行条例》修改制定而成的，但比较而言，它比原来的暂行条例增添了四方面的内容：一是明确国家现行的国家定价、国家指导价和市场调节价；二是各级物价部门开展价格信息以及价格协调指导的服务职能；三是在条例中将"企业的价格权利与义务"增添一章；四是强化价格监督检查，据此制定了一些规范市场价格行为的具体法规和办法，如《关于商品和服务实行明码标价的规定》、《制止谋取暴利暂行规定》、《价格违法行为处罚规定》等等。1997年12月29日，全国人大常委会讨论通过《中华人民共和国价格法》(以下简称《价格法》)，于1998年5月1日起正式实施。它涵盖了价格形成市场化、价格决策民主化、市场价格竞争有序化、价格管理监督法制化等五方面内容，在加强对价格总水平的宏观调控、改进和完善价格管理、维护正常的价格秩序上发挥了重大的作用。《价格法》根据社会主义市场的需求，以法律的形式对社会主义市场经济条件下价格形成机制、价格管理形式、政府调控监管、生产者的价格行为、政府的定价行为以及保护市场竞争、制止不正当价格行为等重大问题做出了规定，同时也为构建新的价格形成机制和调控机制，发挥价格合理配置资源的作用，增强政府宏观调控能力，保护消费者和经营者的合法价格权益，提供了法律保障。《价格法》为调整生产、流通、分配、交换各个领域内发生的价格体系确立了基本原则，规定生产者价格行为的基本规则，坚持保护消费者基本价格权益的原则，制定政府调节价格的基本规则以及价格监督检查的法律责任。同时，《价格法》也为一系列价格法规、规章的立法提供了依据。以《价格法》为中心随后又制定了一系列相关的配套法规、规定，如《价格违法行为行政处罚规定》、《制止牟取暴利的暂行规定》、《关于制止低价倾销行为的规定》、《禁止价格欺诈行为的规定》、《制止价格垄断行为暂行规定》、《关于商品和服务实行明码标价的规定》、《价格行政处罚程序规定》、《价格违法行为行政处罚实施办法》、《价格违法行为举报规定》、《国家计委和国务院有关部门定价目录》、《非常时期落实价格干预措施和紧急措施暂行办法》、《政府制定价格行为规定》、《政府价格决策听证办法》、《政府制定价格成本监审办法》、《行政事业性收费标准管理暂行办法》、《价格监测规定》等。除国家制定的价格法规、规定外，一些省、市结合本地的情况，制定了适合当地的价格条例采取实施，如《价格管理条例》、《收费管理条例》、《价格监督检查条例》等。国家和地方的价格法规、规定共同构成了我国价格法律体系的基本框架，标志着价格管理和调控开始进入法制轨道。

《价格法》是我国价格法律体系中的一部重要法律，它的颁布实施开创了我国依法治价的先河，启用法律的形式作为屏障为我国价格改革的稳定完善和经济发展保驾护航，标志着我国价格管理逐步走上了法制化、规范化的轨道,是我国价格法制建设的一个重要里程碑。

3.5.3 接轨国际价格

全球一体化是当今不可抗拒的浪潮和趋势,在推动全球一体化的进程中,WTO 作为全球经济一体化的积极推动者和领导者,成为国家进入全球一体化进程的必经之路。随着我国改革开放的进一步发展,尤其是加入 WTO 后,我国经济将与世界经济接轨,体现在价格方面将出现国内价格走向国际化的趋势。

我国价格市场化的程度随着我国经济市场化进程的加快而不断提高,加入 WTO 也为价格从市场化向国际化提供了可能。对外出口,商品由国内市场进入国外,使国内商品价格转化为国际价格;进口商品,商品由国际市场进入国内,国际价格转化为国内价格。国内价格与国际价格在 WTO 的大背景下发生着广泛的联系,并随着中国纳入全球化轨道的进程而愈加紧密。加入 WTO,按照 WTO 规则,各领域的行业要随着 WTO 的进程而逐步放开价格。从进出口商品价格参考国际市场价格到实行进出口商品代理作价原则,取消进口补贴,随后的进口商品的国内代理价格、出口商品的收购价格由市场决定,使国内市场价格与国际市场价格在形成机制上基本衔接。目前,绝大多数商品的国内市场价格水平与国际市场价格水平逐步开始接近,但会受汇率变动的影响。

如果说具体行业的开放对价格的影响有限的话,金融市场的开放对我国国内价格的影响将是全面的,更是深刻的。我国的证券市场随着加入 WTO 逐步融入世界经济体系,国内市场向国际市场慢慢靠拢。在银行、外汇市场,更多的外资银行经营人民币业务,国际投资将随着业务的流入而进入我国利润丰厚的行业,投资将转化为行业产品的价格变化,形成乘数效用,波及到其他行业,这将更大程度地影响我国的国内价格,更深一步加强我国国内价格的国际化趋势。

国内价格国际化是不可逆转的趋势,但由于国内、国际相关条件的变化,接轨之路也可能临时中断,一蹴而就终究不可为,因此,渐行才是国内与国际价格融合的根本出路。

第四章 财政税收:昂首阔步走正道

财政税收是国家宏观调控的重要手段,正确运用财税杠杆,对优化资源配置,调节收入分配,促进经济发展,维护社会稳定具有十分重要的作用。改革开放三十年以来,我国在各方面都取得了举世瞩目的巨大成就,作为其中一个重要组成部分的财政税收在艰难曲折的改革历程中经历了凤凰涅槃,浴火重生,取得了实质性的进展。国家财政通过实施一系列的措施,有力地促进了国民经济和社会各项事业的发展,极大地支撑了国家重大改革措施的出台和重要方针政策的实施,促进了人民生活水平的提高,为全面建设小康社会、构建社会主义和谐社会作出了积极的贡献。

4.1 放权让利:为整体改革铺路搭桥

1978年12月召开的第十一届三中全会,重新确立了马克思主义的思想路线、政治路线和组织路线,会议决定从1979年起把全党工作重心转移到社会主义现代化建设上来,随之,我国经济改革全面展开。这是新中国成立以来具有深远历史意义的一次重大转折。尽管在最初的时候,改革的目标还没有明确定位为市场经济体制。但"摸着石头过河"也罢,胸有成竹地朝着既定方向迈进也罢,中国的经济改革,从一开始就注定与市场经济体制结下不解之缘。

20世纪70年代末到90年代初的改革,最初确立的主调是"放权让利"。放权,必然要牵扯到很多方面的权力下放,其中,财政管理权限的下放无疑是其核心内容;让利,作为政府实施的改革措施,自然指的是政府向企业让利。"放权让利",事实上是为整个经济体制改革搭桥铺路。

4.1.1 放权让利之前:中央统揽大权,统收统支的大一统局面

从建国到1978年约三十年间,财政管理体制调整频繁,既有对社会主义经济建设成功的探索,也有严重的挫折,包括1958年的"大跃进"、1966—1976年的"文化大革命"。这三十年间的财政管理体制可以说成是高度集中的财政管理体制。建国初期的1950年,我国正处于国民经济恢复时期,实行了高度集中、统收统支的管理体制,财政支出由中央统一审核,

逐级划拨,地方财政收入与支出之间不发生关系。同时,财政管理权限集中于中央。一切财政收支科目、收支程序和开支标准,均由中央统一制定。实践证明,当时实行高度集中的财政管理体制使得我国渡过了建国初期财政经济面临的特大困难时期。我国在1951—1978年间的大部分年份里,实行的是统一领导,分级管理体制。虽然在方法上屡经调整,但体制类型从总体上说并没有改变。1951—1957年实行划分收支,分级管理体制。1951年提出了统一领导,分级负责的方针,把收入分为中央、地方(大行政区、省),实行中央地方比例留成。1953年又将中央、省、县三级管理体制,大行政区支出列入中央预算。1954年,对财政体制做了改进,财政收入实行分类分成,提出财政管理六条方针,如预算归口管理、支出包干使用、自留预备费、结余不上缴等。1956年,实行"总额控制"。1957年,在反"冒进"的基础上,对"总额控制"作了若干补充,稍微收权。这一体制的特点是,国家开始注意扩大地方财权,划分各级财政支出范围,收支挂钩,财政管理向规范化发展。

1958年随企业下放财权,实行"以收定支、五年不变"的财政管理体制,规定在五年内,地方可按收入情况自行安排支出。此统收统支型财政管理体制把全国的财力绝大部分都集中在中央,除地方税收和一些零星收入归地方外,主要收入,如公粮、关税、盐税、货物税、工商业税、国营企业收入、公债收入等,全归中央;各级政府的开支,由中央统一核拨。从地方来看,收支两条线,地方征收的收入再多,无权留用;只有中央同意支出才可以追加。该体制在扩大地方财权、调动地方积极性、发展地方经济和各项社会事业方面,前进了一大步。但受"大跃进"中浮夸风等"左"倾错误的冲击,该体制仅仅执行了一年就停止了。

1959—1970年实行"总额分成、一年一变"的管理体制。从1959年开始实行该财政管理体制,与调整时期上划企业等措施相配合,重新将财权向中央集中,扩大中央固定收入,基建支出全归中央专案拨款。1961年国民经济调整时期,中央收回了部分管理权限。1962年把财权集中到中央、大区和省三级,对国民经济进行调整。到1964年,又开始了新一轮的地方扩权过程。该体制在1965年以后,做过一些旨在"调动地方积极性"的小改进,除了在"文革"动乱的非常时期(1968年)暂时实行"收支两条线"外,一直执行到1970年。这一时期财政体制为收支挂钩型,就是把地方负责组织的财政收入(包括中央收入)与地方财政的总支出挂起钩来,按收支总数确定一个分成比例。这对统收统支的财政体制可以说是一大进步,使地方对财政收支的关心程度极大提高。除1978年外,1976—1979年又恢复了"总额分成、一年一变"的体制。

1971—1973年又一次下放企业,下放财权,实行财政"收支包干"管理体制,扩大地方财政的收支范围,按核定的绝对数包干,超收全部留地方。"收支包干"的财政管理体制的特点不仅反映在财政支出包干上,而且更重要的是财政收入包干。中央每年核定各省市的财政收入上缴任务和财政支出指标,收大于支,包干上缴中央财政;支大于收,由中央财政按差额补贴给地方。地方超收或支出结余都归地方自行支配使用;如果收入完不成任务或支出超额,也由地方自求平衡,中央不再负责。

1974—1975年实行收入固定比例留成、支出包干管理体制。在经济受"文化大革命"严重破坏的情况下,财政"包干"体制已经难以继续执行,财政部于1974年提出在全国推行此体制,简称"旱涝保收"体制。收入分成型财政体制是中央对地方财政收入或它的超收部分另行确定分成比例,目的在于鼓励地方超收。该办法使财政收入与支出脱钩;财政支出包干有利于地方安排财政开支。

1978年实行的是收支挂钩,增收分成管理体制。1978年,除了继续执行总额分成财政体制外,又在部分省、市试行"收支挂钩,增收分成"的办法,即地方财政支出仍与收入挂钩,实行总额分成,分成比例一年一变;与此同时,对地方机动财力的提取,按地方当年实际收入比上一年增长的部分和分省、市确定的增收分成比例实行分成。

尽管统收统支、高度集中的财政管理体制为新中国的建立和发展作出了巨大的贡献,但受固有的僵化体制的约束,缺陷也十分明显:社会资源配置效率低下;不利于调动各方面的积极性;运行失灵,管理失范。因此,从建国到1978年约三十年间,中国财政运行体制变动频繁,大部分年份的地方收支指标、分成比例或包干数额都由中央审核,一年一变,财政制度和财政管理难以走向规范化、法制化轨道。

4.1.2 减税让利:财税改革的助推器

1978—1993年,我国经济体制改革一直是在分配领域,并以"减税让利"作为一条主线展开。在经济体制改革前期实行的这项政策,极大地调动了个人、企业和地方的积极性,对我国的改革开放起到了关键性的推动作用。财政还账主要是通过减税让利来表现:扩大企业财权、提高农副产品收购价格、放宽城市职工工资管理。

1. 扩大企业财权:国企开始存"私房钱"

1978年12月20日,国务院批转财政部《关于国有企业试行企业基金的规定》,对国营企业实行企业基金制度,规定企业完成国家规定的产量、品种、质量、原材料消耗、劳动生产率、成本、利润和资金占用八项计划指标以及销货合同后,可按职工工资总额5%提取企业基金,用于集体福利设施,弥补职工福利基金不足,发放职工奖金等。企业主管部门提取的企业基金,50%用于奖励超额完成任务的企业,另50%用于生产技术措施和本系统的集体福利设施。

1979年7月13日,国务院发布《关于国营企业实行利润留成的规定》,对企业实行利润留成,即对进行经济改革的一部分企业,在其完成利润指标后,可按规定留用一部分利润,用于建立生产发展基金、职工福利基金和职工奖励基金等。1980年1月,国务院批准财政部和国家经委《关于国营工业企业利润留成试行办法的通知》,把原规定的全额利润留成办法改为基数利润留成加增长利润留成办法。1981年12月,财政部和国家经委又发出《关于国营工交企业实行利润留成和盈亏包干办法的若干规定》,对上述办法作了进一步修改,提出国家对企业和主管部门,根据不同情况实行多种形式的利润留成和盈亏包干办法。

为了进一步调整国家与企业之间的财政分配关系,1983年4月24日,国务院批转财政部《关于国营企业利改税试行办法》,于1983年、1984年分两步实行“以税代利”的改革,即将国有企业上缴利润的做法改为依法交纳比较规范的税收,以税收的财政分配形式代替了上缴利润的财政分配形式。具体做法如下:第一步,采取利税并存的过渡形式,国有大中型企业按55%的比例税率交纳企业所得税,税后利润按上年水平留给企业外,再向国家交纳利润。国有中小企业则交纳八级超额累进的所得税。第二步,从1984年10月开始,全面实行以税代利,国有大中型企业在交纳55%的国有企业所得税和按留利水平确定的调节税以后,大中型企业也不再上缴利润。

1986年12月,国务院颁发《国务院关于深化企业改革增强企业活力的若干规定》,明确提出要“推行多种形式的承包经营责任制,给企业以充分的经营自主权”。1987—1990年是第一轮承包期。1987年初财政部召开推行企业承包经营责任制座谈会,提出在“利改税”基础上实行企业承包责任制;财政再不能减税让利;各地自费改革;坚持“包死基数,确保上缴,超收多留,欠收自补”的自负盈亏原则。1987年8月和1988年4月先后颁布了国有企业推行承包责任制有关财务问题的规定,对引导承包经营责任制的健康发展起了重要作用。七届人大的政府工作报告指出,“财政体制要在企业实行承包经营责任制的基础上,逐步转向利税分流,理顺国家与企业之间的分配关系”。

1991年以后进入第二轮承包期。各部门、各地区根据企业的不同情况,实行了多种形式的承包经营责任制。其中,主要有“双保一挂”、上缴利润基数包干或目标包干、超收分成、上缴利润递增包干、亏损企业减亏(补贴)包干、企业经营目标责任制、企业资产经营责任制、租赁承包经营责任制等形式。

2. 双“提高”:农民工人齐受益

农村的改革是以联产承包责任制作为突破口的,它的实施极大地调动了农民的积极性,同时,我国较大幅度地提高了农副产品的收购价格。1979年,国务院决定,粮食统购价格从1979年夏粮上市时起提高20%,超购部分在此基础上再提高50%。棉花、油料、糖料、畜产品、水产品、林产品等农副产品收购价格,也在逐步地进行相应的提高。

除了大幅度提高农副产品收购价格,政府开始放松城市国有企事业单位和其他所有制成分职工的工资管制,增加职工工资收入。不仅相继提高了部分职工工资级别,提高了部分地区的工资类别,普遍恢复了中止多年的奖金制度,还配合农村的改革,即提高农副产品收购价格,实行副食品价格补贴制度,进行职工工资同企业经济效益按比例浮动的试点。

3. 双“鼓励”:外商经济、非国有制经济逐渐活跃

在搞好经济的同时,我国实行对外开放政策,改善投资环境,吸引外商投资,加快我国经济建设步伐。此时期,全国人民代表大会先后颁布了《中外合资经营企业所得税法》、《个人所得税法》以及《外国企业所得税法》。经国务院批准,财政部制定了这些税法的实施细则,建立了既符合我国国情,又基本符合国际惯例的涉外税收法律框架,为涉外税务管理提供了

法律保障。

这一时期,我国采取了鼓励发展多种经济成分的政策,鼓励非国有制经济发展。仅仅就税收政策而论,调整集体企业、私营企业及个体经营税收政策的力度很大。国家对乡镇企业和个体、私营经济都实施了税收优惠政策。

4. 传统财政收入机制逐渐退出历史舞台

以上的减税让利政策使得传统财政收入机制受到了巨大的冲击:第一,农副产品收购价格的提高,一方面增加了工业产品的原材料投入成本;另一方面,也加大了城市居民的生活费用开支,从而增加了工业产品的劳务投入成本。因而,随着工业部门利润向农业部门转移,来源于低价统购农副产品这一渠道的财政收入减少。第二,国有企业试行基金制度、利润留成制度,同时相应扩大企业自主权,国有企业利润全额上缴不复存在,动摇了传统财政收入机制的一个重要基础。第三,国家财政来源与国有企业收入的相对下降,集体经济、私营经济及个体经济等非国有制经济迅速发展以及来源于非国有制经济的财政收入的相应增加,使得国家财政收入来源结构呈现多元化的趋势,传统的几乎以国有制单位为单一来源的财政收入机制被打破了。

但随着各个方面对旧体制的突破,经济秩序也出现了一些混乱,政府宏观调控能力不断降低,各种不规范行为带来的问题逐渐暴露出来,更重要的是,国家几乎到了无利可让的地步。

4.1.3 “利改税”:意义非凡的阳关道

在以“减税让利”作为主线展开的经济体制改革中,“利改税”可以说是20世纪80年代我国税制的一次重大改革,在我国财税经济改革中具有举足轻重的地位。

1.“利改税”的背景

“利改税”,就是将国有企业向国家财政的利润上缴改为征收所得税,或者称之“以税代利”。各种利润留成办法虽然是对吃“大锅饭”状况的一定程度的突破,但并未从根本上改变国家与企业之间收入分配关系的形成机制,国家与企业之间的收入分配仍然按照传统的机制进行,特别是这种收入分配关系具有极大的不稳定性和非规定性,不利于企业作为独立的商品生产者参与一系列竞争。因此,财政体制改革不仅要调整国家与企业之间在收入分配上的数量对比,同时也要改变收入分配机制。“利改税”可以说是实现这个目标的一次尝试。

2.“利改税”的内容

根据国务院、财政部的部署,“利改税”实行了“分步到位”的改革思路。对国有企业开征所得税,在二十多年以前可以说是社会主义经济理论中一条难以逾越的鸿沟。具体做法如下:从1983年6月起,第一步“利改税”,采取利税并存的过渡形式,国有大中型企业按55%的比例税率交纳企业所得税,税后利润按上年水平留给企业外,再向国家交纳利润。国有中小企业则交纳八级超额累进的所得税。所以,即使是利改税的第一步,仍然具有十分重大的历史意义,也正是"利改税"的实施,把我国的税收制度由单一的货物税制引向了货物税与所得税并存的复合税制。自1984年10月1日起,实行第二步"利改税",包括国有企业"利改税"与工商税改革两个部分。其基本内容是将国营企业的各种上缴任务划分为11个税种,实行完全的以税代利,税后利润归企业自行支配;把原有工商税划分为产品税、增值税、营业税和盐税,并将产品税税目划细,适当调整税率。通过两步"利改税"的改革,我国初步建立起流转税和所得税并存的复税体系,基本适应了我国当时经济体制和经济实践的客观要求。尽管当时一户一率的调节税还是一种非规范的形式,但"利改税"无论在确定企业的商品生产者地位方面,还是在形成公平合理的竞争环境方面都是一次重要的突破,标志着我国财政体制改革开始摆脱简单的向企业减税让利的模式,而是走上了把企业培育成自主经营、自负盈亏的商品生产者的道路。

3."利改税"的成就和不足

"利改税"是20世纪80年代我国税制的一次重大改革,由于受当时客观经济和社会条件的制约,及"利改税"设计本身的问题,"利改税"在推动税制建设,重构财政运行机制取得重大进展的同时,也产生了一些新的问题,原来预定的改革目标并没有完全实现。

"利改税"的基本方向是比较正确的,顺应了我国国民经济市场化进程中的财政运行机制变化的大趋势,对整个财政体制改革、经济体制改革及制度创新产生了深远的影响:第一,开征国有企业所得税,向以法律形式处理国家与企业之间的关系,实现政企分开、两权分离,培育新的市场主体迈出了重要的一步。第二,改革工商税制,初步建立了现代税制的基本架构,形成流转税、所得税、资源税、财产税、行为税等较为齐全的税制体系,成为国民经济运行过程中的重要市场规则,从根本上改变了传统体制下税种单一、市场调节能力较差等状况。第三,税收管理向规范化、法制化迈进,为财政运行机制提供了法律保障。

"利改税"并没有完全达到人们的预期,实现财政收入的稳定、持续增长,没有遏制预算内的财政收入持续下滑的趋势。究其原因,根本问题不在税制本身,而是由于当时的经济社会环境:首先,预算外资金膨胀,侵蚀税基,分流税收。1985—1988年预算外资金的增长率分别为28.7%、13.5%、16.8%、16.4%,而同期预算内财政收入的增长率分别为22.0%、5.8%、3.6%、7.2%,收入分流现象是显而易见的。其次,地方保护主义和"藏富于企"的思想。在1985年的财政体制中,划分税制是按行政隶属关系划分的,即中央所属企业税收归中央,地方所属企业税收归地方,且要核定包干基数。由此必然强化地方政府与企业之间的财政利益关系,对本地区企业实行保护政策,以藏富于企业。最后,改革之后,企业是独立的经济实体,独立核算、自主经营、自负盈亏,留利的多少与企业及职工利益息息相关,于是国有企业偷税漏税的问题开始陆续出现,影响政府财政收入的增加。经过两步"利改税",并没有真正改变企业的经营机制,它在相当程度上还是企业外部的改革。所以,必须把改革深化到企业内部的经营机制和财产组织形式的改革上来,承包经营责任制是适应这种要求而产生的一种具有较强灵活性和适应性的企业经营体制。

4.1.4 “分灶吃饭”:行政分权的分水岭

自1978年党的十一届三中全会后,我国开始全面的、大规模的经济体制改革。以此为起点,我国进入了由计划经济体制向社会主义市场经济体制转轨的新阶段。财政管理体制作为整个经济体制改革的突破口,进行了一系列的改革探索。在财政收入和支出机制发生变化的同时,财政管理体制也正在朝着“放权让利”的方向转变。在中央与地方财政之间的分配关系方面,自1980年起,对大部分地区实行了“划分收支,分级包干”的体制,也称之为“分灶吃饭”体制。

1. 什么是“分灶吃饭”财政体制

财政作为整个经济体制改革的突破口,自1980年起,对大多数省份实行了“划分收支,分级包干”的预算管理体制,建立了财政包干体制的基础。1980年2月国务院颁发了《关于实行“划分收支,分级包干”财政管理体制的暂行规定》,其基本内容是,按行政隶属关系,明确划分中央和地方财政收支范围,地方以收定支,自求平衡,包干使用。“划分收支,分级包干”财政体制,在1985年和1988年又进行了两次调整。1985年实行“划分税种,稳定收支,分级包干”的预算管理体制,以适应1984年两步利改税改革的需要。1988年,为了配合国有企业普遍推行的承包经营责任制,又形成了对不同省区实行六种不同的包干方法:收入递增包干、总额分成、总额分成加增长分成、上解递增包干、定额上解和定额补助。

“分灶吃饭”财政体制的主要内容,主要从收入、支出两个方面来看。收入方面,实行分类分成,将财政收入分为:(1)中央与地方的固定收入。中央固定收入有中央所属企业收入、关税、公债、国外借款。地方所属企业收入、盐税、农牧业税、工商所得税、地方税和其他收入为地方固定收入。(2)中央与地方固定比例分成收入。各地方划给中央各部门直接管理的企业收入,80%归中央,20%归地方。(3)中央与地方的调剂收入。以工商税为调剂收入,其比例根据各地区收支情况确定。支出方面,按企业、事业的隶属关系及支出性质划分为中央支出、地方支出、中央专案拨款。在收支指标的确定方面,按照划分的收支范围,以1979年收入预计数字为基数计算,地方收入大于支出的,多余部分按比例上缴中央,不足者以调剂收入弥补,调剂收入仍不能补足者,由中央按差额给予定额补助。

2.“分灶吃饭”财政体制的特征

“分灶吃饭”财政体制,与其他财政体制相比,有着自己的特征。比较起来,该财政体制有以下主要特征:一是按照经济管理体制规定的隶属关系,明确划分中央和地方财政的收支范围,使地方财政初步成为责、权、利相结合的分配主体,调动了地方财政关心本级财政、当家理财的积极性。二是在收入划分上由按企业隶属关系划分收入逐步过渡到分税制,部分按税种划分收入,并与企业管理体制相结合。三是扩大地方财政的收支范围,支出方面不仅包括经常性支出,而且包括建设性支出。“分灶吃饭”后,应由地方安排的支出项目,中央主管部门不再按“条条”下达,由地方政府根据国家经济建设的路线、方针、政策,结合本地财力统筹安排,扩大了地方政府财权,有利于地方政府因地制宜,安排地方生产建设。四是增强了规范性和稳定性,财政管理体制由过去一年一变改为一定几年不变,为体制效益的发挥创造了条件,使中央和地方的财政分配关系趋于稳定,有利于地方责、权、利的结合。

3.“分灶吃饭”财政体制的贡献和不足

“分灶吃饭”财政体制,是在十一届三中全会之后,我国实现全党工作重心的转移,实行改革开放,开始积极探索经济体制改革,进行国民经济调整的大背景下,在宏观经济领域实行的一项重大改革,对传统财政管理体制产生了深远的影响,成为建立社会主义市场经济财政运行机制的起点。但是,作为一种过渡时期的制度安排,“分灶吃饭”体制始终没能消除传统体制的弊病。

“分灶吃饭”财政体制对我国经济改革具有突出的贡献,主要有:第一,财政管理体制由高度集权型向适度分权型转变。通过划分各级财政收支范围,分级包干,财政管理呈现出分层决策态势,这是财政管理机制历史性的进步。财政管理体制的变化,适应了发展商品经济,开拓市场,转变政府职能,建立新型经济管理体制的大趋势,有力地推动了当时各项经济体制改革措施的出台。第二,财政管理体制开始重视利益机制和激励机制。“分灶吃饭”财政体制实行收支挂钩,责、权、利相结合的激励机制,地方财政收入增加,就可以多安排地方建设项目,加快地方经济发展和社会进步,充分体现各级地方政府利益主体的职责。第三,财政管理体制开始探索以规范的方式处理中央与地方的财政关系。“分灶吃饭”财政体制明确划分中央与地方收支范围,分级包干,分成比例与补助额,一定五年不变。中央与地方有各自稳定的收入来源及支出职责,地方对中央的上解,及中央对地方的补助,有相应的处理程序,已经形成规范。尽管收支范围的划分尚未走出按行政隶属关系划分的传统,但在中央与地方财政关系的处理上,已经前进了一大步,为进一步深化财政体制改革,规范中央与地方财政关系奠定了基础。

同时,“分灶吃饭”财政体制存在着不足,带有一定的过渡色彩。其不足主要表现在:第一,分级包干是侧重于划分收入,即侧重于“分钱”,而中央与地方的职责仍然有些交叉,因而形成了财权与事权不统一,收入与支出不对称。第二,中央与地方的关系仍然缺乏规范性和稳定性。主要表现在分级包干还存在分而不清、包而不干的问题,不仅分成问题、补助额的核定缺乏客观性,而且由于财政管理体制缺乏法律约束力,出现了中央困难向地方借款或直接平调,地方困难要求中央补助或暗中取得中央收入,形成打破了“统收”,却并未打破“统支”的困难局面。第三,按企业隶属关系划分各级政府的收入,固然提高了地方发展生产、增加收入的积极性,但也导致地方政府倾向于基建和价高利大的项目,客观上形成了低水平重复建设和投资膨胀。第四,由于在体制上不能保证政府财力必要的集中和中央、地方合理的分配关系,导致国家财力分散,国家财政收入占国内生产总值和中央财政收入占全国财政收入这两个比重太低。

发生在20世纪70年代末到90年代初的改革,即"放权让利",使得高度集权型的财政管理体制受到强有力的冲击,使得严重扭曲的分配关系得到调整。经过"利改税"的推行,国家与企业之间的分配关系日趋稳定和明确,企业自主权得到扩大,自身可支配的财力迅速增长,活力有所增强,传统体制下国家与企业之间的"父与子"的关系以及讨价还价的非规范化的经济关系,已逐步朝着契约化承包经营和规范化的依法纳税方向发展。随着"分灶吃饭"的实施,中央与地方的财政分配关系也得到大大改善,传统体制下财政独揽大权的局面已开始向分级管理、分层调控,适度集中、适度分散相结合的方向转变,地方财政拥有了一定的财权财力和经济管理权限,调动了地方当家理财、开源节流的积极性,从而标志着中央高度集中型的财政分配关系开始解体。

4.2 分税制改革:承前启后的里程碑

历史的车轮转到了1994年,改革开放已十年有余,财税改革的步伐继续稳步向前。在这一年里,新年的钟声刚刚敲过,我国政府就在财税改革方面推出了一系列重大举措,从而展开了以制度创新为显著特点的1994年的财税改革。

4.2.1 艰难抉择:放权让利后的尴尬

传统财政运行机制的打破以及为此而采取的一系列措施,尽管对于当时的困难在一定程度上起到了一些缓解作用,但并未从根本上解决问题。而且,随着时间的推移,因财政运行机制同整体经济体制之间的不协调所形成的特殊财政困难,出现了加剧的势头。

1."恶性循环"之路

首先,透支所招致的责难和举债规模的不断扩大。从1981年开始,政府基本上是靠向银行透支或者借款和举借国债这两种方式来弥补赤字。1979—1981年三年间,国内财政收入持续下降,根本无法满足财政支出自然增长的要求,重点建设资金存在巨额缺口。1979、1980两年财政出现了巨额赤字,财政向银行透支,引起物价较大幅度的上涨。面对困难形势,人们开始重新审视传统体制下对国债的认识,中国政府开始重新启用国债。1981年1月16日国务院会议通过了《中华人民共和国国库券条例》,决定从1981年开始,发行国库券。最初的几年,国库券的年发行量并不大,1981—1985年,每年的发行量也就是40亿元多一些。1985—1986年发行量增加到60亿元,增加的幅度也不算太大。

1981—1986年,在将债务收入打入预算收入之后,除了1985年财政出现少量盈余之外,其余的年份都有相当数额的赤字(其中,1986年的赤字达到70.55亿元),都发生了向银行的透支或者借款。在当时,改革正处在全面展开阶段,各方面都需要财政出钱来支持改革。财政赤字不仅得不到压缩,反而呈现明显的扩大之势。财政向银行的透支或者借款不能根绝,通货膨胀所带来的社会危害又不能不顾及,政府的唯一选择,就是以扩大举债来尽可能地压低因财政赤字而发生的向银行透支或者借款。如此一来,国债的规模进一步扩大。1987年,除了维持上一年的60亿元的国库券发行量以外,还增发了55亿元的重点建设债券,造成当年的国债总发行量达到169.55亿元。1988年,国库券的发行量扩大到90亿元,同时增发了财政债券、国家建设债券各80亿元,当年的国债总发行量达到270.78亿元。1989年,国库券的发行量虽然调减到55亿元,但保值公债120亿元和特种国债50亿元的发行,又使得该年的国债总发行量增加到282.97亿元。在此之后,国债的年发行量持续呈直线上升:1990和1991年,分别达到375.45亿元和461.4亿元;1992和1993年,持续增加到669.68亿元和739.22亿元。

其次,借新债还旧债。由于当时的国债市场尚未完善,急剧增长的还本付息不断吞噬着新发行的国债,国债依存度大大超过了国际警戒线。自1986年开始,国债的还本付息工作也随之开始。最初一年的还本付息的任务不是很重,只有1981年所发行的国库券本息的20%需要偿付。加上国外借款的还本付息,总额为50.16亿元,未构成太大的压力。但之后随着举债规模的扩大,债务支出随之出现急剧递增的情形,并于1990年进入了偿债高峰期。1987年债务支出为79.83亿元,已经接近1986年的1.6倍。到1990年,债务支出增长到190.40亿元,占当年财政支出比重达到5.5%之多。1991和1992年的债务支出持续增加,分别达到246.8亿元和438.57亿元,占当年财政支出的比重数字分别为6.5%和10%。每年数百亿元的国债还本付息支出,对于已经处于极端困难的中国财政来说,无疑是雪上加霜。此时,政府只能继续借新债还旧债。

中国财政开始走上了“恶性循环”之路。在财政困难始终未得到缓解的现实背景下,不断地以借新债还旧债,便被作为一种自然的选择,一再地运用于到期国债的兑付实践。1992年以及之后几年,每年高达数百亿元的偿债高峰,都是靠这种模式渡过难关的。以借新债作为包括国债利息支出和国债还本付息在内的债务支出的资金来源,虽能实现到期国债的按时兑付,但其代价却是国债规模越来越大,最终把中国财政拖上一条“恶性循环”之路。

2.“无序运行”之象

1978—1994年,我国的财税改革尽管已经进行了一系列改革并取得了实质性进展,但以“放权让利”为主调的财税改革所带来的并非只有积极的结果,两种令人忧虑的“无序”现象也随之伴生。

对企业和地方的放权,使得企业和地方政府并没有自我约束,而是重蹈了历史上曾经反复出现过的“一放就乱”的旧辙。主要表现为:一些地方不顾国家的税收法令,越权宣布各种税收优惠政策,擅自减免税、随意退税现象相当普遍;有些地方、部门经常突破中央的统一政策,以种种名义和理由增发奖金和津贴;有些地方对体制内分成收入征收很不积极,却在体制外收入上大做文章,搞财政资金体外循环;越来越多的部门和财政并行参与国民收入分配和再分配,财权分散,各种集资、摊派屡禁不止。以上这些现象从冲击财政收入和抬高财政支出两方面,增加了国家财政(特别是中央财政)运行中的困难。

对企业和地方的让利,本应该在比较规范的条件下进行。但无论是旨在调整国家与企业之间利润分配关系的各种形式的承包经营责任制,还是旨在调整中央财政和地方财政之间分配关系的各种形式的财政包干体制,其承包或包干基数,都没有精确的机制加以确定,随意性很大。承包或包干基数缺乏科学性和规范化,实际执行中就很容易发生利益互挤,而被挤占的往往是国家或中央财政。这就使得打破"统收"比较容易,而让企业和地方自我承担责任从而打破"统支"局面则很困难。财政收入,特别是中央财政收入的合理增长,受到严重制约。显然,在上述条件下进行的让利,也给国家财政特别中央财政的正常运行,造成了巨大的困难。

在改革初期形成特殊的财政困难,依靠一些措施可以勉强应付过去。但是,在国家财政已经走上"恶性循环"之路时,政府便不得不下决心进行彻底的财税改革。这就是1994年进行的以"制度创新"为特点的财税改革。

4.2.2 制度创新的指导思想和基本内容

1992年召开的党的十四大明确提出,我国经济体制改革的目标,是建立社会主义市场经济新体制。以此为标志,我国经济体制改革进入新的发展阶段。按照建立与社会主义市场经济发展相适应的公共财政体制要求,从1994年开始,我国实行分税制财政管理体制。

1. 制度创新的指导思想

1993年十四届三中全会通过《中共中央关于建立社会主义市场经济体制若干问题的决定》,表现在税制方面,就是要"按照统一税法、公平税负、简化税制和合理分权的原则,改革和完善税收制度。推行以增值税为主体的流转税制度,对少数商品征收消费税,对大多数非商品经营继续征收营业税","统一企业所得税和个人所得税,规范税率,扩大税基。开征和调整某些税种,清理税收减免,严格税收征管,堵塞税务流失。"

2. 制度创新的基本内容

1994年的税制改革是为适应和促进社会主义市场经济的要求,更好地发挥税收经济杠杆作用,有利于创造市场公平竞争的外部环境,有利于促进经济稳定和发展。其基本内容概括起来,主要有以下几个方面。

第一,全面改革税收制度,建立新型的税制体系。即,建立以增值税为主体,消费税和营业税为补充的流转税制;统一内资企业所得税,实行33%的比例税率;建立统一的个人所得税制,采用超额累进制,实行收入分项计征;对所有金属矿产品和非金属矿产品等资源开征资源税;在房产和地产的交易环节,对开发经营房地产的增值部分开征土地增值税,并实行超额累进税率;结合税制改革,确立适应社会主义市场经济需要的税收基本规范。

第二,实行分税制体制,理顺中央与地方之间的分配关系。1993年12月15日,国务院发布《关于实行分税制财政管理体制的决定》,主要内容有以下四个方面:根据中央和地方的事权确定相应的财政支出范围;按税种划分中央财政与地方财政收入;实行中央对地方的税收返还制度;建立中央对地方的过渡期转移支付制度。

第三,改革国有企业利润分配制度,为企业创造公平竞争的外部条件。国有企业利润分配制度改革的主要着力点,是把以向企业放权让利为主旋律的改革转到为企业创造公平竞争的外部条件轨道上来。其基本内容有:国有企业统一按国家规定的33%的比例税率缴纳所得税,取消各种"包税"的做法;建立统一、规范、合理的企业所得税税基;国家采取多种形式收取国有资产收益;取消原对国有企业征收的能源交通重点建设基金和预算调节基金。

第四,彻底取消向中央银行的透支或借款,财政上的赤字全部以举借国债方式弥补。《中共中央关于建立社会主义市场经济体制若干问题的决定》中明确指出,禁止财政向中央银行透支,财政发生的赤字只能以发行国债的办法加以弥补。为此,1994年国家财政改变了债务收入不列赤字,对外公布的赤字以向中央银行透支或者借款弥补的传统做法,而转以国际通行的口径计算赤字,即债务收入不列入正常财政收入;经常性财政收入与全部财政支出之间的差额即为财政赤字;财政赤字仅以举借国债一种方式弥补。

分税制财政体制改革,无疑是我国财政管理体制演变的一次历史性的突破,尽管带有浓重的过渡色彩,目前还处于不断完善之中,但实施以来,表现出的良好体制效应日益显现。

4.2.3 基本评价:毁誉参半,功过五五开

新中国成立近六十年来,我国一直未能建立起一种既能正确处理中央与地方之间财政分配的关系,又具有相对稳定的财政管理体制,财政管理体制的建设始终未能跳出集权与分权循环的圈子。1994年以来实行的分税制财政管理体制,改革的基本取向和目标已经明确,即与市场经济相适应,实行分级财政体制。但目前仅仅是建立起了分级财政管理体制的基本框架,与真正意义上的分级财政管理体制目标要求还有很大差距。

1. 一片蓝天:良好体制效应日益显现

1994年财税改革与以往历次财税改革有着显著的不同之处,就在于它突破了"放权让利"传统思路的束缚,走上了制度创新之路。分税制财政体制的改革,无疑是我国财政管理体制演变的一次历史性的突破,目前还处于不断完善之中,实施以来,表现出的良好体制效应日益显现:一是统一了各地区的收支划分,解决了原体制下中央和地方之间收支划分中存在的分配形式多样、财政资金双向运动等问题,为规范中央和地方的分配关系奠定了基础。二是明确了各级政府的财权和事权,合理确定了各级政府的财政收入和支出范围,充分调动了各级政府当家理财的积极性,增强了中央财政的宏观调控能力,使财政大幅度提高。三是基本改变了过去按企业隶属关系划分收入的做法,抑制了地方政府的投资冲动和干预企业的利益冲动,在一定程度上放松了政府对企业的控制,有利于促进产业结构的合理调整。四是遏制了地区间财力差异继续扩大的趋势,中央财政收入的增加和转移支付制度的建立,形成了财政资源合理流动的体制框架,有利于中央进一步加大对贫困地区和少数民族地区的补助,缩小了地区间的财力差异。

2. 一地碎冰:矛盾和问题依然存在

肯定分税制改革成就的同时,我们也应该清醒地认识到,此次改革仅仅是朝着理顺政府间财政关系的方向所采取的一个步骤,这一制度本身依然存在着一些不规范的问题。随着经济体制改革的深化和社会经济事业的发展,现行财政管理体制暴露出一些与形势发展不相适应的矛盾和问题。

第一,政府间的事权和财权划分不够明确。1994 年的分税制财政管理体制改革是在当时中央与地方事权划分基础上进行的,在分税制改革方案中,对中央和地方政府的事权划分基本上未作调整,而是继续沿用原有模式。中央与地方政府之间的事权和支出范围的划分尚存在着许多不规范之处:政府与市场的关系没有理顺,政府活动存在着越位与缺位现象;中央与地方政府间的事权划分不明确,交叉太多。

第二,税收划分方式有待于进一步改进和完善。从总体上看,分税制改革中的分税方式注重研究了社会主义市场经济体制对多级财政管理体制的要求,借鉴和吸收了国外税收划分方式中的成功经验,同时也考虑了中国自身的国情和现行税制体系状况。然而,以事权和财权划分理论为依据,从税制改革后的税种结构来看,目前税收划分方式中至少存在以下两个问题:改革后,对企业所得税是按行政隶属关系进行划分的,仍带有包干体制的色彩,不符合政企分离的原则;地方税收体系中所存在的税制结构不合理、主题税种不突出等问题,制约了地方财政职能的有效发挥。

第三,税收权限划分的问题有待深入研究。从总体上看,高度集中的税收权限划分模式,与建立和发展市场经济的要求是不相适应的。具体表现在:一方面,受经济发展水平的影响,各地区间的经济效益状况和税收负担能力也必然存在差异,如果各地无差别地完全使用同样的税种、税率,就难免会产生政策和制度与实际不相符合的问题;另一方面,在我国地区间的自然条件和经济发展水平不平衡的情况下,中央统一立法开征、地方无权开征会使得一些应该上交的财政收入流失。

第四,财政转移支付制度有待于进一步完善。实行分税制以后,我国政府间财政转移支付由体制补助、税收返还、专项补助和结算补助等多种形式构成,1995 年之后又实行了过渡期转移支付办法,增加对一部分困难地区的补助。但目前的转移支付制度还不够规范、科学,离公共服务水平基本均等化的目标仍有很大差距,主要表现在:税收返还不规范,中央财政对各地方税收返还额的确定方法缺乏科学的依据;现行的过渡期转移支付办法具有明显"过渡"性质,力度不够大,科学性也有限;专项拨款随意性大,缺乏较规范的法规依据和测算标准;中央有关部门掌握的财政政策性投资,同转移支付资金的运用脱节。

第五,省以下财政管理体制不够完善。1994 年以来,各地按照中央对省的分税制基本原则与模式,结合本地的实际情况,实施了对下级政府的分税制财政管理体制。但是,这一体制仍不健全,在一定程度上影响了分税制的总体运行和功能发挥。具体表现在:一是许多地方省以下财政管理体制没有按照分税制改革要求去规范,仍在很大程度上带有旧体制的痕迹;二是有些地方存在层层集中财力的倾向,从而进一步加剧了基层财政的困难。

第六,税收征管关系尚未理顺。我国的分税制实行分税分管,即在划分税种的同时,将原来的税务机构一分为二,设立国家税务局和地方税务局,分别征收管理中央税和地方税。由于两套税务机构关系尚未完全理顺,税收征管范围划分不合理,国税与地税之间在征管上存在一些问题:中央税和地方税交叉征收;许多地方对地税征管机构实行省市垂直管理的做法,削弱了县市政府和财政对地税机构的管理和协调能力;由于税种交叉征管,导致有的企业单位面临多头管理,而有些地方政府则凭借行政手段干预。

4.3　亟待破冰:寻找财税改革新的突破口

从为整体改革铺路搭桥的"放权让利"改革,到以"制度创新"为显著特点的1994年财税改革,我们一直在思索,中国财税改革的出路在何方?我们能为振兴中国财政做些什么呢?

4.3.1　"后遗症":财力安排捉襟见肘

中国的财政收支一直处于困难境地,在经济高速增长时期如此,进入经济低迷阶段亦是如此。不仅中央财政的日子不好过,各级地方财政的收支也不同程度地捉襟见肘。1994年的财税改革以及之后的一系列措施在一定程度上缓解了财政困难,然而,从总体上来说,财政形势依旧严峻。如果不对财政收支格局作出一定的调整,这种困难状况很可能有增无减,甚至恶化。

1. 财政支出:增势居高不下,结构亟待调整

全国财政支出,一直呈上升趋势。1978年为1122.09亿元,1980年为1228.83亿元,1990年为3083.59亿元,2000年已增加至15886.50亿元,到2006年财政支出为40422.73亿元,是1978年财政支出的约36倍。由于财政收入增长速度没有财政支出快,结果造成财政赤字连年不断,国债发行规模日益膨胀,已经到了必须采取措施加以控制的地步(参见表4-1)。

从表4-1中,我们可以看出,在1978—2006年间,只有1978和1985年有为数不多的财政结余,其余年份均为赤字,而且财政赤字呈不断扩大的趋势。1980年财政收支差额仅为-68.90亿元,1990年为-146.49亿元,而到2000年以后,每年的财政收支差额都在-2000亿元以上,从一个侧面反映出了财政支出规模增长与国家财力的不足。

在改革开放以来,与传统经济体制相比,我国的财政支出结构已经发生了重大调整。有些财政支出项目变化,反映了市场经济发展的必然趋势。如基本建设投资,企业投资必然代替政府成为社会投资主体,财政基本建设支出比例呈大幅度下降趋势,1978年基本建设支出占财政支出的比重为40.27%,1990年为17.75%,2000年为13.19%,而2006年已降至10.86%;科教、文卫事业需求随着人们生活水平的提高而增加,所占财政支出的比例也呈上

升趋势,1978年为10.04%,1990年为20.02%,2000年为17.23%,2006年增至18.37%,除了1990年外,其余年份均呈不断上升趋势,等等。但仍然存在较多问题,如行政费用大幅增加,占财政支出的比重也不断增加,从1978年的4.37%到2006年的13.95%;科学教育投入总体不足,内部比例不合理,历史欠账较多;社会保障支出未全部纳入预算管理,等等。从整体上看,财政支出结构不合理和规模难以满足社会公共需要之间相互作用,进一步加剧了财政收支矛盾,成为进一步深化财税改革的重中之重。

表4-1 1978—2006年中国财政收支状况变动表 (单位:亿元)

年份	财政收入	财政支出	收支差额
1978	1132.26	1122.09	10.17
1980	1159.93	1228.83	-68.90
1985	2004.82	2004.25	0.57
1990	2937.10	3083.59	-146.49
1991	3149.48	3386.62	-237.14
1992	3483.87	3742.20	-258.83
1993	4348.95	4642.30	-293.35
1994	5218.10	5792.62	-574.52
1995	6242.20	6823.72	-581.52
1996	7407.99	7937.55	-529.56
1997	8651.14	9233.56	-582.42
1998	9875.95	10789.18	-922.23
1999	11444.08	13187.67	-1743.59
2000	13395.23	15886.50	-2491.27
2001	16386.04	18902.58	-2516.54
2002	18903.64	22053.15	-3149.51
2003	21715.25	24649.95	-2934.70
2004	26396.47	28486.89	-2090.42
2005	31649.29	33930.28	-2280.99
2006	38760.20	40422.73	-2162.53

资料来源:根据《中国统计年鉴2007》计算整理。

美国里根政府时期,庞大的财政赤字导致巨额国债发行,以及由此产生的巨额还本付息,对美元汇率及国际竞争力产生的不良影响,就是最好的例证。可见,财政支出增势居高不下,结构不合理,是当前财政形势依然严峻的重要特征。

2. 财政收入：占 GDP 的比重偏低，有扭转趋势

财政收入占 GDP 的比重，1978 年为 31.1%，1995 年降到最低点 10.3%。近些年，由于在税收上采取了一系列措施，使得财政收入占 GDP 的比重下滑的势头有所扭转，基本上从 1994 年之后开始呈现上升的趋势。1978—2007 年间财政收入占国内生产总值比重的变化过程，我们可以从图 4－1 中看出来。

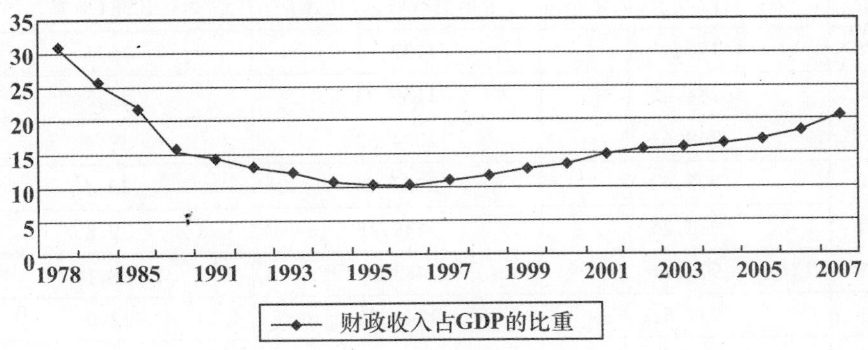

图 4－1　1978—2007 年财政收入占 GDP 的比重(%)

从图 3－1 中可以看出，1994 年财税体制改革后，初步遏制了财政收入占 GDP 比重持续下滑的趋势，开始止跌回升，但未从根本上扭转财政收入占 GDP 比重过低的局面。这一比重，与发达国家 30%～40% 的比重，福利国家 60%～70% 的比重及发展中国家 20% 左右的比重相比，明显偏低，与社会主义市场经济条件下政府职责不相称。政府缺乏足够的财力调节国民经济运行，实现宏观经济政策目标，满足社会公共需要。与此同时，中央财政收入占全国财政收入比重偏低，中央宏观调控能力受到削弱。适当增加中央财力，提高中央财政收入占全国财政收入的比重，是 1994 年财税改革的主要目标之一。1978—2007 年的中央财政收入变化如表 4－2 所示。

由表 4－2 我们可以看出，在 1994 年分税制改革之前，中央财政占国家财政收入的比重在 20%～40% 之间徘徊，中央财政的主导地位受到了严重的影响。自 1994 年以后，作为反映中央财力增长的相对指标——我国中央财政占国家财政收入的比重一直稳定在 50% 左右。中央财政收入占全国财政收入的比重由 1993 年的 22.0% 上升到 2007 年的 55.4%，提高了 30 多个百分点，逐步改变了包干体制下中央财政支出主要依靠地方上解的局面，形成了中央财力占主导地位的分配格局。但中央财政收入占全国财政收入比重仍然偏低，且不够稳定，尚未达到财税改革的目标值，现有的中央财力，难以承担建立规范的转移支付制度、调节各地区经济社会发展水平、合理配置资源、保持宏观经济稳定和增长等繁重任务，是威胁我国政治经济安全的重大隐患。市场经济发达国家的经验表明，在分税制财政体制下，中央财政必须保证对地方财政进行转移支出，实现中央政府宏观调控政策目标，中央财政必须掌握 60%～70% 的国家财政收入。由此，我们可以看出，我国完善分税制财政体制任重而

道远。在这一点上,在我国,除分税制财政体制的普遍规律外,更具有重要的现实性。我国是世界上最大的发展中国家,无论是从人口还是从地域来看,各地区发展很不平衡,没有强大的中央财政,没有有力的中央政府宏观调控,要建立社会主义市场经济新体制,是不可想象的。

表 4-2 中央财政收入占全部财政收入的比重

年份	中央财政收入(亿元)	全国财政收入(亿元)	比重(%)
1978	175.77	1132.26	15.5
1980	284.45	1159.93	24.5
1985	769.63	2004.82	38.4
1990	992.42	2937.10	33.8
1991	938.25	3149.48	29.8
1992	979.51	3483.37	28.1
1993	957.51	4348.95	22.0
1994	2906.50	5218.10	55.7
1995	3256.62	6242.20	52.2
1996	3661.07	7407.99	49.4
1997	4226.92	8651.14	48.9
1998	4892.00	9875.95	49.5
1999	5849.21	11444.08	51.1
2000	6989.17	13395.23	52.2
2001	8582.74	16386.04	52.4
2002	10388.64	18903.64	55.0
2003	11865.27	21715.25	54.6
2004	14503.1	26396.47	54.9
2005	16548.53	31649.29	52.3
2006	20456.62	38760.20	52.8
2007	28432	51304.03	55.4

资料来源:根据《中国统计年鉴 2007》计算整理。

3. 财政管理:大量收支游离于预算之外

目前我国财政管理的一个重要问题就是大量收支游离于预算之外,不仅人为加剧了财政收支本身运作的困难,而且,使整个政府收支管理陷入无序状态。在市场经济体制日趋完善、依法治国步伐明显加快的背景下,收支行为的不规范,开始逐步成为人们关注的焦点。

预算外资金,是指根据国家财政制度规定,不纳入国家预算,由各地方、各部门、各单位自收自支,自行管理的财政资金。从表 4－3 中可以看出,改革开放以后,1982 年预算外收入达 802.74 亿元,1992 年预算外收入达 3854.92 亿元 。预算外资金的数量,在 1993 年以前,大体上呈不断增加的趋势。1993 年统计口径调整后有所下降,随后又大幅增加。1993 年,国家对预算外资金范围作了重大调整,国有企业留利等不再作为预算外资金管理。1996 年国务院发布《关于加强预算外资金管理的决定》,自 1996 年起,将养路费、车辆购置附加费等 13 项数额较大的政府性基金纳入预算管理。从总体上讲,预算外资金的管理制度执行情况并不理想,没有从根本上扭转财政分配秩序混乱,大量财政性资金游离于预算之外,缺乏有效监督管理,与社会主义市场经济所需要的法律制度环境相去甚远的局面。更为严重的问题是,我国目前还存在游离于财政预算、预算外资金制度之外的制度外政府财政性收支,有人把其称为“第三财政”。这就是各级党政部门及政府所属事业单位乱收费、乱摊派、乱罚款所形成的制度外收支,产生“税”、“费”不分,“费”挤“税”,“费”大于“税”的突出问题。

表 4－3　1978—2005 年我国预算外收支的变化　单位:亿元

年份	预算外收入	预算外支出
1982	802.74	734.53
1985	1530.03	1375.03
1990	2708.64	2707.06
1991	3243.30	3092.26
1992	3854.92	3649.90
1993	1432.54	1314.30
1994	1682.53	1710.39
1995	2406.50	2331.26
1996	3893.34	3838.32
1997	2826.00	2685.54
1998	3082.29	2918.31
1999	3385.17	3139.14
2000	3826.43	3529.01
2001	4300.00	3850.00
2002	4479.00	3831.00
2003	4566.80	4156.36
2004	4699.18	4351.73
2005	5544.16	5242.48

资料来源:根据《中国统计年鉴 1997》、《中国统计年鉴 2007》计算整理。

目前,国家开始加大税费改革力度,治理乱收费。所得税收入分享改革正式实施,根据国务院《关于所得税收入分享改革方案》,从 2002 年 1 月 1 日起,除少数特殊行业或企业外,对其他企业所得税和个人所得税收入实行中央与地方按比例分享。中央保证各地区2001年地方实际的所得税收入基数,实施增量分成。所得税收入分享改革进一步深化财税体制改革,增强了中央宏观调控的能力。自2004年起,开始进行减免农业税试点。2005年12月29日,第十届全国人大常委会第十九次会议通过《关于废止中华人民共和国农业税条例的决定》,自2006年1月1日起实施。新中国实施了近五十年的农业税条例被依法废止,一个在我国延续两千多年的税种宣告终结。取消农业税是建立和谐社会的需要,是发展农村经济的需要,意味着中国开始经济发展模式的转变。但从我国财政运行机制的现状分析,财税改革的任务还十分艰巨。

4.3.2 世纪沉思:路漫漫其修远

在世纪之交之时,我们必须提出问题:究竟是什么原因造成了财政收支的困难境地?我们还能否找到一条走出财政困境的通道呢?

对于财政收支的困难,最初我们是将其作为改革的成本来看待的,以为随着改革举措的逐步到位,财政收支的压力将自行趋于减轻。后来,我们又将财政收支的困难同市场经济联系起来,以为搞市场经济,就注定会同财政困难相伴。然而,随着时间的推移、研究眼界的放宽,特别是当我们站在世纪之交回首往事、展望未来的时候,我们发现改革举措的出台和市场经济体制的建立,同财政收支的困难并不具有必然联系。问题的真正原因究竟在哪里,还得从财政自身运行机制同整体经济环境的关系中去寻找。

市场化的改革进程,带来了财政收入机制的极大变化,财政收入占国内生产总值(GDP)的比重大幅度下降。同时,财政收入机制的变化,客观上要求财政支出规模随之削减,这当然要以相应压缩财政的职能范围为条件。在财政支出本身刚性的制约下,财政职能范围的压缩并没有引起相应的重视,反而被加以维持。经济体制改革的各项举措又需要财政增加支出给予支持,加快经济发展也需要靠增加财政支出来换取,财政的职能范围事实上有所扩大,结果导致了财政支出规模急剧上升。在各方面的政府支出需求迅猛、规范化的税收渠道不畅、财政部门所能提供的资金存在较大缺口的情况下,多年习惯于以行政命令的办法、非税的方式组织收入的各级政府部门,转而开始用非规范的行政手段开始去找钱。于是,各级政府部门开始自立收费项目,介入财政性分配。此时,国家机器的运转,政府职能的履行,就越来越离不开非规范性政府收入的支撑,成了一件积重难返的事情。

由以上我们可以看出,中国财政收支困难的全部问题可归结于财政运行机制的调整并没有与整体经济体制的变革相配套。进一步得出结论,走出财政收支困难的希望,就在于重构财政运行机制。

4.3.3 上下求索:出路在于构建公共财政基本框架

重构中国的财政运行机制,首先要确立一个恰当的目标。说到中国财政运行机制的重构目标,不得不提及有关公共财政问题的讨论。甚至可以说,在很长一段时间里,关于中国财政改革与发展目标的探索,几乎就是围绕公共财政问题的讨论而展开的。

财政理论在我国的出现是在解放前,从20世纪二十年代中国学者开始编写自己的财政学算起,直至1949年,中国财政学基本上都是处于编译西方财政学的阶段,当时的财政学体系,与西方没什么不同。1949年以后,与整个社会意识形态一致,中国财政学表现出与西方公共财政学决裂的特征。到了20世纪60年代,中国财政学进一步分化,还出现了"价值分配论"、"国家资金运动论"、"剩余产品价值运动论"等观点,确立了"国家分配论"在60年代的主流地位。到了20世纪80年代,中国出现了第二次分化趋势,主要体现在社会共同需要论、剩余产品决定论和再生产论对"国家分配论"提出了挑战。最早见到有关公共财政的提法,大约也是在20世纪80年代初期的一本译著。译者在翻译出版美国经济学家阿图·埃克斯坦的《Public Finance》一书时,正式使用了《公共财政学》的书名。在此之前,中国经济学界对于"Public Finance"一词,一直将其等同于财政学或财政。在财政学或财政的前面加上"公共"二字,应该说是个不小的变化。然而,当时人们可能并未意识到公共财政概念所具有的深刻内涵,这一译法并没有引起经济学界太多的关注。此后很长一段时间里,尽管经济文献上开始不时出现过公共财政或类似的提法,但总体上来说,人们只是将其视为一种直译,并未作过多的研究,也没有赋予其特殊含义。

二十年来中国经济体制的市场取向趋势,中国的财政也呈现出从"计划型"向"公共型"的转化趋势,建立以适应社会主义市场经济的公共财政体制是当前改革的主流方向。对于财政体制模式的争论,已从原先的否定公共财政论而转到对公共财政大思路下的争论上来。但我国的财政支出结构同西方国家财政支出结构的最大不同点就在于,除了一般的公共经费开支之外,还有一块规模和比重较大的国有企业支出。如何处置此块支出从而使整个财政支出结构走上公共财政的道路,是调整支出结构的焦点所在。因而,在重建我国财政体制框架上出现一些分歧,争论的焦点是财政体制框架的"一元财政"和"双元财政"。争论的缘由是随着国有企业改革的进一步深化,企业和政府之间的关系应当如何确立的争论。这在财政体制框架的建立上就表现为应当如何确立企业财务和国家财政之间的关系,这成为目前重建我国公共财政体制框架争论的主要焦点。

然而,单纯的调整支出结构而不对财政收入一方作同步的变动,或者,不对整个财政运行机制作相应的变革,最多只能缓解财政困难的程度而不能根除导致财政困难的病因。中国的财政困难固然是在市场化改革的进程中发生的,但是从根本上说,真正的症结在于财政运行机制的调整未能同整体经济体制的变革配套。所以,由此看来,作为财政运行机制一个组成部分的支出一方的调整,并不能解决财政困难问题的全部。只着眼于财政运行机制的调整,并将支出结构的调整纳入整个财政运行机制的调整框架,才是中国财政的希望所在。此时,人们已经不满足于局部调整,按市场经济的要求以全新的思路和理念对整个财政运行机制作脱胎换骨的变革,便成为中国财税改革与发展的新的目标。于是,人们的着眼点开始转到构建与市场经济体制相适应的财政运行机制上来。同时,人们沿用了"公共财政"的概念并赋予其与市场经济体制相适应的中国财政运行机制的特殊意义。

正是在这样一种背景下,1998 年年底的全国财政工作会议提出了构建公共财政基本框架的奋斗目标。从那时开始,公共财政的概念及其框架,便不仅仅是人们走出持续多年财政困境希望的寄托,而且,其作为中国财政改革与发展目标的明确定位,正式被纳入到了政府的工作议程。

4.4 公共财政:财税改革的正道

在 20 世纪 90 年代末期,公共财政基本框架提出。提出建立公共财政的原因,一方面是中国经济体制正在经历由计划经济向市场经济的转变,经济体制的改变必然引起新的经济理论的应用或诞生,在财政学界也相应地会有新的理论产生或引入。另一方面,在财政实践中,我国财政始终面临着财政收支困境,政府对经济的调控受到制约,因此迫切需要有新的思路和方法来指导新形势下的财政工作。由于公共财政理论是在西方产生和发展起来的,它是否适用于中国,它怎样和中国的市场经济相结合,在中国的财政学术界和实践部门引起了广泛的争论。因此,系统了解公共财政理论,把握实质,是我们首先要做的事情。

4.4.1 公共财政的特征和作用

中国财政所面临的问题,既带有计划经济体制的痕迹,也具有鲜明的中国特色。在中国这块土地上构建的公共财政框架,不可能照搬西方财政的现有模式,而只能立足于现实的中国国情,从共性和特性的结合上对公共财政给出中国化的解释,从而构建具有中国特色的公共财政框架。对公共财政的基本特征、作用与职能的认清,有助于我们更好地构建公共财政框架。

1. 公共财政的基本特征

综观世界上实行市场经济制度的国家的财政运行机制,尽管形式各异,各有侧重,但其基本模式是相似的。这就是说,以满足社会的公共需要为口径界定其职能范围,并以此构建财政收支体系,这种为满足社会公共需要而构建的财政收支活动模式或财政运行机制模式,在理论上被称为"公共财政"。具体来说,作为一种与市场经济相适应的财政运行机制模式,公共财政的基本特征可以归结于以下几个方面:

第一,着眼于满足社会公共需要。其突出的特征在于,一是整体性,即它是由所有社会成员作为一个整体共同提出,并不是由哪一个或哪些社会成员单独或分别提出。二是集中性,也就是它要由整个社会集中执行和组织。三是强制性,即它只能依托政治权力,动用强制性的手段,而不能依托个人意愿,通过市场交换的行为加以实现。可以看出,社会公共需要的实质就是不能通过市场得以满足或者难以通过市场解决的需要。

第二,立足于非盈利性。相对于计划经济体制中直接介入竞争领域的"生产建设财政"而言,在市场经济条件下,政府和企业所扮演的角色截然不同。企业作为经济行为主体,其行为动机是利润最大化。政府作为社会管理者,其行为动机不是也不能是取得相应的报酬或盈利,而只能以追求公共利益为己任,其职责也只能通过满足社会公共需要的活动为市场的有序运转提供必要的制度保证和物质基础。表现在财政收支上,就是财政收支的取得,要建立在为满足社会公共需要而筹措资金的基础上。财政支出的安排要始终以满足社会公共需要为宗旨,政府的财政收支行为,不应该也不能够带有任何盈利的色彩。

第三,收支行为规范化。公共财政既然是以满足社会公共需要为基本着眼点的,它就与全体社会成员的切身利益直接挂钩,不仅财政收入要来自于社会成员的缴纳,财政支出要用于向社会成员提供公共物品或服务的事项,就是财政收支出现差额而带来的成本和效益,最终仍然要落到社会成员的身上。所以,社会成员对于公共财政的运作便有着强烈的监督意识,从而要求和决定着政府财政收支行为的规范化。一般而言,财政收支行为规范化,须做到以下几点:以法制为基础;全部政府收支进预算;财税部门总揽政府收支。

2. 公共财政的作用

公共财政通过财政三大职能(资源配置职能、调节收入分配职能、促进经济增长职能)运用之后所产生的结果,即公共财政的作用,主要有以下三个方面:

第一,公共财政能够发挥优化经济结构,提高经济效率的作用。公共财政通过资源配置职能的运用,为政府提供公共物品、财力等支出分配,引导各种资源的合理流向,弥补市场经济的缺陷,所产生的结果,要么最终实现经济结构的合理布局和经济效率的提高,要么与此相反。

第二,公共财政能够相对缩小收入差别,体现经济公平,实现社会公平的作用。公共财政通过收入分配职能的运用,为政府实现职能筹集资金,实施各项税收活动和非税收活动等收入分配,设置公平的税收制度和其他收入制度及政策,提供公平的市场竞争环境,相对缩小过分悬殊的收入差距,所产生的结果,要么相对缩小收入差别,实现经济公平和社会公平,要么与此相反。

第三,公共财政能够实现经济的持续增长和快速发展及共同富裕的作用。公共财政通过经济稳定职能的运用,为政府进行国民经济的宏观调控,提供"相机抉择"的一系列财政政策,达到社会经济的"自动"稳定,使得社会总供给与社会总需求基本平衡,避免经济出现"没有发展的增长"或"有增长而无发展"的现象所产生的结果,要么实现经济的持续增长和快速发展及国家的共同富裕,要么与此相反。

4.4.2 如何构建公共财政框架

公共财政是构建社会主义和谐社会的物质基础、政策手段和体制保障,在构建社会主义和谐社会中肩负着重要的职责。我们应充分认识加快完善公共财政制度的重大意义和作用,加大公共财政创新改革的力度,进一步完善公共财政制度,为构建社会主义和谐社会提供强有力的保障。以科学发展观为统领,以公共化为取向,以均等化为主线,以规范化为原则，不断健全公共财政制度。

1. 建立健全与事权相匹配的财税体制

我国现行的事权划分较为特殊，总体上是高度分权和分散的，同时上级政府在执行中对下级政府的干预又较为广泛。事权划分可坚持两条原则：一是坚持效益(含外部效益)与成本最佳匹配原则，将职能赋予能实现效益与成本最佳匹配的某一级政府；二是坚持效率原则，对于那些可由下级政府承担的职能，宜采取下放的办法；对于那些由上级政府承担更有效的职能，则不宜下放。政府应更多地去购买公共服务，而不是自己操办或全盘包揽公共服务，尽可能调动市场配置资源的手段，通过竞争性的主体参与政府的采购过程，提供优质、高效的公共服务。在合理划分事权和财权的基础上，重新构建我国中央税体系和地方税体系的税种组成，确立地方税主体税种。

2. 完善税费制度改革，调节收入差距

目前我国存在税款入库地和税源产生地不完全对应，地方之间税收收入差距拉大的趋势超过经济发展差距拉大的趋势。如汽车消费税的税源在各销售地，而入库地却在厂家所在地，增值税、营业税、消费税、企业所得税、个人所得税等占整个收入92%的税种里面，都不同程度地存在着税收入库地与税源产生地相背离的情况，这与我国税收管理体制与管理习惯有关。这种背离使得一些地方创造的税收收入被另外的地方政府收走了，对各地政府在发展经济和提供公共服务方面产生了很大影响，造成地方之间的不均衡。因此，在设计税制改革和转移支付时，应该明确收入和税源的一致性，以此作为深化税制改革和完善中央、地方政府之间财政关系改革的原则之一，力争从源头改善财力均衡的公平性，从而调节各地区间的收入差距。

3. 大力调整优化财政支出结构

深化财政收支改革，优化财政收支结构是中国当前和未来中长期国家财政面临的主要任务。一方面需要进行政策调整，另一方面需要进行财政支出管理制度的改革和创新，建立适应现代市场经济要求的规范、科学、透明的支出管理方式，这是确保财政支出结构优化的重要条件。

首先，要完善国库集中支付制度。国库制度改革的方向是实行国库单一账户制度，这是市场经济国家普遍采用的一种财政资金收付管理制度。应采取的办法有：一是在充分学习和消化国际经验的基础上，尽快拟定符合中国国情的国库单一账户管理办法，建立具有中国特色的国库单一账户制度。二是要积极组织试点，采取边试点边完善的办法，为全面推开创造条件。三是要妥善做好有关配套改革，建立独立的国库会计核算体系和联行制度，建立财税、国库网络系统，使得财税、国库和各支出部门之间形成网络关系，共享资源，互相监督，提高效率。此外，还需注意国库单一账户改革与财税、金融其他方面改革的衔接与协调。

其次，要健全政府采购制度。政府采购应最大限度地维护公共利益，力争做到竞争、择

优、公正。政府采购范围要拓宽,应包括使用国家财政资金租用、委托或雇佣等方式取得的货物、工程或服务。要切实搞好政府采购的招标工作,注重把招标机制引入到政府采购中。积极试行政府采购卡支付制度。继续搞好政府采购法规制度建设工作,重点研究中介代理机构和供应商市场资格准入管理办法等,积极做好政府采购法实施中有关问题的研究和完善工作。

此外,还要调整和优化财政支出结构。一方面,要调整财政资金使用结构,减少建设性和生产性支出,加大社会公共需要的购买性支出和消费性支出,加强社会公共性开支,特别是科技、教育、卫生、社会保障、环境保护等代表社会共同利益和长远利益的支出,以促进我国经济从投资推动型向消费拉动型转变。另一方面,要调整财政支出的区域性结构,进一步加强对西部和贫困地区的转移支付力度,以确保这类地区政府机构的正常运转和公共产品、服务的提供。

4. 建立健全财政监督体系

建立健全财政监督体系,首先要加快财政监督立法进程,建立健全监督约束机制。研究制定相关法律法规以及完善各项财政、预算、税收和国有资产管理法律法规,建立适应社会主义市场经济需要的财税法律框架和财政监督法律体系,把财政监督工作纳入法制化轨道,使财政监督工作真正做到有法可依。其次要创新财政监督方式。改变原有单一的事后检查型的监督方式,采取事前预警、事中监管、事后评价、跟踪反馈等多种监督方式,形成日常监督与专项监督并存的新格局。

4.4.3 公共财政框架构建的意义

公共财政框架的构建,是继1994年财税体制改革之后中国财政经济领域力度较大、范围较广的一项根本变革,其已经并正在对中国的经济社会发展产生一系列积极而深远的影响。

公共财政概念的提出以及公共财政框架的构建,为促进传统观念的转变搭建了一个很好的平台。在传统体制下,人们往往认为促进经济发展,政府必须上项目、要投资。而按公共财政框架的要求,政府只应着眼于满足社会公共需要,而不应从事营利性的投资活动。从发展方向看,财政无论如何要从竞争性领域退出去。如此看来,公共财政要求今后政府促进经济发展的措施,主要是为整个经济的发展提供制度保证和必要的基础设施或公共设施。当然,转变根深蒂固的观念并非易事,可能需要相当长的一段时间。但是,我们应该看到,公共财政框架的构建以及为此推出的一系列配套措施,很可能形成一个转变传统观念并规范政府职能的强大推动力。

公共财政框架的构建,使得中国的财政支出结构的确在朝着公共财政的方向迈进。早在20世纪90年代初期,我国已经采取了一些措施调整财政支出结构,而且调整的方向就是公共财政。但是,那时调整的着眼点只是一个方面,并未扩展至整个财政运行机制。当公共财政框架作为中国财政改革与发展的目标得以明确下来之后,情况便发生了根本性的变化。不仅财政支出结构的调整被纳入到了整个财政运行机制的调整框架,过去那种多少带有些许强迫性的调整财政支出结构也已开始逐步转变为有目标的自觉行动。近些年来,财政支出结构的调整步伐明显加快了,力度也加大了。

公共财政框架的构建,使得中国政府收支行为及其机制的规范化得以实现。自改革开放以来,中国的政府收支行为一直陷于不规范状态。仅就财政收支的规模而言,中国财政收支并不等于政府收支。除了预算收支之外,还有所谓的预算外收支、制度外收支等。这种情况会激化社会矛盾,危及经济社会的稳定发展。近些年来,为了规范政府收支行为,我国采取了很多措施,但效果都不佳。然而,当将政府收支行为规范化作为一个重要内容纳入到公共财政框架以后,事情开始有了转机。以满足社会公共需要为着眼点的公共财政,因其同广大社会成员的切身利益息息相关而带有明显的“公共性”特征,实行公共财政,构建公共财政框架,便意味着社会成员的切身利益同政府的收支行为直接挂钩。正是在这样的背景下,政府财政部门推出了一系列旨在规范政府收支行为及其机制的举措,比如编制部门预算,初看起来,这只不过是以各个政府部门为单位,将其所有收支纳入到一个统一的预算之中。但这实际上是一种过渡性办法,有了这个基础,今后再向前走一步,最终形成一个覆盖所有政府收支、不存在任何游离于预算之外的政府收支项目的统一的财政预算,提高财政资金运作的透明度。再如,实行费改税,其目的不在于将一部分政府收费改为收税,而是以此为契机,将政府取得收入的行为及其机制纳入规范化轨道。通过构建公共财政框架,我国政府收支行为及其机制的规范化,通过以上的路子继续走下去,是很有可能实现的。

如果说 1994 年的财税改革已经为我们搭起了社会主义市场经济体制下财政运行机制的基本框架,并且,该框架的主要着眼点在于收入一方的话,那么构建公共财政框架,将是对 1994 年财税体制改革的进一步完善,并且着眼点主要在于支出一方。改革开放三十年来,我国可以说已经初步建立起了与市场经济体制相适应的财政运行机制。

第五章　金融服务:自由开放求效率

金融是现代经济的核心,在市场配置资源中起着核心的作用,是调控宏观经济的重要杠杆,要保证我国经济持续快速健康的运行,必须保证金融业和金融市场的健康发展。伴随着共和国数十年的春秋,特别是改革开放三十年以来,中国金融体制改革与发展取得了辉煌的成就,金融体制发生了历史性的变革。

5.1　中国金融改革历史回顾

5.1.1　“大一统”:改革前的金融业(1949—1978 年)

中国社会主义金融事业发端于 1948 年 12 月 1 日中国人民银行的组建成立。通过合并解放区银行、没收并改组官僚资本银行、取缔外资银行的在华特权、改造私人银行与钱庄,以及建立农村信用社组织等途径,新中国金融体系逐步建立起来。

从 1953—1979 年,我国基本实行由中国人民银行统揽一切金融业务的“大一统”金融体制。在这种体制下,中国人民银行既行使中央银行职能,又办理所有具体银行业务;既是金融行政管理机关,又是经营金融业务的经济实体。中国人民银行按行政区划在全国普及分支机构,并统一按总行的指令性计划办事,实行存贷分离、统存统贷。中国人民银行在全国范围处于信贷、现金、结算三大中心的地位,对我国当时经济的恢复和快速增长发挥了应有的作用。

但是,在这段时期,中国的金融业基本是处于一种典型的金融抑制状态。中国人民银行是仅有的一家金融机构;利率水平处于政府的严格管制之下;除了几种简单的储蓄品种外,居民没有其他的金融资产可以选择,既没有政府债券和金融机构债券,更没有企业债券和股票,保险、信托等业务都是空白;汇率由国家制定,不存在任何形式的浮动;实行严格的外汇管制,限制国内居民持有境外金融资产。在这样一种金融抑制状态下,不仅国内金融资产品种单一,而且其价格严重扭曲。这种强制金融的形式所积聚和隐藏的风险是不言而喻的。

5.1.2 中国金融改革的主要阶段及阶段性成果

自1978年中国金融体制改革启动以来,改革可以分成四个阶段:第一阶段,1979—1992年,这是中国金融体制改革的探索阶段,初步建成了多元的金融机构体系、金融市场;第二阶段,1992—1997年,是中国金融体制全面改革的阶段,这个时期建立了真正意义上的中央银行,成立了政策性银行,将政策性金融业务从专业银行中分离出来,国有专业银行商业化,金融市场迅速成长;第三阶段,1997—2001年,是中国金融体制改革的深化阶段,采取渐进的方式推进金融市场化,初步建立起与社会主义市场经济相适应的金融体制框架;第四阶段,2001年以后,随着中国加入世界贸易组织(WTO),金融体制改革进入了一个新的时期,在开放经济的条件下,建立起产品多样化和有序竞争的金融市场,应对国际经济变化,调整金融政策,促进金融市场全面发展。

1. 初步探索:1978—1992年

党的十一届三中全会后,中国经济和金融发展迎来了新的春天。在邓小平关于"要把银行真正办成银行"的思想指导下,中国开始了对传统计划金融体制改革的初步探索。这一阶段,主要针对"大一统"体制统得过死的弊病,围绕着构建新的金融体系,逐步开放搞活金融市场,建立宏观金融调控体系等三个方面的内容展开改革。

(1)初步建成多元的金融机构体系

中国金融体制的改革是从分设专业银行起步的。1978年以前,我国的银行机构实际上只剩下中国人民银行一家,所有的国内银行业务都集中于中国人民银行。1978年,中国开始了经济体制改革,国民经济各方面都要求银行增加资金供应,加强服务,只有中国人民银行一家银行的局面已不能满足需要,于是增设银行机构,建立一个多元化的金融机构体系的工作就开始了。1979—1984年5年间,中国农业银行、中国银行、中国人民建设银行和中国工商银行四大国有专业银行相继恢复或独立,在一定意义上使我国银行业形成了适度竞争的格局。1986年经国务院批准重新组建了综合性、股份制的交通银行,同时还相继成立了中信实业银行、中国光大银行和大批城市信用社、信托投资公司、证券公司,并成立了上海和深圳两个证券交易所及一批"三资"金融机构。1981年,中国人民保险公司恢复运营。这样,多元的金融机构体系初步建成,它是以中国人民银行为领导,四大国有专业银行为主体,其他银行和非银行金融机构并存和分工协作的多形式、多功能、多层次而又颇具中国特色的金融机构体系。

(2)金融市场初步建立

逐步形成较为规范的货币市场。同业拆借市场是中国货币市场中产生最早、发展最快、最具代表性的市场,它伴随着众多银行和金融机构体系的形成而发展。自1986—1988年中国各地相继成立同业拆借的有形资金市场,拆借业务在全国发展迅猛。同时,自1979年开始,随着商业信用的放开和扩大,以商业票据代替挂账信用,大力推行商业票据信用,并强调发展银行票据承兑贴现业务以把商业信用纳入银行信用的轨道,中国的票据贴现市场也就随之形成。此外,自1983年后企业全部流动资金改由银行贷款供给,由于信贷规模控制难以满足企业短期自己的需求,进而导致企业短期融资证券市场的产生。

资本市场应运而生。随着经济体制改革的推进,企业对资金的需求日益多样化,中国资本市场开始萌芽。1980年后,随着改革开放和现代化建设的全面展开,中国重新开始发行国债,发行量逐年增加,1988年4月国家允许1985年、1986年发行的国库券正式上市,交易十分活跃,从根本上改变了国债市场"有行无市"的局面。1982年和1984年,最初的企业债和金融债开始出现。20世纪80年代初,城市一些小型国有和集体企业开始进行了多种多样的股份制尝试,最初的股票开始出现。这一时期的股票一般按面值发行,大部分实行保本保息保分红、到期偿还,具有一定的债券的特性。随着证券发行的增多和投资者队伍的逐步扩大,证券流通的需求日益强烈,股票和债券的柜台交易陆续在全国各地出现,二级市场初步形成。1990年国家允许在有条件的大城市建立证券交易所,上海证券交易所、深圳证券交易所先后开始营业。伴随着一、二级市场的初步形成,证券经营机构的雏形开始出现,1987年9月,中国第一家专业证券公司——深圳特区证券公司成立。总体上看,在发展初期,资本市场处于一种自我演进、缺乏规范和监管的状态,并且以区域性试点为主。

外汇市场改革开始起步。1980年10月我国开始办理外汇调剂业务,标志着外汇市场的雏形开始显现。1986年外汇调剂业务由中国银行移交给国家外汇管理局,开办了外商投资企业间的外汇调剂业务和国内企业间留成外汇的额度调剂业务。1988年后各省市都设立了外汇调剂中心,进一步扩大了外汇调剂范围。

(3)金融调控体系初步形成

1979年后,伴随着金融机构体系的改革,面对金融领域中日益突出的协调、疏导、管理等问题,国务院于1983年9月决定中国人民银行专门行使中央银行职能。1986年1月国务院颁布了《中华人民共和国银行管理暂行条例》,确定中国人民银行是国务院领导和管理全国金融事业的国家机关,是国家中央银行,并积极探索运用多种手段,健全金融宏观调控体系。

2. 全面改革:1992—1997年

1992年10月,党的十四大正式确定了建立社会主义市场经济体制的改革目标,从而为我国金融体制的全面改革提供了充分的理论与政策依据,揭开了我国金融体制全面改革的序幕。

(1)中央银行宏观调控体系改革

1984年的改革虽然明确了中国人民银行的职能、地位和作用,但它并未成为真正的中央银行。1993年底,《国务院关于金融体制改革的决定》中提出了金融体制全面改革方案,明确了中国人民银行的金融宏观调控职能和金融监管职能,要把中国人民银行办成真正的中央银行。方案明确了货币政策的目标从"稳定货币、发展经济"的双重目标转变为"保持货币的稳定,并以此来促进经济增长",稳定货币成为中央银行的首要目标,这样,中央银行就能相对独立地制定货币政策。从1994年起,中国人民银行逐步放松了贷款规模管理,更多地运用存款准备金、中央银行贷款制度、再贴现、公开市场操作等间接调控货币政策工具。

(2)金融组织体系改革

从1992年起,我国的金融组织体系改革取得了一系列重大进展。根据政策性金融和商业性金融分离的目标,于1994年先后成立了三家政策性银行,即国家开发银行、中国农业发展银行和中国进出口银行,将国有专业银行所承担的政策性金融业务划归政策性银行,使得专业银行成为国有独资的银行,真正从事商业性金融业务。同时,国有专业银行加快了向商业化银行转变的改革步伐。1993年12月,《国务院关于金融体制改革的决定》提出要把国有专业银行办成真正的商业银行,自此,国有专业银行的改革正式定位于商业银行,并按照这个要求,从加强银行一级法人体制,建立商业银行经营机制,银行与所办的经济实体脱钩,强化内部管理风险控制,改进金融服务等方面,进行了一系列的改革。

(3)金融市场体系改革

金融体制的全面改革,促进了金融市场的全面发展,货币市场、债券市场、股票和基金市场都有长足的进步。

货币市场进一步完善。中国人民银行于1993年、1996年对拆借市场进行了大规模的整顿,并于1996年1月启动了全国统一同业拆借市场。规范发展的同业拆借市场不仅降低了信用风险、方便了金融机构头寸调剂和资金运作,而且形成的同业拆借利率已经成为观测金融市场运营的重要指标。此外,1997年6月,商业银行退出交易所债券市场,组建了银行间同业债券市场,标志着我国金融市场正在走向成熟。

资本市场进一步规范。1992年10月,国务院证券管理委员会和中国证券监督管理委员会成立,中国资本市场开始逐步纳入全国统一监管框架,区域性试点推向全国,全国性市场由此开始发展。中国证监会成立后推动了一系列证券期货市场法规和规章的建设,资本市场法规体系初步形成,使资本市场的发展走上规范化轨道,为相关制度的进一步完善奠定了基础。随着市场的发展,上市公司数量、总市值和流通市值、股票发行筹资额、投资者开户数、交易量等都进入一个较快发展的阶段,沪、深交易所交易品种逐步增加,由单纯的股票陆续增加了国债、权证、企业债、可转债、封闭式基金等。此外,1997年11月,《证券投资基金管理暂行办法》颁布,对于规范证券投资基金的发展起到了重要的作用。同时,对外开放进一步扩大,推出了人民币特种股票(B股),境内企业逐渐开始在香港、纽约、伦敦和新加坡等海外市场上市;期货市场也得到初步发展。

(4)外汇管理体制改革

1994年,外汇体制进行了全面的改革,把市场机制引入了外汇分配领域,改变了过去"统收统支"的办法,汇率也从过去几年不变的固定汇率制度变为了有管理的浮动汇率制度。自1994年1月1日起,实行了汇率并轨以及结售汇制度,充分发挥了市场机制对外汇资源的配置作用。同时逐步建立起全国统一的外汇市场——银行间外汇市场,改进了汇率形成机制。此外,外汇管理法规体系也初步建立,标志着中国扩大了对外开放和提高了开放水平,对于改善我国投资环境,树立良好的对外开放形象,加快我国经济与国际经济的接轨步伐和建立符合社会主义市场经济体制要求的金融体制都有重要意义。

3. 深化改革:1997—2001 年

1997 年,亚洲金融危机对中国构成了巨大的威胁,金融风险问题日渐突出,为了适应形势发展的需要,中国政府不断深化金融体制改革,逐步建立起与社会主义市场经济体制相适应的金融体制框架。

(1)分业经营,分业监管

1998 年,中央政府开始了金融机构组织体系的根本变革,银行、证券、保险实行了分业经营、分业管理体制。国务院调整了中国证券监督管理委员会职能,成立了中国保险监督管理委员会,分别负责证券业和保险业的监管。中国人民银行主要监管各类银行、城乡信用社和信托投资公司等非银行金融机构。分业经营、分业监管的体系初步建成。为了完善分业经营、分业监管体系,1998 年 10 月,中国人民银行对管理体制进行了重大改革,撤销了 31 个省、自治区、直辖市分行,跨省(自治区、直辖市)设置 9 家分行,作为中国人民银行的派出机构,更好地执行中央银行的职能;党中央、国务院还向国有重点金融机构派出国有重点金融机构监事会,加强对国有重点金融机构的监管;整顿了中小金融机构,包括信托业、农村合作基金会等,促进其规范发展。

(2)商业银行深化改革

1997—2001 年间,国有独资商业银行按照现代银行制度进行了一系列的改革,这个时期,金融改革的重点是充实现有银行的资本实力。为此,1998 年,财政部发行 2700 亿元的特别国债,将其注入四家国有独资商业银行以补充其资本金。政府还积极推动除四大国有商业银行外的商业银行上市充实资本金。同时,为了化解四大国有独资商业银行历年来积累的信贷风险,1999 年,国务院批准组建了信达、东方、长城和华融四家金融资产管理公司,分别收购和处置从国有独资商业银行剥离出来的部分不良贷款。此外,为了赋予商业银行更多的自主性,自 1998 年 1 月 1 日起,中央银行取消了对商业银行的贷款规模管理,商业银行开始实行全额的资产负债比例管理体制。这既是商业银行经营管理体制的重大改革,更是中央银行宏观调控方式的重大改革。

(3)保险体制改革

在这一阶段,保险市场形成了主体多元化与对外开放的格局。1998 年 7 月,原隶属于中国人民保险(集团)公司的中保财产保险有限公司恢复中国人民保险公司名称,中保人寿保险有限公司更名为中国人寿保险公司,中保再保险有限公司更名为中国再保险公司,三家公司完全独立,并于 1999 年正式挂牌成立。同时,撤销了中国人民保险(集团)公司,这标志着我国保险体制改革的根本突破。同期,保险资金也获得批准间接进入股票市场。1998 年,中国人民银行批准保险公司加入全国银行同业拆借市场,从事债券买卖业务;1999 年,国务院批准保险公司可以通过证券投资基金间接进入证券市场。保险资金的入市不仅可以使保险业走出困境,扩大投资渠道,更重要的是它可以减缓因国有股减持对股市带来的冲击,有力地推动国有股减持计划的实施。

(4)证券市场进一步规范和发展

1998年以后,我国证券市场在规范中不断发展,取得了重大的成就。1998年12月,全国人大常委会通过了《中华人民共和国证券法》,并于1999年7月实施,这是中国第一部规范证券发行与交易行为的法律,并由此确认了资本市场的法律地位。1998年4月,根据国务院机构改革方案,决定将国务院证券委与中国证监会合并,加强了中国证监会的职能,形成了集中统一的证券监管体制。2001年,国务院批准,允许境内居民以合法持有的外汇开立B股账户,交易B股股票,它是振兴和发展B股市场的一个重要措施。此外,经过充分积极的准备,经中国证监会批准,2001年9月,华安基金管理有限公司获准发行我国第一只开放式基金——华安创新证券投资基金,标志着证券投资基金进入了新的发展阶段。

4. 开放经济条件下的金融体制改革(2001年以后)

2001年12月,中国加入了世界贸易组织(WTO),既标志着中国金融业融入了金融全球化的进程之中,也标志着中国金融体制改革进入一个全新的阶段,将开始以WTO规则为基础的国际规则导向型的改革。

(1)成立银监会

2003年,为了加强对银行类金融机构的监管,解决中国人民银行同时承担货币政策和金融监管职能的矛盾,经全国人大通过,国务院决定成立中国银行业监督管理委员会,同年4月,银监会正式挂牌成立。银监会的成立,实现了中央银行货币政策与银行监管职能的分离,强化了中国人民银行制定和执行货币政策的职能,完善了金融监管体系。银监会成立后,立即开始加强对银行业的重点监管。中国人民银行则倾全力关注经济和金融市场的变化,货币政策日益完善。

(2)资本市场的改革和稳定发展

自2001年12月中国加入世界贸易组织以来,中国资本市场对外开放的步伐明显加快。为了积极推进资本市场改革开放和稳定发展,国务院于2004年1月发布了《关于推进资本市场改革开放和稳定发展的若干意见》,此后,中国资本市场进行了一系列的改革,主要包括实施股权分置改革、提高上市公司质量、对证券公司综合治理、大力发展机构投资者、改革发行制度等。经过这些改革,投资者信心得到恢复,资本市场出现转折性变化。这一时期,为充分发挥资本市场的功能,市场各方对多层次市场体系和产品结构的多样化进行了积极的探索。中小板市场的推出和代办股份转让系统的出现,是中国在建设多层次资本市场体系方面迈出的重要一步。同时,债券市场得到初步发展,中国债券市场规模有所增加,市场交易规则逐步完善,债券托管体系和交易系统等基础建设不断加快,期货市场也开始了恢复性的增长。到2006年底,中国已经全部履行了加入世界贸易组织时有关证券市场对外开放的承诺。对外开放推进了中国资本市场的市场化、国际化进程，促进了市场的成熟和发展壮大。这一时期，合资证券期货经营机构大量设立；合格境外机构投资者（QFII）与合格境内机构投资者（QDII）机制相继建立；大型国有企业集团重组境外上市继续推进；外商投资股份公司开始在境内发行上市，外资也被允许对上市公司进行战略投资。

（3）国有商业银行股份制改革

中国加入 WTO 后，承诺在 5 年内全部取消对外资银行的地域限制，外资银行将逐步进入中国市场。为了使中资银行积极地参与国际金融竞争，深化国有银行内部改革显得尤为重要。

党的十六届三中全会提出，要把国有商业银行办成"资本充足、内控严密、运营安全、服务和效益良好的现代金融企业"，为国有商业银行的改革指明了方向。中共中央、国务院决定，动用国家外汇储备和部分国家黄金储备向国有商业银行注资，设立了国有独资投资控股公司——中央汇金公司，并于 2003 年 12 月对中行、建行各注资 225 亿美元的外汇资本金，正式吹响了国有商业银行股份制改革的号角。到 2004 年 8 月和 9 月，中行和建行两家改革试点银行相继改制为股份有限公司。2005 年 4 月，国务院批准了国内最大的商业银行——工行股份制改革方案，同年 10 月，工行股份公司正式挂牌成立。目前，工、中、建、交四行在国家统一安排和部署下，通过财务重组、建立现代公司治理结构框架、引进战略投资者等方式，已先后完成了股份制改造，成为境内外公开上市的股份有限公司，转变为国有控股商业银行。

5.2　中国金融体系问题审视

在过去的三十年，我国的金融体制改革取得了巨大的成就。然而在我们欢欣鼓舞的同时，也必须清醒地认识到，我国金融体制中还存在许多不足，金融体制改革依然面临着严峻的挑战。

5.2.1　金融市场体系不健全，导致金融运行的市场基础不稳固

目前，中国金融业已经逐步对外开放，虽然多元化的金融组织格局已经建立起来，但是金融市场体系仍然不健全，中国银行业的垄断程度仍然很高，货币市场、资本市场仍然需要进一步完善。

改革开放以来，我国货币市场的发展对支持国家宏观调控、完善市场体系、发挥市场功能、维护金融稳定起到了重要作用。但是由于货币市场仍然存在着诸多问题，也在一定程度上阻碍了经济的快速发展。中央银行长期以控制风险为由对货币市场的成员资格严加管制，致使市场参与主体较少，四大国有商业银行成为货币市场上的主要交易者，在一定程度上影响了市场的竞争性和效率，也使得货币市场对于整个经济金融运行的影响力十分有限，

通过货币市场实施金融调控明显受到约束。同时,货币市场规模较小直接导致交易品种单一,目前货币市场工具只有拆借、回购和承兑汇票,而且缺乏具有避险功能的衍生工具,加大了市场的波动性。此外,货币市场的子市场发育失衡,呈现严重割裂的局面。目前只有银行间同业拆借形成了全国统一的市场,国债回购市场则仍旧保持区域分割的局面。与发展较快的银行间拆借市场相比,票据市场的发展严重滞后。货币市场子市场的严重分割,使得货币市场的信号失真,干扰了宏观金融调控的决策和政策实施。

中国资本市场经过这些年的发展已经初具规模,但是仍然存在较多的问题,功能没有得到全面有效的发挥。目前,中国除主板市场外还有以深圳证券交易所为核心的中小企业板市场、为非上市股份公司和退市公司服务的代办股份转让系统以及散建于各地的产权交易市场。看似完善的市场结构让很多人认为多层次资本市场体系的建成指日可待。然而,事实并非如此,现有的主板市场与中小企业板市场的上市门槛差距不大,真正意义上的创业板市场并未完全建立,三板市场定位不明确等诸多问题依旧没有解决。同时,债券市场发展严重滞后,而且逐步演化为政府筹集资金的重要场所,企业债券占比很低,有巨大企业债券需求的企业融资需求受到较大的压抑,不利于实体经济企业的快速发展。此外,直接融资与间接融资比例还很不合理。按照金融运行的一般规律,短期资金需求主要依靠银行贷款,即间接融资的办法予以解决;长期资金需求主要依靠发行股票和债券等直接融资的方式来解决,这样可以避免用短期资金来源解决长期资金需求的种种弊端和风险。然而,我国的现状却是,90%的长期资金需求都是通过商业银行以间接融资渠道解决的。与此同时,商业银行的资金来源又是以短期资金为主,从而产生了短存长贷引发的流动性问题,蕴藏着潜在的金融风险。

此外,资本市场、货币市场、外汇市场、黄金市场等各金融市场之间,特别是资本市场与货币市场之间尚未建立起有效的联系机制,表明我国的金融市场体系尚未达到健康、高效、统一的要求。

5.2.2 金融宏观调控机制还不够完善

相对于中国经济改革和对外开放的整体步伐而言,利率市场化改革进展较慢。就目前情况看,我国尚未完全实现利率市场化,利率管制造成利率这一重要的价格杠杆在资源配置方面的作用受到严重约束,利率结构扭曲。当前我国利率政策的运行环境以管制利率为主,利率水平的决定、差别利率政策的制定等有关利率的各个方面的政策都由政府严格控制,表现出高度的计划性和封闭性,这样的利率形成机制严重阻碍了利率信号作用的发挥。而且,现有利率水平的确定带有一定的主观盲目性,利率调整的灵活度不够。目前我国利率水平的决定是由货币政策委员会做出的,利率决策权高度集中于中央政府。利率管理出发点只是为了维护金融秩序的稳定,保证利率政策的严格执行,而不是为了服务于货币政策,利率的制定和调整存在着严重的时滞效应。虽然,目前的利率水平由改革前的一成不变,变为改革后的经常调整,商业性金融机构也有了一定的利率浮动权,全国同业拆借利率、国债、金融债券回购、外币存款利率已经率先实现市场化，但在占据社会融资份额绝大比例的存贷款方面，由中央银行确定利率并报国务院批准的利率决定的计划机制基本未变，所以利率市场化尚处于较低层次。

统一的全国性外汇交易市场成立至今，在银行间本外币买卖业已形成的汇率，从形式上来看已经实现市场化，但是从严格意义来说，它并未形成全面的外汇供求关系。目前，我国对资本项目实行较为严格的管理，这种外汇体制下的外汇市场上形成的外汇交易关系受到体制约束，不能充分、完全地反映市场真实的外汇供求关系。同时，银行间外汇市场主体缺乏，市场内在机制尚未健全，市场机制调节外汇供求的功能得不到充分发挥。而且，我国在相当长的一段时间内在国际收支经常项目和资本项目都出现双顺差的局面，外汇市场上外汇长期处于供大于求的状况，中央银行对外汇市场的干预不可避免，为此，人民币汇率水平不是纯粹由市场供求决定，在很大程度上，是受国家宏观经济政策的制约。加之，金融市场的不完善，利率尚未实现市场化，资金不能自由流动以及金融工具的匮乏，都造成我国外汇市场仍是一个不成熟、不完善的市场。

中央银行灵活高效地实施宏观调控还存在一些体制性的障碍，中央银行的独立性还没有完全确立。根据《中国人民银行法》第五条规定：中国人民银行就年度货币供应量、利率、汇率和国务院规定的其他重要事项作出的决定，报国务院批准后执行。这样的规定必然导致中国人民银行难以根据经济金融形势变化，自主地制定和实施货币政策，完成稳定币值的最终目标，同时，也建立不起应有的权威性，难以有效发挥宏观监督职能。同时，中国金融市场及基础设施的不完善也严重影响了中央银行的宏观调控。例如，票据再贴现业务不能达到影响基础货币供应量的目标，是因为目前中国还没有一定规模的票据市场，因此票据贴现和再贴现的规模较小，无法影响基础货币供应量。公开市场操作不能发挥货币政策工具的作用，是因为中国的国债发行不是按照市场化的方式进行的，利率也不能够反映资金的稀缺性，因而不符合承担货币政策操作的要求。

5.2.3 金融监管体系不完全适应金融现代化的需要

自中国加入WTO以来，为了应对来自外资金融机构带来的竞争压力，事实上的混业经营已经在国内很多金融机构中存在并且有了一定程度的发展，但是金融分业监管模式还未改变，因而阻碍了中国金融业的发展。随着金融业的发展，外资金融机构带着混业经营的经营理念、管理模式和创新业务进入了我国金融市场。中资金融机构实质上也存在着混业经营，例如光大集团、中信集团等金融控股公司。这些事实上的混业经营削弱了中国分业监管的业务基础，很多创新业务难以定性，加之我国对于外资金融机构和金融控股公司的监管立法不完善，可能导致监管部门重复监管或者监管漏洞。同时，金融分业监管模式不利于金融创新，并且抑制了金融业的发展和竞争力的提高。在外资金融机构不断进入中国金融市场的今天，混业经营已经成为金融业发展的必然趋势，中国对银行、证券保险经营机构的严格限制不仅加剧了同业之间的恶性竞争，降低了金融监管的效率，而且严重地阻碍了金融机构的创新和发展,最终导致中国金融业竞争力的急剧下降,在国际金融竞争中处于不利的地位。

金融机构内部控制是金融机构的一种自律行为,是金融机构为完成既定的工作目标和防范风险,对内部各职能部门及其工作人员从事的业务活动进行风险控制、制度管理和相互制约的方法、措施和程序的总称。近年来,我国金融业存在大量的违法违规现象,一些证券机构挪用客户资金仍然严重,操纵市场价格行为尚未绝迹,欺诈投资客户行为时有发生;由于风险管理不到位,1990年代前期资金拆借、房地产与实业投资形成了大量的不良资产还未解决,近年来超比例自营与保本保底的资产管理业务又带来了沉重的包袱,加上内部人员违规融资、担保等使得一些证券公司损失重大。同样,保险市场也存在着恶性竞争、弄虚作假、欺诈误导等违法违规行为。可见,金融机构在内控方面存在着严重的缺陷:机构内部职责不清,对管理人员的权力和责任没有明确规定,缺乏必要的监督和制约;内部制度不健全,或缺乏对执行情况的监督检查;执行会计制度不严,财务报表数据缺乏真实性和严肃性等。

5.3 展望未来:中国金融改革方向

在经济全球化、资本流动国际化的潮流中,中国金融体制改革的理想目标应当是建成一个自由、开放的金融服务体系。

5.3.1 为建立一个自由、开放的金融服务体系创造良好的条件

在我国这样的发展中国家,要想成功地推进金融自由化和金融开放,必须具备一定的条件。金融自由化和金融开放的条件包括两大方面,其一是宏观经济金融环境,其二是微观经济运行机制。在任何一个国家,稳定而健全的宏观经济金融环境和完善而高效的微观经济运行基础都是实施金融自由化和金融开放所不能缺少的条件,它的状况对一国金融自由化和金融开放的效应起到至关重要的作用,甚至决定着改革的成败。①

1. 建立和保持良好的宏观经济环境

近几年来中国宏观经济环境相对来说是比较稳定的。未来几年,中国在经济体制的改革、宏观政策的制定等方面的一系列工作将给宏观经济的稳定提供一个良好的基础。在体制方面,进一步深化经济体制改革将是未来几年政府工作的重要任务,这将为整个“十一五”经济加快发展提供一个宽松而良好的环境。在政策方面,宏观经济政策总体上在继续保持连续性、稳定性的同时,将会针对供给和需求两方面出现的新问题,采取灵活的微调措施,使经济在短期和中长期供需基本平衡的基础上实现快速增长目标。总体来看,未来几年经济

---

① 张荔.金融自由化效应分析.北京:中国金融出版社.2003.113~135.

发展所面临的政策和体制环境总体发展趋势良好,将为经济持续快速增长提供良好的环境。

2. 微观主体行为的理性与完善

这里的微观主体主要指金融机构与企业。金融部门的一个主要功能就是将储蓄转化为投资,这种转化是否成功、是否有效率在很大程度上决定了一国金融体系的稳定性。对于大多数国家而言,大部分储蓄先是流向金融部门(特别是银行),然后通过金融企业的贷款和投资流向企业部门,通过企业的生产经营活动最终转化为投资。在这样一个转化流程中,金融企业能否进行合理的贷款和投资业务,以及非金融企业的生产经营绩效是两个关键的影响因素。因此,在金融自由化改革前要不断深化金融企业和非金融企业的改革。具体到中国,为了金融自由化再实践的深入进行,尤其需要关注的是国有企业改革和国有商业银行改革的深化问题。

经过二十多年的努力,中国国企改革需要解决的四大基本问题(体制问题、布局与结构问题、社会定位问题、职工地位问题)已初步解决。今后一个时期,需要继续推进国有企业改革,力求取得新的突破与进展。始于2003年的中国国有商业银行股份制改革,是一次非常关键而又艰难的改革实践。经过各方面努力,改革已经取得了明显成效。但是国有商业银行在公司治理、风险管控、业务创新以及外部环境等方面仍然存在一些问题和差距,必须进一步深化改革,包括继续深化公司治理改革、加强内部控制和风险管理体系建设以及推进金融创新。同时,不良资产的处置问题需要我们持续关注,必须在不断深化体制改革,构建科学的信贷风险防范体系的基础上,积极探索和创新按照市场化原则处置不良资产的科学手段和有效方法。

3. 建立审慎而有效的金融监管

金融自由、开放并不是否认对金融业的监管,而是需要改善和加强金融监管。在金融抑制的条件下,金融稳定依靠政府对金融机构盈利的保护;在金融自由开放的条件下,则需要有审慎而有效的金融监管,这是防止改革导致金融动荡的一个重要前提条件。与成熟的市场经济国家相比,中国在监管法规、监管经验以及监管体制的设立等方面都存在不足之处。目前,我们应该建立适应金融发展的监管模式,努力建立金融监管协调机制;建立完善的金融风险预警机制;健全金融行业自制机制;加强金融监管中的信息披露制度以及把握对创新业务监管的尺度。

5.3.2 渐进地推进中国金融自由化的发展,提高金融体系资源配置效率

1. 利率市场化

中国的利率市场化改革在加强金融市场竞争、有效动员和分配资金、实现资源优化配

置、增进金融体系乃至整个国民经济运行效率等诸多方面起到了积极的作用。但是由于中国的宏观经济环境和微观经济基础相对薄弱，对于彻底实施利率市场化改革存在着一定的阻碍，也必定蕴含诸多风险。

由于中国金融体系还比较脆弱，商业银行不良贷款比例较高，因此利率市场化将给金融机构尤其是商业银行带来很大的冲击。国有企业因资产负债率过高、盈利能力不强也将很难应对利率市场化后利率上升带来的冲击，造成国有企业亏损不断加大；银行在利率自由化后为了降低自身风险将会更加谨慎地、有选择地提供贷款，很大一部分国有企业将无法获得信贷支持进而面临发展资金短缺的风险，由此很容易造成宏观经济的不稳定。同时，利率市场化后，资金的逐利性会使资金向高收益行业及发达地区转移，势必会影响国家宏观调控的效力。

针对彻底实施利率市场化可能存在的一系列风险，我们除了要坚定不移地按照既定改革目标和次序渐进地推行利率市场化改革外，还要推行相关的配套改革措施，以保证改革的顺利进行，最大程度地降低风险。由于金融市场的发展与完善是利率市场化的一个重要条件，因此，应该进一步培育和发展金融市场。同时，积极推进商业银行经营体制改革和国有企业体制改革。最后，在积极推进利率市场化的同时要不断地完善中央银行的利率调控机制，使利率市场化最大程度地发挥其积极作用。

2. 金融服务业准入自由化

经过三十年的改革与发展，中国金融服务业的准入程度不断提高，尤其在中国加入WTO后，金融服务贸易自由化的趋势更加明显。金融自由化进一步需要关注和研究的问题是金融业务经营方式的逐步转变，也就是说如何从分业经营向混业经营平稳过渡的问题。

金融自由化改革毫无疑问能够带来巨大的利益，从分业经营到混业经营的转变能够有效地刺激金融市场的竞争从而提高金融机构经营效率，同时为资金更合理地使用和更快地流动创造了有利的条件，但同时对金融体系的监管提出了更高的要求。因此，这条路怎样走，走多快就成为当前我们急需考虑的问题。

美国的金融体制结构的变化历程类似于中国，因此，美国在推行混业经营发展的一些务实且渐进的思路，应该为我们所借鉴。按照渐进过渡的要求，分三步走比较符合中国实际情况：第一步，维持现今金融分业经营总体格局，在现有法律和政策框架下，建立行业规范，打好功能监管的基础；第二步，边规范边放松管制，对原先业务范围过窄的要适度放松，对相对风险较小、绩效明显的业务交叉或混业优先考虑；第三步，最终过渡到近似美国的混业经营模式。

3. 资本开放

尽管纯理论分析说明资本开放可以给一国带来相当大的利益，在现实中也确实存在着诸多驱动因素，但中国的资本开放进程绝不应该也不可能在短时间内实现。必须采取渐进的开放模式，即根据国内经济和金融改革的进程，分阶段地逐步放松和解除不同类别的资本管制措施。这意味着，在一个较长的时期内，中国仍然需要对某些资本交易项目在不同程度上保持限制。

就中国目前资本项目开放情况来说，建立一套完善的风险管理体制尤为重要。合理制定开放进程本身就是对开放风险的一种规避，中国国家外汇管理局对外公布的实现人民币资本项目可兑换的总体思路是：从中国实际出发，借鉴国际经验，以放松资本项目交易限制、引入和培育资本市场工具为主线，在风险可控的前提下，依照循序渐进、统筹规划、先易后难、留有余地的原则，分阶段、有选择地逐步推出资本项目开放措施。在顺序方面应是先放松流入，后放松流出；先放开长期资本流动，后放开短期资本流动；先放开对金融机构的管制，后放开对非金融机构和居民个人的管制；先放开有真实背景的交易，后放开无真实背景的交易。应该说这种思路和顺序是符合中国目前的实际情况的，兼顾了发展与稳定。

5.3.3　推进金融市场开放，实现与国际金融市场全方位的对接和融合

1. 中国银行业

经历了三十年的中国金融改革与开放已取得了巨大的成就。但是，总体而言，中国金融还处于从传统金融向现代金融过渡，从计划经济金融向市场经济金融过渡之中，基础较为薄弱，竞争力不高，防范与监督风险的能力不强，是成长中、尚未成熟、带有二元结构特征的新兴金融市场体制。因此，中国银行业在今后的开放过程中将面临巨大的挑战：

金融市场的开放使得中外金融机构处于平等的地位，原来中国对外资银行的种种限制将被逐渐取消，它们可以在全国各地向所有客户提供所有金融业的服务，甚至提供中国金融机构还缺乏和不熟悉的金融衍生工具，而中国金融机构原来的垄断地位及其受到的各种保护将被逐渐削弱。在这样一个所谓“平等竞争”的环境中，相比中国的银行，外资银行资金雄厚、操作规范、管理先进、服务手段多样且领先、资产质量优良、人员素质较高。这势必对中国银行机构形成巨大的压力和冲击；中国金融市场的开放还将使资本流动加快、加大，国际资本市场的风险也会很快扩散到中国资本市场上来，使中国银行业面临更大的风险。中国资本项目不会长期处于管制阶段，一旦银行、证券、保险、外汇市场全面开放，风险还会倍增，国际金融波动和危机会时时地威胁中国的金融安全；中国金融市场的开放还会使中国银行业面临更难的宏观调控。随着金融市场的开放，中国货币政策的实施越来越受到国际环境的影响，政府以其为工具调控宏观经济发展的难度增大。①

虽然中国的银行业面临如上种种严峻的挑战，但是只要我们谨慎小心地制定和实行适合中国实际情况的政策，在挑战中发展自己，在发展中迎接挑战，相信中国的银行业会在竞

① 钱小安．金融开放对中国货币政策的影响．金融时报．2000－2－26．

争中走向世界。总的来说，中国银行业对外开放应该在维护我国的金融安全和金融主权的同时渐进地进行，逐步地扩大外资银行的业务范围，通过合理地控制外资金融机构的发展，为我国银行业的开放创造良好而有序的竞争环境。

2. 中国保险业

根据中美关于中国加入WTO协议的有关内容，中国加入WTO后的五年之内，在谨慎原则下，中国保险业将从地域、业务范围、合资股权等方面向外资保险公司全面开放。如今，五年期限已过，这些协议的生效，对尚处于幼稚发展阶段的中国保险市场和中国保险业将产生深远影响和重大冲击。

中国保险业自建立以来，中国为其发展采取了很多保护性措施，这些举措在推动保险业发展的同时也影响了中国保险业的竞争力。面对管理先进、制度严谨、人员素质高、盈利能力强的外资保险公司，中资保险公司毫无疑问是处于下风的。而且国外的保险业已经完成了分业经营向混业经营的转变，业务范围的扩大和经营效率的提高都会极大地降低中国保险业的竞争力。中国加入世贸组织后，外资保险公司将逐渐享受与我国保险公司一样的待遇，在这样的“公平”条件下，对处于发展初级阶段的中国保险业无疑是不公平的。

中国的保险业发展历史较短，与发达国家相比，还处于幼稚阶段。如果在短时期内充分放开保险市场，必将冲垮民族保险业。因此，应该根据经济发展水平，适度地开放保险市场，可以鼓励外资保险机构以中外合资经营的组织形式进入中国保险市场，并给予适当的优惠政策，这样可以适度地引入竞争，同时借鉴外资保险机构的先进模式。最重要的是要积极发展国内的保险公司，明确落实现代企业管理制度，逐步拓宽业务范围，加强监管机构建设，实现我国保险业从分业经营向混业经营的平稳过渡，从容地应对外资保险机构的竞争。

3. 中国证券市场

中国在改革开放后，实行了更为自由，更为开放的市场经济，巨大的市场潜力和经济的持续快速发展吸引了越来越多的国际投资者，他们不仅希望通过直接投资的形式参与我国的经济建设，而且还希望通过证券市场进行更加深入、广泛、灵活的投资。但是到目前为止，中国的资本市场还未完全开放，人民币还不能完全自由兑换，仅开放了B股市场供外国投资者投资，而且B股市场与A股市场是完全分离的，外国投资者不能介入中国的债券市场。

随着中国资本市场的开放，原先外资进入中国市场的方式大大改变，中国证券市场势必将会面临更大的风险。大量的外资将流入证券市场，在推动中国股市发展的同时，必将使其产生更大的波动和震荡。在并未完善的中国证券市场中，资本市场的开放将给金融监管部门提出很多难题。

虽然面临以上风险，但是在经济全球化进程加速的背景下，资本市场的开放将进一步扩大市场规模，拓宽融资渠道，而且进一步引入了国际先进的管理方法及技术。开放带来了竞争，这对证券公司、上市公司、证券监督管理部门也将是一个促进和提高。针对这一状况，中国证券市场的开放应该在借鉴的基础上有步骤地进行，可以让外资以中外合作投资基金的方式进入中国A股市场，逐步开放外资的进入渠道，同时还可以允许国外的投资银行参与中国企业的改制、改造和改组，这样不但可以吸收国外的经验，还可以暂时避免外资直接流入中国的股市。

第六章 收入分配:公平效率两兼顾

1978 年以来,我国在分配领域进行了一系列改革,破除平均主义,重新确立按劳分配原则,不断探索与社会主义初级阶段相适应的分配方式。然而我国社会主义市场经济渐进发展的特点,决定了收入分配体制变革同样是一个渐进的过程。改革初期受计划经济影响,收入分配格局处于低水平的均衡状态,随着计划经济向市场经济的转变,低效率成为制约社会经济发展速度和质量的桎梏,坚持效率优先,促进我国综合经济实力大大增强,同时又引发了收入分配不公的问题,因此,近年来国家在收入分配领域对社会公平给予了更多关注。本章将对三十年来收入分配体制变迁的历程做一梳理和回顾。

6.1 迂回探索:按劳分配的恢复与发展(1978—1991 年)

计划经济时代"大锅饭"严重束缚了劳动者的积极性,平均主义分配失去促进生产的激励作用,成为阻碍社会进步的拦路石,罔顾商品经济规律的弊端在分配体制领域暴露无遗。改革开放后国家开始反思并考虑恢复按劳分配原则,并且在接下来相当长一段时期内,按劳分配被视为收入分配的唯一原则。随着改革开放的深入,我国在坚持实行按劳分配的前提下,开始探索其他分配方式的可行性,并逐步放松限制。

6.1.1 重新肯定按劳分配原则

建国后,通过 1952 年和 1956 年两次工资改革,我国在收入分配体制领域基本上建立了贯彻按劳分配原则的工资制度。在当时特定的历史政治条件下,收入分配体制不可避免地刻上了平均主义的烙印,分配秩序由单一的行政计划手段维持,这种高度集中统一的工资管理制度,在 1960 年代和 1970 年代变得更为僵化,按劳分配原则遭到破坏。1977 年,经济学界先后召开三次全国性的讨论会,经过对物质利益和按劳分配原则的研讨,认为按劳分配是社会主义的本质规定,而平均主义是小生产者的思想,为接下来的分配体制改革提供了理论支持。1978 年 3 月,邓小平在谈话中指出:"我们一定要坚持按劳分配的社会主义原则。按劳分配就是按劳动的数量和质量进行分配。根据这个原则,评定职工工资级别时,主要是看他的劳动好坏、技术高低、贡献大小。”① 同年5月,《人民日报》发表特约评论员文章《贯彻执行按劳分配的社会主义原则》,以此为标志,我国基本完成了按劳分配原则在思想上和理论上的拨乱反正,为分配理论的探索与发展奠定了基础。

1978年12月,邓小平在十一届三中全会上重申坚持按劳分配原则的必要性,并专门阐述了物质利益和革命精神的关系:“不讲多劳多得,不重视物质利益,对少数先进分子可以,对广大群众不行,一段时间可以,长期不行。革命精神是非常宝贵的,没有革命精神就没有革命行动。但是,革命是在物质利益的基础上产生的,如果只讲牺牲精神,不讲物质利益,那就是唯心论。”②

按劳分配原则恢复确立之后,长期为平均主义所掩盖的收入差距成为不得不正视的问题。1978年12月中央工作会议召开,邓小平在《解放思想,实事求是,团结一致向前看》的报告中提出:“在经济政策上,我认为要允许一部分地区、一部分企业、一部分工人农民,由于辛勤努力成绩大而收入先多一些,生活先好起来。”通过示范带动作用,“使整个国民经济不断地波浪式地向前发展,使全国各族人民都能比较快地富裕起来。”1984年10月,中共十二届三中全会通过《中共中央关于经济体制改革的决定》,对此加以明确:“共同富裕决不等于也不可能是完全平均,决不等于也不可能是所有社会成员在同一时间以同等的速度富裕起来”,共同富裕是一个渐进过程。

“先富论”承认富裕次序和程度的差别,打破平均主义观念的束缚,为蹒跚起步的改革开放创造了宽松的政策环境,并直接催生出改革后的第一批个体户和私营企业,数据显示,1978年城镇私营企业和个体就业人数只有15万人,1980年增加到81.4万人,到1986年已激增至483.1万人,比1978年高达30多倍。③ “先富论”突破了按劳分配对象的范畴,不再局限于个人与个人、单位与单位之间,外延还扩展至地区与地区之间,标志着我国收入分配体制改革迈上一个新的台阶。

6.1.2 按劳分配单一论的突破

1987年10月,党的十三大提出了社会主义初级阶段理论,指出我国的所有制结构以公有制为主体,多种经济成分并存,并确立了“社会主义有计划商品经济体制”的改革目标。与所有制改革相适应,收入分配必然需要改变旧的分配体制下按劳分配单一的格局,探求与“多种经济成分”相匹配的分配形式。十三大报告中提出:“社会主义初级阶段的分配方式不可能是单一的。我们必须坚持的原则是,以按劳分配为主体,其他分配方式为补充。除了按劳分配这种主要方式和个体劳动所得以外,企业发行债券筹集资金,就会出现凭债权取得利息;随着股份经济的产生,就会出现股份分红;企业经营者的收入中,包含部分风险补偿;私营企业雇用一定数量劳动力,会给企业主带来部分非劳动收入。以上这些收入,只要是合法

① 邓小平.坚持按劳分配原则.邓小平文选(第二卷).北京:人民出版社.1994.101.

② 邓小平.解放思想,实事求是,团结一致向前看.邓小平文选(第二卷).北京:人民出版社.1994.146.

③ 根据《中国统计年鉴1996》相关数据测算。

的,就应当允许。"对此我们可以解读为,十三大报告已经承认了劳动以外的其他生产要素参与分配的现实,并肯定了其他生产要素参与分配的合法性,只不过把其他生产要素参与分配作为"补充"。这也是中央重要文件第一次明确提出非劳动收入可以参加分配,为以后按生产要素分配理论埋下了伏笔。

十三大报告同时指出:"既要有利于善于经营的企业和诚实劳动的个人先富起来,合理拉开收入差距,又要防止贫富悬殊,坚持共同富裕的方向,在促进效率提高的前提下体现社会公平。对过高的个人收入,要采取有效措施进行调节;对以非法手段牟取暴利的,要依法严厉制裁。"作为我国后来提出的"效率优先、兼顾公平"思想的雏形,是收入分配理论的一大进步。

6.1.3 恢复与发展按劳分配原则的实践

既然个人的收入需要根据其劳动的数量和质量进行分配,那么劳动的数量和质量从何辨别?国家、集体、个人三者的权益又如何协调?

1978 年 11 月,安徽省凤阳县小岗村村民经过讨论,决定对集体耕地包产到户,次年收获粮食总产量 66 吨,相当于过去 5 年粮食产量的总和。小岗村经验受到农民的欢迎和中央的支持,1980 年 9 月,中共中央发出了《进一步加强完善农业生产责任制的几个问题的通知》,对包产到户、包干到户等多种形式的生产责任制予以肯定。1982 年 1 月 1 日,中共中央出台一号文件,指出包产到户、包干到户都是社会主义集体经济的生产责任制,并正式确立以"包产到户"为主要形式的家庭联产承包责任制。到 1983 年底,全国 589 万个生产队,实行包干到户的生产队占 97.8%。①1983 年和 1984 年中央连续发出两个一号文件,强调要继续稳定和完善联产承包责任制,规定土地承包期一般应在 15 年以上,生产周期长的和开发性的项目,承包期应当更长一些。

农村承包经营责任制使农民从集体劳动的束缚中解放出来,并自主支配自身劳动力与相关生产要素的使用。国家逐步取消了对农村发展非农产业和农民从事个体经营的限制,鼓励户办、联户办企业与乡村所属集体企业共同发展,要求各级政府对乡镇企业与国营企业同等对待,给予必要的扶持。全国乡镇企业迅速发展壮大,1987 年我国共有 1750.2 万家乡镇企业,到 1991 年已发展为 1908.9 万家。② 乡镇企业充分动员农村地区的资源,并开始向非农领域拓展,即便在 1990 年前后国家为防止经济过热,加强了对原材料和能源市场的宏观调控,乡镇企业依然保持了较高的增长速度。乡镇企业的崛起为农民收入多元化提供了途径,农民收入持续增长。1987 年我国农民家庭人均纯收入为 462.6 元,1989 年上升为 601.5 元,到 1991 年已经达到 708.6 元(如图 6-1),恩格尔系数从 1978 年的 67.7%降为

---

① 陆世宏.邓小平与家庭承包经营责任制的形成和发展.中共南宁市委党校学报.2006(3).11.

② 国家统计局人口和就业统计司,劳动和社会保障部规划财务司.中国劳动统计年鉴 2005.北京:中国统计出版社.2005.493.

1991 年的 57.6%。①

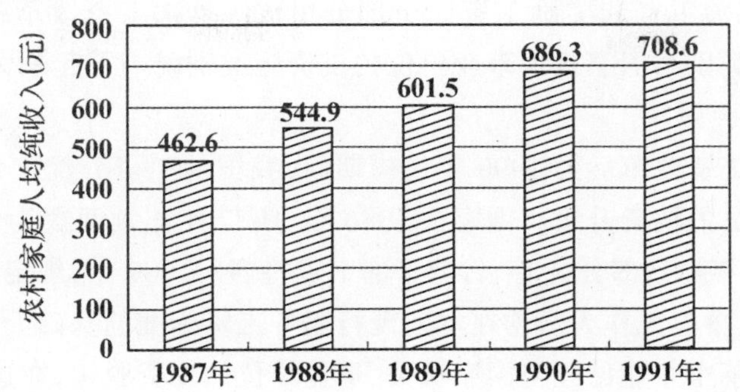

图 6-1　1987—1991 年农村家庭人均纯收入变化

资料来源:中国统计年鉴 2007.

企业工资制度改革逐步展开,1978 年 5 月,国务院发出《关于实行奖励和计件工资制度的通知》,恢复和改进了奖励计件工资制度,奖金和计件超额工资按标准工资的一定比例提取,企业对职工奖金和工资的分配也有了部分自主权。1979 年 7 月,国务院下发《关于扩大国营工业企业经营管理自主权的若干规定》、《关于国营企业实行利润留成的规定》等文件,在少数国营企业开展以放权让利为主要内容的改革试点,允许企业实行利润留成。1983 年国家在调整职工工资的时候,开始将企业经济效益和职工贡献相挂钩,并加强了对职工工资升级的考核。1984 年 11 月,党的十二届三中全会确认社会主义经济是建立在社会主义公有制基础上的有计划的商品经济,国有企业的所有权和经营权可以适当分离,企业在自主经营的基础上为激发职工劳动积极性,可以对利益分配机制进行调整。随着我国经济体制改革从农村向城市推进,承包经营责任制开始广泛应用于国有企业。承包经营责任制很大程度上推动了承包者经营管理和员工工作的积极性,在很多企业里员工的非固定工资收入已逐渐超过固定工资。在集体承包的企业,经营者的承包奖金已是固定工资的数倍、十几倍乃至几十倍,职工工资外收入 1985 年为工资收入的 13.2%,1990 年扩大到占工资收入的 44.5%。② 职工工资同企业经济效益相挂钩,并按比例浮动,同时也出现了工资总额包干浮动的办法,企业员工待遇大幅增加。

国家机关和事业单位人员工资也得到同步调整。1978 年 9 月,中共中央发出《关于做好改革工资制度调查研究工作的通知》,要求通过调查研究提出改革工资制度的意见。1979 年和 1981 年国家曾两次对职工工资做了不同程度的统一调整,不过都是对 1956 年我国第一次工资改革即工资与职工级别挂钩制度的延续和局部调整。1985 年国家全面启动了第二次工资改革,1 月,国务院下达《关于国营企业工资改革问题的通知》,规定企业职工工资的增长应依靠本企业经济效益的提高。6 月,中共中央、国务院下达《关于国家机关和事业

① 国家统计局国民经济综合统计司. 新中国 50 年统计资料汇编. 北京:中国统计出版社. 1999.22.

② 张珺. 分配制度改革理论探析. 北京:中国书籍出版社. 2003.18.

单位工作人员工资改革问题的通知》，规定国家机关和事业单位实行结构工资制，工资由基础工资、职务工资、工龄工资和奖励工资四个部分组成。这次工资改革初步理顺了工资关系，将企业的工资区类别与国家机关事业单位的工资区类别统一了起来，为以后工资制度的完善创造了条件。

在1985年国家工资改革后到1990年代初期间，我国的工资分配工作主要是对国家机关、事业单位工作人员的调资升级。国家在1986年、1987年连续两次为中年专业技术人员安排增资指标，1988年提高部分老专家、老干部工资待遇。1989年，规定从当年第四季度起所有国家机关和事业单位工作人员均在本人现行职务工资标准的基础上增加一级工资。由于在1985年工资改革中企业已经与国家机关、事业单位的工资脱钩，在这几次工资调整中，企业同类人员工资问题都交由企业自主决定。

6.2 趋于完善：多元分配格局的形成(1992—2006年)

1990年代初国家出台一系列鼓励多种经济成分共同发展的政策，以按劳分配为主体其他分配方式为补充的分配方式已不能满足经济发展的需要，所有制结构的变化对与之配套的收入分配体制提出了新要求，其他分配方式在收入分配格局中的地位由补充上升至并存。随着社会经济的不断进步，资本、技术和管理等生产要素对经济发展的贡献与日俱增，长期被收入分配制度排除在外逐渐不合时宜，在主体并存论的基础上，生产要素从“和按劳分配相结合”发展到“按贡献参与分配”，多元分配格局日渐形成。

6.2.1 主体并存论的提出

1992年春，邓小平在视察南方时的谈话中指出：计划多一点还是市场多一点，不是社会主义与资本主义的本质区别。市场经济不等于资本主义，而计划经济也同样不能等同于社会主义。同年10月，中共十四大提出，我国经济体制改革的目标模式是建立社会主义市场经济体制，社会主义市场经济体制“在所有制结构上，以公有制包括全民所有制和集体所有制经济为主体，个体经济、私营经济、外资经济为补充，多种经济成分长期共同发展，不同经济成分还可以自愿实行多种形式的联合经营。”多种经济成分从对公有制的补充到和公有制经济共同发展的地位变化，必然要求收入分配办法的同步改革，以逐步建立和社会主义市场经济体制相适应的收入分配制度。

1993年11月，党的十四届三中全会通过《中共中央关于建立社会主义市场经济体制若干问题的决定》，提出：“个人收入分配要坚持以按劳分配为主体、多种分配方式并存的制度，体现效率优先、兼顾公平的原则。”在鼓励一部分地区一部分人通过诚实劳动和合法经营先富起来的过程中，坚持“效率优先、兼顾公平”就要求个人收入分配遵循市场调节的原则，为收入分配市场化奠定了理论基础。同时，《决定》首次提出了生产要素分配参与分配的概念，“国家依法保护法人和居民的一切合法收入和财产，鼓励城乡居民储蓄和投资，允许属于个人的资本等生产要素参与收益分配。”对于“效率优先”和“生产要素参与分配”可能带来的收入差距过大问题,要求通过分配政策和税收调节,避免造成两极分化。

6.2.2 生产要素参与分配

早在 1987 年党的十三大和 1993 年十四届三中全会上,生产要素参与分配已经初露端倪。1997 年 9 月,中共十五大进一步完善了收入分配结构和分配方式,即“坚持按劳分配为主体、多种分配方式并存的制度。把按劳分配和按生产要素分配结合起来,坚持效率优先、兼顾公平,有利于优化资源配置,促进经济发展,保持社会稳定。依法保护合法收入,允许和鼓励一部分人通过诚实劳动和合法经营先富起来,允许和鼓励资本、技术等生产要素参与收益分配。”① 多种分配方式并存具体表现为按劳分配、按经营成果分配、按资分配、按劳动所得分配、按劳动力价值分配和按技术分配等形式。其中,按劳分配与按生产要素分配相结合,这是中央重要文件中首次明确按生产要素分配的合法性和必要性,是对传统按劳分配体制的彻底突破,为我国收入多元分配格局的最终形成奠定了基础。

2002 年 11 月,中共十六大的召开将我国收入分配制度改革推向一个新的高度,“确立劳动、资本、技术和管理等生产要素按贡献参与分配的原则,完善按劳分配为主体、多种分配方式并存的分配制度。”在效率和公平的问题上,要“坚持效率优先、兼顾公平,既要提倡奉献精神,又要落实分配政策,既要反对平均主义,又要防止收入悬殊。初次分配注重效率,发挥市场的作用,鼓励一部分人通过诚实劳动、合法经营先富起来。再分配注重公平,加强政府对收入分配的调节职能,调节差距过大的收入。”② 初次分配注重效率,强调的是市场在经济发展中的作用,再分配注重公平,则要求政府发挥收入分配的调节职能,调节差距过大的收入。2005 年 10 月,中共十六届五次会议通过《中共中央关于国民经济和社会发展第十一个五年计划的建议》,首次提出要“更加注重社会公平,使全体人民共享改革发展成果”,明确“特别要关注就业机会和分配过程的公平,加大调节收入分配的力度,强化对分配结果的监督”。从“效率优先、兼顾公平”到“更加注重公平”,这标志着从“先富论”到“共富论”的转变,分配制度改革的重心开始向社会公平转移,对民生大计的关注更多地被纳入改革的视野。

6.2.3 城乡多元分配新格局

农村方面,国家在坚持土地集体所有的前提下开始放松对土地的限制,通过延长耕地承包期,允许继承开发性生产项目的承包经营权和依法有偿转让土地使用权,非农产业得到迅速发展,为农村居民在传统农业之外开辟了新的增收渠道。户籍制度改革后允许农民进入城镇务工经商,农村劳动力在满足农业需要之余大量向城市流动,使农村居民收入构成中除

---

① 江泽民．高举邓小平理论伟大旗帜 把建设有中国特色社会主义事业全面推向二十一世纪．十五大以来重要文献选编(上)．北京:人民出版社．2000.24．

② 江泽民．全面建设小康社会 开创中国特色社会主义事业新局面——在中国共产党第十六次全国代表大会上的报告．党的十六大报告学习辅导百问．北京:党建读物出版社,人民出版社．2002.24．

了家庭经营所得外，还有农民以半工半农双重身份取得的工资性收入，再加上利息收入、租金收入、出让特许权收入、集体财产收入和其他财产收入等，农村居民收入构成来源日益多样化。统计数据显示，在纯收入逐年增长的情况下，家庭经营收入占纯收入比重呈逐年下降趋势，在1993年到1996年的四年间，家庭经营收入占纯收入比重从73.6%下降到70.7%。

中共十五届三中全会提出土地承包期再延长三十年不变，并且指出家庭承包经营“具有广泛的适应性和旺盛的生命力，必须长期坚持。”如果说家庭承包经营主要解决耕者有其权的问题，那么接下来的农村税费改革则通过调整国民收入分配关系，解决了耕者有其利的问题。2000年3月，安徽省试点农村税费改革，此后逐步向全国推广。2004年初，中央出台一号文件降低农业税税率，取消除烟叶外的农业特产税，次年全国27个省宣布取消农业税，2006年1月1日，《农业税条例》废止。农村的经济结构也发生了重大的变化，多种合作经济组织蓬勃兴起，形成了以农村家庭承包为主，集体经济、股份合作经济、私营经济、个体经济及各种形式的混合经济等多种经济组织形式共存的局面。这些多种经济形式的兴起，要求将大量的社会资源纳入生产要素，也必然要求将生产要素所有者纳入生产收益的分配对象。

企业方面，1993年十四届三中全会提出要建立适应市场经济要求，产权清晰、权责明确、政企分开、管理科学的现代企业制度。企业作为依法自主经营、自负盈亏、自我发展、自我约束的商品生产和经营单位，取得了内部分配的自主权，可以实行适合本企业特点的工资制度以及选择具体分配形式，国家对此不再干预。浮动工资制、结构工资制和岗位工资制等多种分配方式实行，对企业经营者进行年薪制试点，确立了“市场机制调节、企业自主分配、职工民主参与、国家监督指导”的企业工资制度改革目标，为下一步企业收入分配体制改革指明了方向。同时，国家加强了工资立法工作，1994年《劳动法》颁布，针对其中关于最低工资标准的规定，原劳动部发出《关于实施最低工资保障制度的通知》，为地方结合实际制定最低工资标准提供了依据。

为适应国有企业改革的需要，贯彻实行按劳分配与按生产要素分配相结合的原则，国家鼓励资本、技术等生产要素参与企业收益分配，实行董事会、经理层等成员按照各自职责和贡献取得报酬的办法。从2004年起，中央企业全面实行经营者年薪制，包括与企业规模相关的基本年薪和与业绩考核挂钩的效益年薪。在企业内部则实行以岗位工资为主的基本工资制度，如岗位效益工资制、岗位薪点工资制、岗位等级工资制。与此同时，经营者股票期权、企业职工持股、劳动分红、技术入股等分配方式出现，股权激励的方式开始实行，2005年12月，证监会出台《上市公司股权激励管理办法(试行)》，对限制性股票和股票期权两种股权激励方式做出了具体规定。

国家机关和事业单位方面，1993年10月，在总结和吸收1985年工资制度改革经验的基础上，结合国家机关公务员制度的实行，国家开展了改革开放后第二轮机关和事业单位的工资制度改革。国家机关和事业单位工资制度脱钩，分别实行不同的工资制度，并分别建立奖励制度和定期升级制度。国家机关实行职级工资制，工资按不同职能分为职务工资、级别工资、基础工资和工龄工资四个部分;事业单位根据不同的工作特点,分别实行专业技术职务等级工资制、专业技术职务岗位工资制、艺术结构工资制、体育津贴及奖金制,有条件的还可以实行企业工资制度。这次工资制度改革引入了竞争机制,有效地提高了职工的积极性,进一步体现了社会主义市场经济按劳分配原则。

1993 年工资改革之后,我国工资制度逐渐走向正规化轨道,并随着国民经济的发展逐步完善。1999 年 7 月到 2003 年 7 月期间,在保持工资结构、工资制度不变的前提下,国家对机关、事业单位工作人员连续四次大规模增加工资。2006 年,党中央、国务院决定同年 7 月起改革公务员工资制度,根据 2006 年 1 月起施行的《公务员法》,公务员实行国家统一的职务与级别相结合的工资制度。同时,为了建立符合事业单位特点、体现岗位绩效和分级分类管理的收入分配制度,逐步实现事业单位收入分配的科学化和规范化,事业单位工作人员收入分配制度改革同步进行。此外,对机关事业单位离退休人员的待遇也重做合理调整。

6.3　共享和谐:收入分配体制的新发展(2007 年—)

三十年改革实践为我国经济建设带来了累累硕果,在国家综合经济实力已实现跨越式大发展的条件下,党的十七大高瞻远瞩地对我国收入分配格局做出新规划,改与民争利为藏富于民,描绘出城乡人民共享改革成果的和谐社会新蓝图。

6.3.1　藏富于民:通向和谐社会之路

在 2007 年 10 月召开的中共十七大上,胡锦涛做了《高举中国特色社会主义伟大旗帜为夺取全面建设小康社会新胜利而奋斗》的报告,首次在党的政治报告中对收入分配制度的性质进行了阐述:“合理的收入分配制度是社会公平的重要体现”,视社会公平为合理的收入分配制度的本质要求。报告重申要坚持和完善按劳分配为主体、多种分配方式并存的分配制度,健全劳动、资本、技术、管理等生产要素按贡献参与分配的制度。

1. 国民收入分配向个人倾斜

一个有效率的市场未必结出公平的果实,我国近年来收入差距问题日益凸显,尤其是国民收入分配比例失调,劳动者收入比例过低,社会公平无法得到充分保证。党的十六届五次会议曾指出效率和公平在初次分配和再分配中各有侧重,而十七大报告在明确再分配更加注重公平的同时,对十六大所提出的“初次分配注重效率,再分配注重公平”做了进一步的调整,首次强调在初次分配中体现公平,“初次分配和再分配都要处理好效率和公平的关系,再分配更加注重公平”。

初次分配作为我国居民收入分配的基础及主体分配渠道,主要解决货币资本的所有者与人力资本的所有者的利益分配问题,其数额大且涉及面广,其公平程度一定意义上决定着收入结果的公平程度。由于我国分配制度不健全,受劳动力市场的供给过剩和工资收入水平偏低因素的影响,初次分配仍然存在着资本所得不断提高、劳动所得持续下降的趋势,造成初次分配差距过大,导致再分配的调节功能难以有效保证社会公平的实现,特别是我国目前以间接税为主、直接税为辅的税收制度较大程度上限制了税收在再分配中的调节功能。把公平问题纳入初次分配的视角,一定程度上分担了再分配的收入调节职能,有效地减轻了再分配阶段的调节压力。

处理好公平与效率的关系,首先要在两次分配尤其是初次分配中合理调整国家、企业和劳动者之间的权益划分比重。十七大报告提出要"逐步提高居民收入在国民收入分配中的比重,提高劳动报酬在初次分配中的比重。"1997 年国家财政收入 8651.14 亿元,2006 年上升到 38760.20 亿元,占 GDP 的比重从 1997 年的 11.08%增加到 2006 年的 18.38%,十年间增长了三倍多,年平均增速为 16.18%,然而同期城镇居民人均可支配收入与农村居民人均纯收入年增长率分别维持在 8.59%和 5.55%的低水平。居民收入比重的相对下降不仅暴露了国民收入分配不公的软肋,更直接影响到拉动经济增长的需求结构。众所周知,消费、投资和出口是推动一国经济增长的三驾马车,按可比价格计算,1997 年我国最终消费支出对 GDP 的贡献率为 37%,在 1999 年一度达到 74.7%的峰值,之后连年下降,2003 年回落到 35.3%,之后稍有增加,2006 年达到 39.2%。① 消费对经济增长的拉动作用减弱,使经济增长不得不过多地依赖投资和出口,而过高的投资率又可能引发经济过热,导致生产能力过剩。提高居民收入占国民收入分配的比重,是有效扩大内需,促进形成消费与投资、内需与外需合理结构的必然选择,一方面要通过建立正常的工资增长机制提高城镇居民收入,另一方面通过农民技能培训、健全农产品流通市场等手段千方百计提高农民收入。从宏观经济来看,即要调整收入分配国家财政一家独大的局面,从财政收入和企业利润中拿出更多的份额用于社会保障体系的完善,解除居民消费的后顾之忧,刺激即期消费,形成居民消费和国民经济良性互动发展的长效机制。

提高初次分配中劳动报酬比例和提高居民收入在国民收入中的比重是紧密相联的。改革以来工资分配权逐步下放企业,职工工资水平由代表资方利益的企业决策机构决定,但相应地,工资集体协商制度、参考工资线等制度没有同步完善,劳动者在工资分配上仍处于被动地位,劳动报酬与其他要素的收入的分配比例失调。提高初次分配中劳动报酬比例,保证劳动报酬和其他要素收益协调增长,对个人特别是以劳动报酬为主要收入来源的低收入群体来说,不仅能直接增加劳动报酬,也能缓解政府转移支付的压力,进而扭转收入差距扩大的趋势;对企业而言在充分保障劳动者权益的前提下,人工成本就无法一压再压,形成内在压力促使其采用更先进的技术,推动产业结构优化和升级。

此外,针对低收入者逐步提高扶贫标准和最低工资标准,扩大转移支付,针对高收入者在保护合法收入的同时强化税收调节,打破经营垄断,创建一个机会平等、秩序规范的收入分配环境,这对逐步扭转目前逐渐扩大的收入差距趋势有着积极意义。

---

① 根据《中国统计年鉴 2007》相关数据测算。

2. 让更多群众拥有财产性收入

现代收入结构一般包括四个部分:工资性收入、转移性收入、经营性收入和财产性收入。其中,财产性收入包括出让财产使用权所获得的利息、租金、专利费以及财产营运所获得的红利收入、财产增值收益等。长期以来人们将劳动视为创造社会财富的唯一源泉,而忽视了资金、技术、管理等非劳动因素的社会财富创造作用,除了存款利息被视为鼓励性报酬,其他财产性收入甚至一度被认为是非法收入。目前财产性收入在收入结构中所占比重还比较小,2006 年我国城镇居民财产性收入仅占全部收入的 2.1%,农村居民财产性收入占全部收入比重也仅维持在 2%。①

1987 年中共十三大提出非劳动收入可参与分配,其中已蕴含对财产性收入的诉求。十七大明确提出要"创造条件让更多群众拥有财产性收入",这是各种生产要素参与分配原则的进一步具体化,意味着国家将采取多种措施,主动提供更多机会,让更多的普通劳动者通过多种渠道合法拥有更多的财富。

财产性收入既然是让渡财产使用权收益,提高财产性收入首先必须拥有财产。因此要真正把提高居民收入在国民收入中的比重和劳动报酬在初次分配中的比重落到实处,不仅涉及到产权界定和财产保护的问题,归根结底,只有提高劳动者的收入水平,才能在消费之余转化为财产,形成获取财产性收入的基础。其次,财产性收入的提高有待于居民投资渠道的拓宽,目前获得财产性收入的途径主要是通过出租房屋收入所得、股息与红利收入所得,2006 年城镇居民人均出租房屋收入占全部财产性收入的 51.8%,人均股息与红利收入占 22.9%,其他投资渠道尚有待继续完善。最后,让更多群众拥有财产性收入,最关键的问题是要突破少数高收入者拥有大部分财产性收入的局限,2006 年最高收入 10%的家庭人均拥有的财产性收入为 1279.28 元,而最低收入 10%的家庭人均收入只有 35.29 元。五年间高收入家庭的财产性收入增长幅度明显快于低收入家庭,2006 年最高收入 10%家庭的财产性收入是 2002 年的 3 倍,而最低收入 10%家庭的财产性收入只是 2002 年的 1.36 倍。②

随着城乡居民投资、理财渠道的健全,将会有越来越多的居民成为资本市场的投资者;我国经济的持续增长和企业效益的提高,也为资本市场的繁荣和投资者收入的增加提供了条件,可以预见,财产性收入将呈现出较快增长的趋势。提高普通劳动者的财产性收入,既是实现我国到 2020 年"中等收入者占多数,绝对贫困现象基本消除"目标的途径之一,也是在 2006 年底人均 GDP 已经超过 2000 美元的条件下,让广大劳动者分享改革成果,让更多的人富裕起来的富民措施。

6.3.2　共同富裕:一路坎坷一路歌

无论是从农村来看农业税费的全部取消以及粮食直补,还是从城市来看公务员工资制

---

① 根据《中国统计年鉴 2007》。

② 陈小龙. 专家谈"让更多群众拥有财产性收入". 半月谈 .2007(22).

度和企业收入分配制度改革的全面推进,都体现出我国近两年来对社会事业和民生问题的关注。这种政策性的转变体现了党和国家改善民生的决心和藏富于民的改革思路,然而近两年来的实践告诉我们,收入分配体制改革之路决非一蹴而就。

1. 农民增收任重道远

进入新世纪以来,农民增收之路步履维艰,农村居民家庭人均纯收入增长率长期低于同期 GDP 增长率 4 个百分点左右。[①] 党和国家对此高度重视,2005 年中共十六届五次会议提出建设社会主义新农村的重大历史任务,至同年年底,农村税费改革已走过六年的改革历程,农业税等专门面向农民的各种税费全面取消,农民负担大幅度减轻。2006 年 10 月,国务院发出《关于做好农村综合改革工作有关问题的通知》,指出推进农村综合改革既是巩固农村税费改革成果的迫切需要,也是建设社会主义新农村的重要内容,涉及农村政治、经济、文化、社会等诸多领域。在收入分配领域,通过农村综合改革调整国民收入分配结构,扩大公共财政覆盖农村范围,促进城乡资源的合理配置,为新农村建设提供必要的财力支持;对于农业税的取消造成地方收入减少的,中央财政将安排专项转移支付资金给予适当补助。2008 年 3 月温家宝总理在政府工作报告中进一步强调,要加快农村综合改革步伐,全面推进农村改革,重申坚持农村基本经营制度,稳定和完善土地承包关系,按照依法自愿有偿原则,健全土地承包经营权流转市场,有条件的地方可以发展多种形式的适度规模经营。

早在 2004 年中央一号文件中就针对全国农民人均纯收入连续增长缓慢的情况指出:农村工作要贯彻"多予、少取、放活"的方针,这同样体现在农村综合改革的步伐中。近两年来,中央惠农政策进一步落实,从国民收入分配结构来看,三农扶持力度逐年加大。2007 年中央财政用于"三农"的各项支出达到 4318 亿元,而 2008 年中央财政计划安排用于"三农"的各项支出为 5625 亿元,增加了 1307 亿元,增长了 30.3%。[②] 粮食直补、农资综合直补、良种补贴、农机具购置补贴等制度,开创了直接补贴农民的先河。中央涉农政策灵活性进一步加大,"山定主,树定根,人定心"的林权改革进展顺利,农产品市场流通渠道顺畅,促进了生产要素在城乡间的自由流动;各地积极扶持农村非公有制经济发展,吸引农民进入小城镇就业和定居,引导农村劳动力合理有序流动,并加强了农民工权益保护和服务工作,为农民增收创造条件。同时,农村最低生活保障制度的出台,将符合条件的农村贫困人口纳入了保障范围,为农民的基本生活提供了保障。

2. 工资改革蹒跚前行

现代企业制度对企业收入分配改革提出了更高的要求。目前的企业工资分配制度对保障公平起到一定的积极作用,但还存在覆盖面窄,落实不到位、执行乏力等问题。国有企业工资分配监管不到位,企业恶意拖欠、克扣或变相压低工资的现象还大量存在,难以对企业

---

① 剔除价格波动因素,均按 1978 年价格计算.

② 财政部.关于 2007 年中央和地方预算执行情况与 2008 年中央和地方预算草案的报告.财政部网站.

内部及企业之间、行业之间进行有效的干预和调节,工资分配不公平问题依然存在,收入差距继续扩大。最低工资制度实施十年来,还有许多不完善的地方,最低工资标准仍然偏低,不同地区之间的最低工资标准差距较大,对企业而言可操作性乏善可陈,执行效果较差。在当前和今后的一段时间里,企业工资制度改革仍是建设和谐社会的重要内容之一。温家宝总理在2008年政府工作报告中提出,今后要继续提高企业职工工资水平,建立企业职工工资正常增长和支付保障机制;推动企业建立工资集体协商制度,有效保护劳动者权益,促进劳资关系的和谐;完善工资指导线制度,引导企业合理确定工资增长水平;健全并落实最低工资制度;改革国有企业工资总额管理办法,加强对垄断行业企业工资监管。此外,对于企业退休人员,从2008年起再连续三年提高基本养老金水平。

建国后,国有经济的主导地位以及长期的计划分配方式,使得个人收入分配一直依赖国家出台的工资政策,公务员的工资方案往往成为社会普遍认同的参照物,所以,合理的公务员工资制度对其他部门的收入分配起着科学的引导和示范作用。自2006年《中华人民共和国公务员法》颁布以来,公务员工资制度开始了大刀阔斧的改革,机关人员收入分配秩序得到进一步规范,但仍然存在着不同地区、不同部门公务员收入水平差距悬殊的问题,特别是混乱的津贴、补贴制度成为滋生灰色隐性收入的温床,同工同酬难以真正落实。而作为整个社会收入的重要组成部分,公务员薪酬管理的科学化、规范化和法制化是公务员法的内在要求。2008年3月召开的十一届全国人大一次会议指出,要深化公务员工资制度改革,继续做好规范公务员津贴补贴工作;与公务员工资制度改革相适应,同步推进事业单位收入分配制度改革;落实职工带薪年休假制度,保障职工合法权益;同时要进一步完善消费政策,拓宽服务消费领域,稳定居民消费预期,扩大即期消费,把经济发展成果合理分配到群众手中,促进社会和谐稳定。

6.4 变革的阵痛:收入差距及公平效率之争

近年来收入分配改革焦点集中于对民生问题的关注,人民生活水平持续提高,然而长期以来分配体制的不合理性依然顽疾难愈,收入差距问题如何调节?效率与公平如何和谐相处?这些问题处理得恰当与否,对我国收入分配体制改革的深入推进提出了严峻考验。

6.4.1 收入差距:基尼系数的背后

随着我国社会经济的高速增长,当前收入分配格局下的贫富差距问题凸显,个人之间、行业之间、地区之间、城乡之间、不同所有制之间的收入差距、利益差距呈现出不断扩大的趋势。特别是城乡居民之间的收入差距问题,对于和谐社会建设和长期的稳定发展,都是一个潜在的巨大威胁,必须认真加以研究和解决。

1. 收入差距现状扫描

居民收入分配基尼系数是公认的评价国民经济是否健康发展的重要标志之一,从2000年起我国的基尼系数已经开始越过0.4的国际警戒线,并呈上升趋势,2006年达到了0.46。① 理论上基尼系数达到0.4以上,国民经济就会陷入停滞,经济危机、社会危机将不断涌现,显然这与我国经济保持良好增长势头的现实不符。有学者认为由于我国城乡分割的二元结构,居民在自己生活的范围内感觉到的收入差距有限,整个社会的承受能力变强。这种观点解释了我国高居不下的基尼系数与经济高速发展并存的矛盾,但并无法掩盖社会收入差距日渐扩大的现实。

从不同区域来看,各地区居民收入比例失调,可支配收入差距不断扩大。2001年,东部地区、中部地区、西部地区和东北地区城镇居民人均可支配收入分别为8891.27元、5744.97元、6017.49元和5521.11元。到2006年,各地区该指标分别为14967.38元、9902.28元、9728.45元和9830.07元,其中,全国城镇居民人均可支配收入最高地区上海为20667.91元,是最低地区新疆的2.33倍(见图6-2)。区域收入差距在农村表现得更为突出,2006年上海农村居民家庭人均纯收入是贵州的4.60倍。

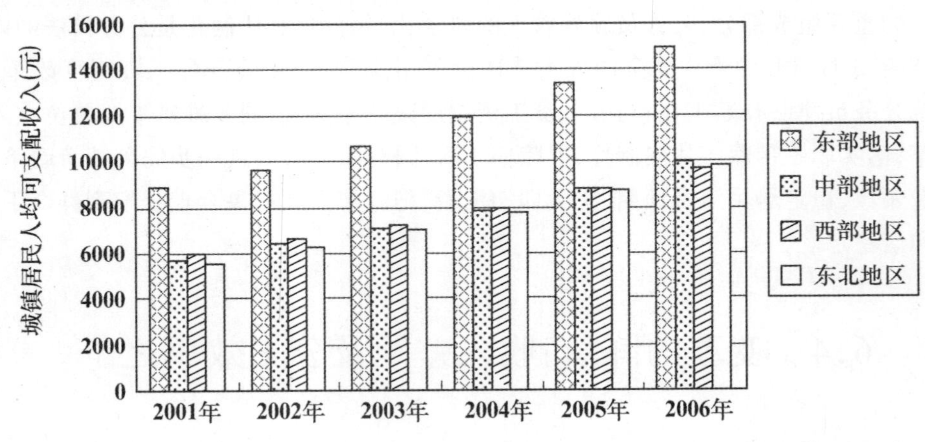

图6-2 2001—2006年各地区城镇居民人均可支配收入对比

从不同行业来看,部分垄断性行业与一般行业间、高科技行业与传统行业之间差距呈扩大趋势。特别是电力、通讯和金融等行业依靠垄断国家资源的优势地位,将超额利润转化为内部分配。2006年,全国职工的年平均工资为21001元,其中,信息行业平均劳动报酬为43435元,金融业高达35495元,电力、热力垄断供应部门是30755元,而农林牧渔业仅为9269元。

从城乡来看,城乡居民收入差距不断扩大。2001年农民人均纯收入2366.4元,城镇居民人均可支配收入为6859.6元,城乡居民人均收入比例高达2.90:1;2006年农民人均纯收

① 鲍永娟.改革收入分配制度构建和谐社会.当代经济.2008(1).38.

入为3587.04元，城镇居民人均可支配收入为11759.45元，两者比例进一步扩大，达到3.28∶1。其中，农村居民家庭按五等份区分，高收入户2006年人均纯收入为8474.79元，尚不及同期城镇平均水平。[1] 与此同时，农村社会事业发展严重滞后，如果把城市居民所享受的住房、医疗、社会保障等方面的福利待遇计算在内，城乡居民收入差距还会更大（见表6-1）。

表6-1　2002—2006年农村和城镇居民家庭人均收入对比

年份	农村居民家庭人均纯收入		城镇居民家庭人均可支配收入	
	金额（元）	指数（78=100）	金额（元）	指数（78=100）
2001	2366.4	503.7	6859.6	416.3
2002	2475.6	527.9	7702.8	472.1
2003	2622.24	550.6	8472.2	514.6
2004	2936.4	588	9421.6	554.2
2005	3254.93	624.5	10493.03	607.4
2006	3587.04	670.7	11759.45	670.7

资料来源：中国统计年鉴2007.

2. 追根溯源话差距

造成我国收入差距逐渐扩大的原因很多，既包括政策体制的因素，也包括市场经济的因素，既有正常的因素，也有不正常的因素，基本上可以概括为以下三个方面：

（1）制度因素。我国收入分配制度还不完善，收入分配秩序混乱，缺乏相应的制约机制。在初次分配领域个人收入来源渠道繁多，部分企业职工工资外的各种数额大、名目多的补贴甚至超过工资本身。垄断行业凭借垄断资源禀赋获得高额利润，并通过多种形式转化为职工个人的高收入和高福利。在再分配领域，对高收入的调节力度不够与对低收入的保障力度不够并存，税收制度和转移支付制度对调节收入差距的作用尚待进一步加强。此外，监管缺失的漏洞导致寻租现象滋生，贪污受贿、偷税漏税等非法行为所得的非法收入，不仅造成资源浪费，也是收入差距扩大的一个成因。

（2）历史因素。我国长期实行不平衡发展战略，从建国初期的重工业优先发展战略对不同行业的区别对待，到改革开放后的“先富论”对东部沿海地区政策的倾斜，再到后来提出的“效率优先、兼顾公平”对个人收入分配受市场调节的强调，一定程度上导致了不同行业和不同地区收入差距的扩大。历史上形成的城乡二元结构将城市和农村长期分割为两个隔离的经济系统，国家在城市投入大量财力物力搞建设，农村基础设施薄弱，城市职工报酬和福利

---

① 据国家统计局分类方法，全部农村居民家庭五等份分为低收入户、中低收入户、中等收入户、中高收入户、高收入户。

也远高于劳动力长期禁锢于土地的农村,致使城乡收入差距加大。

(3)现实因素。改革开放彻底打破了平均主义的"大锅饭","多劳多得,少劳少得,不劳不得",收入要通过诚实劳动合法经营来实现,而劳动者在劳动中的努力程度和辛劳程度的不同和各人禀赋和能力的不同必然造成收入差别,正如我国确立按劳分配原则的初衷,这种收入差距属于合理的范畴。另一方面,不同地区由于自然地理因素造成生产力和生产方式不尽相同,个人或企业占有生产要素的状态、水平不同,在生产要素参与分配的情况下,收入差距在所难免。

3. 缩小收入差距路在何方

合理的收入差距是社会经济健康发展的标识之一,但是过大的收入差距不仅是实现全民小康的障碍,也是影响社会稳定的潜在诱因。如何调整收入差距防止两极分化,这是构建和谐社会必须要解决的问题,从处理方式上来看,应该根据其不同成因区别对待①:有利于提高效率且合法合理的收入差距,是市场经济发展的必然结果,也是城乡居民诚实劳动合法经营的报酬,对此我们应该加以肯定;垄断行业与一般行业合法但不合理的收入差距是改革必须付出的代价,造成分配起点和过程的不公平,对此应该由政府来加以限制,优化配置资源的同时加强监管;至于非法收入造成的过大差距是改革应该防止和避免的成本,必须依靠国家通过行政和法律手段在初次分配领域强制干预。缩小收入差距是和谐社会建设的重要内容,也是一项长期而艰巨的历史任务,需要从以下三个方面着手:

首先,规范收入分配秩序,完善收入分配体制。把社会公平作为研究和解决收入分配问题的出发点和落脚点,坚持十七大提出的"初次分配和再分配都要处理好效率和公平的关系"原则,改革历史上形成的不同所有制不同政策待遇的不平等制度,逐步取消行政垄断和国有企业等特殊保护政策,保证公众利益;对于违法乱纪的寻租行为,要坚决予以取缔惩处,并以政策和制度建设推动收入分配机制的转变,从源头上堵住体制漏洞,消除滋生非法收入的土壤。

其次,继续加大支农力度,促进农民收入增长。城乡收入差距问题日益突出,继中央从1982年起连续五年发布关于"三农"问题的"一号文件"之后,从2004年起至今,中央再次连续五年发布涉农"一号文件",凸显对农村工作的重视。农村居民作为我国最大的低收入群体,农民收入增长缓慢是当前不争的事实,要解决这个问题,就必须在社会主义新农村建设过程中继续推动农村综合改革,通过扩大农业投入、调整农业结构、推进城镇化建设等多方面开拓农民增收空间,缓和城乡间经济利益的矛盾。

最后,强化再分配调节作用,健全社会保障制度。收入差距问题说到底就是一个高调低、低托底的问题。在再分配过程中,对高收入阶层主要依靠税收杠杆来调节,充分发挥税收特别是个人所得税对收入分配的调节作用,健全个人所得税代缴代扣制和申报制。对低

---

① 王文利.改革开放以来中国分配制度变迁的回顾与思考.长安大学学报(社会科学版).2004(6).28.

收入阶层要通过健全社会保障制度保障其基本生活,要进一步扩大社会保障的覆盖面特别是在农村的覆盖面,根据经济发展水平适时提高保障水平;在实现基本保障的基础上,尚需要通过教育、培训等手段为低收入者提供进入中等收入阶层的机会,逐步扩大中等收入群体,优化社会收入结构。

6.4.2 效率与公平:拷问道德风险

效率的实现以开放的市场为前提,追求投入产出比最大化。然而不管是在收入分配起点还是过程中,隐藏其中的制度或非制度缺陷逆向选择和为道德风险提供了可能,并构成生产要素自由流动的无形壁垒,引致收入分配不公的产生。

1. 鱼与熊掌之争

市场要求以最低的投入实现最大的产出,支持强者;社会要求对产出进行合理分配,关注弱者。前者提出了对效率的需要,后者包含了对公平的诉求。讲效率还是要公平?这似乎是一个鱼与熊掌两相矛盾的问题。做出选择之前,我们首先对两者的内涵及关系做初步的探讨。

效率是反映经济活动配置和利用社会资源有效比率及社会经济发展成效的概念,表现为投入与产出比例的高低,在经济学意义上可把效率归属于生产力的范畴。公平可以理解为社会分配领域的公正和平等,包括三个层次:社会本质层面的公平或起点公平、机会公平和过程公平、结果公平或收入公平,[①] 是收入分配所依据的合理原则或规则。它体现的是人与人之间的关系,在经济伦理的意义上可把公平归属于生产关系的范畴。

从效率与公平的关系来看,效率的提高是公平形态的物质基础,公平又是效率提高的基本保证。一方面,公平作为一种社会规范和价值判断,必须以效率为前提。没有生产力和效率的提高,也就不会产生需要借助公平加以解决的问题,即不会有高水平的公平。人们普遍认同这样一个道理:为了让更多的人都分到一份较大的"蛋糕",首先要尽可能把"蛋糕"做大;否则,如果问题纠缠于如何分配一个较小的"蛋糕",无论采取何种分配方式,都不可能使每一个人分享更多。另一方面,效率的提高受公平的规范约束,社会公平有利于效率的提高,尤其是在起点公平和机会公平的前提下,有利于经济活动的主体发挥各自相对优势提高效率。

显然,一般意义上效率与公平的矛盾集中体现在效率与结果公平的对立上,这种结果公平指结果的均平状态,结果公平根据机会公平与否可以分为两种情况。[②] 在机会公平的情况下造成的结果不平等,与效率激励反向,两者存在一定的此消彼长的关系,既有刺激劳动者积极性的一面,又有对先天弱势群体不公平的一面。而机会不平等情况下造成的结果不平等,只有负面影响。起点公平、机会公平及过程公平是结果公平的基础和前提,效率与公平

---

① 李爽.起点公平和机会公平是实现公平分配的前提和基础.中国金融.2007(16).28.

② 吴敬琏.关于效率与公平问题.在"中国经济50人论坛"第100期长安讲坛上的发言.

之间关系的问题,内含了如何对起点公平、机会公平和结果公平区别对待的子问题,这需要放在初次分配和再分配的框架下讨论。

2. 揭开两次分配的面纱

初次分配根据市场规则把生产中创造的价值分配给生产参与者,包括三个主体:劳动者、企业和国家,劳动者以工资的形式获得劳动收入,企业以盈余的形式获得经营收入,政府以生产税的形式获得财政收入。再分配基于公平和均衡的原则,以政府为中介,通过税收制度、社会保障制度和财政转移支付制度,对市场分配造成的偏差予以修正,表现为从劳动者和企业到政府以及从政府到劳动者的双向流动,此外值得一提的是,随着经济发展出现了第三种流向——民间慈善活动,这可以作为对政府分配不足的补充。

从内涵和外延上看,初次分配是对生产所耗成本的一种补偿,无论是商品市场还是要素市场,各主体的权力仅限于自身需求和供给的行为对初次分配的影响,效果取决于市场经济发展程度;而再分配则是对初次分配所造成差距的弥补,其主动权虽掌握在政府手中,但并不干预市场运行本身,效果由政府对经济资源的控制决定。从具体表现形态上看,初次分配主要是按照各种要素主体对产出直接作出贡献的大小给予货币补偿,即要素分配,此外还有市场的随机收入;再分配则主要表现为援助性收入、补偿性收入和保险型收入三种形式。然而,初次分配和再分配之间的区别并不掩盖两者的联系,前者是后者的基础,和效率相联系,后者是前者有序进行的保证,和公平相结合。

但是问题在于,在初次分配的过程中,由于政府职能转换不到位,管理和监督缺位,失职、渎职以及权力寻租等现象还难以完全避免,隐藏其中的道德风险导致初次分配所追求的效率掺杂了起点不平等、机会不平等的伪效率成分,不仅造成劳动者收入不平等,也使政府的税收流失。企业则处于相对主动地位,一方面垄断企业依靠占有并支配优势资源获得高额收入,另一方面企业可能利用信息不对称规避应尽的社会义务,起点和机会的不公平进而导致结果的不公平。而再分配由于制度性缺陷,诸如社会保障覆盖面低、税负不公、转移支付导向不明等,调节收入差距作用有限,结果不公平并未真正得到有效改善。

3. 效率公平孰轻孰重

显而易见,效率与公平不是一个简单的二选一问题,两害相权取其轻或者两利相权取其重都不尽合时宜,需要结合初次分配与再分配来斟酌考量。

我国对效率和公平关系的处理,在不同时期不同政治经济背景下,经历了从两者兼顾到效率优先,再到回归两者并重的过程,也是一个从实际出发对效率和公平关系认识的不断深化和完善的过程。在改革开放初期受计划体制遗留影响,效率优先尚处于"犹抱琵琶半遮面"的状态,1987 年十三大提出要"在促进效率提高的前提下体现社会公平",1992 年十四大首次强调要"兼顾效率和公平",邓小平南巡讲话进一步阐明了市场经济与计划经济的关系,次年十四届三中全会在突破"主体补充论"的同时,明确提出"效率优先、兼顾公平"的原则,这是我国在处理效率与公平关系问题上的第一次转折;随着经济发展水平的提高,收入差距拉大成为构建和谐社会的一道难题,2002 年十六大对效率与公平做了进一步阐释,把“效率优先,兼顾公平”和两次分配联系起来,“初次分配注重效率”,“再分配注重公平”,2005 年十六届五次会议首次提出要“更加注重社会公平,使全体人民共享改革发展成果”,2007 年十七大正式确认“初次分配和再分配都要处理好效率和公平的关系”,至此,对效率和公平关系的处理实现了第二次转折。

需要指出的是,当前回归效率与公平并重并不是对改革初期混沌状态下两者兼顾的简单重复,而各有其不同的政策含义。在 1980 年代初市场化进程一定程度上还陷于计划体制的泥淖中,平均主义余威犹存,一方面经济建设必须讲效率,另一方面平均主义心结无法完全割舍,作为妥协的结果,效率和公平孰先孰后并没有得以明确。在其后的改革过程中市场轮廓逐渐明晰,效率优先、兼顾公平提上日程,然而日益扩大的收入差距仅仅依靠再分配的调节难以为继,初次分配也需要关注公平,再分配为避免调节力度过大以致出现奖懒罚勤效应也需要注意促进效率;从物质基础上来看,经过三十年来的改革开放,我国经济总量持续增长,居民生活总体上达到了小康水平,已具备一定的物质基础和能力来解决多年积累下来的社会公平问题,建立健全符合社会主义和谐社会目标要求的社会公平机制,使全体人民共享社会进步的成果,由效率优先转向效率公平两者并重的时机已经成熟,这就是当前初次分配和再分配都要处理好效率和公平关系的缘由。

如果说关于处理效率和公平关系的问题答案已经明了的话,那么通过上一节对初次分配和再分配的探讨,我们现在可以对如何区别对待起点公平、机会公平和结果公平的子问题作出解答。十七大要求逐步提高居民收入占国民收入分配、劳动报酬占初次分配的比重,这是在初次分配中关注结果公平的必然要求。在这里结果公平的对象包括两层含义,一方面相对于政府和企业针对的是全体劳动者,收入分配要向劳动者倾斜;另一方面针对劳动者中的低收入阶层,要在初次分配中保证低收入者的权利。此外,在初次分配中关注的公平更多应该是起点公平和机会公平,我们所讲的缩小收入差距,并非人为打压在起点公平和机会公平条件下诚实劳动合法经营的高收入阶层,而是要取缔或调整违背起点公平和机会公平原则、利用制度和规则漏洞获取非法或不合理高额收入者。再分配更加注重公平,这里的公平主体是结果公平,也包括起点公平和机会公平。结果公平要求扩大低收入者基本生活的保障面,使更多的低收入者有机会享受更多的公共服务;起点公平、机会公平和过程公平要求为城乡居民创造公平的受教育机会和平等的就业机会,对不同程度的低收入者采取“差别原则”,而不是简单的一刀切。

处理好效率与公平的关系,是社会经济各个领域的共同责任。只有坚持以科学发展观为统领,贯彻十七大为人民谋福祉的精神,继续推进收入分配体制改革,通过公平又有效率的两次分配,既保证市场效率激发劳动者积极性,又维护社会公平提高低收入群体收入增长的速度和水平,才能在有效缩小收入差距的同时,促进经济社会的健康发展。

第七章 民营经济:东风吹放花千树

民营经济是中国经济体制改革三十年中的重点之一,也是中国改革最成功的亮点之一,是中国经济的活力之源。这三十年,是民营企业家获得非凡业绩的三十年,人们对民营经济的作用、意义的认识,也发生了根本性的转化,它潜在的建设社会主义的巨大功能被越来越多的人们所认同。

民营经济之所以能够在中国被正式提出并被大家所认可,是因为存在着一种与客观相对应的独特的经济物质形态。民营经济的概念在市场经济发达的国家中是很难找到的。因为在市场经济国家里,民营经济就是经济活动的主体,西方经济学的一切前提都是以民营经济为基础的。

从经济学的一般意义上讲,民营经济就是按照商业原则和市场规则运作的微观经济组织形式。我们认为,目前我国的民营经济大致由以下几个部分构成:(1)私营经济,包括个体私营工商户和私营企业;(2)股份制经济;(3)城乡集体经济;(4)改制后的国有企业、乡镇企业;(5)非国有控股企业;(6)非国有控制的企业,如被租赁、托管出去的国有企业;(7)外资企业;(8)港、澳、台商企业,等等。这些经济形态从不同侧面体现了民营经济的某些特点,共同构成了我国的民营经济体系。不难看出,民营经济的范围是比较广的,并不仅仅限于私营企业、个体工商户和外资,而且还包括相当一部分民营化了的国有企业、集体企业和乡镇企业。把这部分企业包括进来,不仅有助于揭示我国民营经济的本质,同时也有助于准确地把握我国民营经济发展的整体水平和发展动向。

从"拾遗补阙"到"国民经济必要的有益的补充",再到成为"国民经济的重要组成部分",民营经济三十年来一路破冰,昂首走来。三十年改革开放的实践已经向人们证明,我国经济之所以迅猛发展且日益繁荣,一个十分重要的原因就是改革开放政策培育了民营经济产业大军,民营企业成为国民经济的增长点,成为开拓创新、稳定社会、繁荣市场、增加税源、安排就业的重要支撑力量。

7.1 迂回曲折:民营经济发展之历程

从民营改革三十年的发展历程来看,我国采取的发展民营经济的改革措施大多带有一

定程度的被动性。从总体来看,民营经济发展历程可分为四个阶段:

7.1.1 破茧化蝶:个体经济异军突起(1978—1988年)

从1978年《中国共产党第十一届中央委员会第三次全体会议公报》的发表到1988年6月《中华人民共和国私营企业暂行条例》的颁布,我国私有企业从无到有重新起步,经历了长达十年的时间。

我们对私有企业限制的放松是随着改革开放力度的加大逐步实现的。1978年,当时的计划经济已经难以为继,主要原因是存在两大难题:日常必需品(含粮食)短缺和严重的劳动力过剩(知青返城使这一问题更加恶化)。1978年《中国共产党第十一届中央委员会第三次全体会议公报》最早提出了:"社员自留地、家庭副业和集市贸易是社会主义经济的必要补充部分,任何个人不得乱加干涉",而与《公报》同时通过的《农村人民公社工作条例》则具体规定:农村分散的手工业者,应该吸收参加社队企业,有的可以组织他们串乡经营,规定合理的计酬方法。

1979年2月,国家工商行政管理局召开局长会议,提出各地可以批准一些有正式户口的闲散劳动力从事修理、服务和手工业者个体劳动,但不准雇工。在1979年9月,《中共中央关于加快农业发展若干问题的决定》及之后的《中共中央关于进一步加强和完善农业生产责任制的几个问题的通知》中,进一步明确了"扶持农民经营家庭副业,充分发挥各类手工业者的专长及允许他们外出劳动和私营的方针"。

随着对我国国情认识的加深,对个体户雇工的政策进一步放宽。1981年10月,中共中央、国务院指出:"在社会主义公有制经济占优势的根本前提下,实行多种经济形式和多种经营方式长期并存,是我党的一项战略决策,绝不是一种权宜之计。"文件规定:"对个体工商户,应当允许经营者请两个以内的帮手,有特殊技艺的可以带5个以内的学徒。"这个规定实际上允许个体户雇工,雇工可以在7人以内,使私有企业的萌生和发展成为可能。1987年,党的十三大指出:"私营经济一定程度的发展有利于促进生产,活跃市场,扩大就业,更好地满足人民多方面的生活需求,是公有制经济必要的和有益的补充。"这是在党的历史上第一次在全国代表大会上肯定了在社会主义初级阶段存在着民营经济的所有制结构,并且采取鼓励它们发展的政策,这是全党认识上的一个质的飞跃。

根据国家工商行政管理局的统计,到1987年底,共有私有企业22.5万户,从业人员总数约360.7万人,其中在农村的私营企业占全国私营企业总户数的80.74%,从业人员占全国私营企业从业人员总数的83.45%,资金占全国私营企业总数的83.60%。在这一阶段,私营企业规模一般不大,雇工人数在20人以下的大体占70%。私营企业的资金每户约5万元左右。

7.1.2 道路坎坷:民营经济陷入彷徨(1988—1991年)

经过十年的孕育,我国的私有企业在经济生活中的作用日益显露出来。为了鼓励和引导私营企业的健康发展,1988 年 6 月国务院发布了《中华人民共和国私营企业暂行条例》,从法律上为私有企业的发展扫清了障碍。

1988 年下半年,宏观经济运行严重失衡,物价急剧上升,通货膨胀率达到 18%,经济生活出现混乱现象,经济上开始为期三年的治理经济环境、整顿经济秩序的新时期;紧接着,1989 年春夏之际发生了全国范围的政治风波,政治上开始批判"资产阶级自由化"、"全盘西化"和"私有化"思潮;在宣传舆论上,讲民营经济的"弊"多于讲"利";理论讨论上,揭露个体、民营经济的消极一面的多了起来,少数文章甚至把民营经济与私有化、与动乱联系到一起,说"民营经济是资产自由化的社会基础","发展民营经济是发展私有化","私营企业主是制造动乱的中产阶级"等。同时,在全国范围内开展了对个体、私营企业的税收大检查。在这个过程中,对一些个体户、私营企业主出现惩罚过重的现象。

在这种大"气候"的影响下,民营经济的发展陷入了徘徊:

(1)改变性质,挂靠国有企业或集体企业,或名变质也变,成为国有企业或集体企业。

(2)改造为股份合作制企业,温州市政府 1989 年后,先后颁布执行了五个关于股份合作制企业的法规,使作为当地经济命脉的民营经济得以"合法化",在不利的经济环境和政治气候条件下得以保全和发展。

(3)缩小规模、减少雇工,把雇工人员减少到 8 人以下,或虽雇工超过 8 人,但仍以个体工商户登记注册。

(4)有意停业或歇业。

除了以上四种现象之外,在少数地区还出现对私营企业主的人为打击。由于上述种种因素的影响,民营经济发展的快速增长势头停了下来,很大一部分私营企业戴上"红帽子"(即挂靠集体、国营、街办、校办、福利、知青等企业)。登记注册的私营企业数没有明显的增长。这一时期,相当一部分纯私营企业被迫变身为"股份合作制",成为"红帽子"企业,以此来保护自己,部分地方政府也在引导和鼓励民营经济朝这个方向发展,使得民营经济的发展陷入彷徨。

7.1.3 云开月明:国退民进(1992—2001 年)

1992 年,邓小平发表南巡讲话,并创造性地论述了计划和市场的关系,指出:"计划多一点还是市场多一点,不是社会主义与资本主义的本质区别。计划经济不等于社会主义,资本主义也有计划;市场经济不等于资本主义,社会主义也有市场。计划和市场都是经济手段。"明确提出了社会主义可以实行市场经济。这在马列主义历史上是一个创举,是对传统理论的一个重大突破,也为民营经济纳入体制之内,发挥平等竞争作用提供了重要的理论基础。

1993 年 11 月国务院颁布的《中华人民共和国企业所得税暂行条例》奉行的税负平等原则,为私有企业与其他企业进行平等竞争、共同发展奠定了基础。党的十四大确立了在我国建立社会主义市场经济体制的宏伟构想,为私有企业的发展提供了更大的空间和更多的机遇。

邓小平南巡讲话发表之后,民营经济迅猛发展,增长速度极快,在此阶段,中小企业和民营科技企业受到政策的强有力支持。但在此阶段后期,民营经济发展速度有所放缓。同期,国有经济民营化有较大发展。

这一阶段,发生了东南亚金融危机,使我国政府认识到依靠国家力量发展大型企业集团的韩日模式实际上有较高的经济风险,转而学习美国模式发展中小企业。同时,由于民营经济的发展较快,机制灵活,直接对国有经济形成了冲击,相当一部分中小型国有企业(特别是纺织、食品、家电等行业)在竞争中处于劣势,亏损严重,中央财政和地方财政不堪重负,财政风险日益高企,甚至影响到银行(对于部分亏损的国有企业,地方政府指示银行继续贷款以维持其生存),于是国有企业民营化在国有中小型企业中开始大规模展开,即改制浪潮(也被称作"国退民进")。

7.1.4 展翅腾飞:"民营"走向"民赢"的新时代(2002 年以来)

2002 年党的十六大和 2007 年党的十七大两次提出要"毫不动摇地巩固和发展公有制经济,毫不动摇地鼓励、支持和引导非公有制经济发展。"由于坚持贯彻十六大的方针,我国民营经济得以迅速发展。中共十六大报告明确提出:"必须毫不动摇地支持、鼓励和引导非公有制经济发展",2005 年国务院出台了《关于鼓励支持和引导个体私营等非公有制经济发展的若干意见》,给各地发展民营企业带来良好的机遇,为民营经济的发展提供了新的动力。民营企业家的社会地位明显提高。各地纷纷高调推进民营经济的发展,民营经济进入了全面发展的新时期。在这一阶段,民营经济与国有经济、三资经济的融合渗透以及博弈竞争开始向更高层次发展。

"十五"期间,民营经济进入快速发展阶段,其工业增加值年均增长 31%,利润总额年均增长 41%。到 2006 年底,全国有个体工商户 2596 万户,从业人员 5160 万人,注册资金 6468 亿元;私营企业 498 万户,从业人员 6586 万人,注册资金 76028 亿元。2006 年全国民营企业一共缴纳工商税 4690 亿元,比上年增加 588.4 亿元,增长 14.3%,占全国税收总额的 12.5%;就业人数近 2 亿,比 2005 年增加 1021.4 万人。

由于民营经济在税收贡献、就业吸纳两大方面都成为最重要的所有制成分,国家开始由被动支持民营改革(以往民营改革大多是下边先开始改革,然后再取得中央的承认和允许)转为主动支持民营改革,但由于国有利益集团以及外资利益集团的存在,这一过程并不顺利,还存在一些波折,也面临着一些严峻挑战。

7.2 百舸争流:民营经济发展之模式

从目前的情况分析,在民营经济蓬勃发展的这三十年里,尽管中国的民营经济种类繁多,企业数以十万计,但概括起来主要有如下四种影响大、具有代表性的经济模式:一是以江苏省长江南岸为代表、以乡镇企业为主体的模式,简称苏南模式;二是以浙江省温州市为代表、以家庭、个体私人所有为主体的模式,简称温州模式;三是以广东、福建两省沿海地区尤其是珠江三角洲为代表的,资金、原材料和市场均高度依赖海外、相当一部分经营决策权取决于海外的外向型模式,简称珠江三角洲模式。

7.2.1 苏南模式

江苏省的南部地区,是中国资本主义的发祥地之一,商品经济历来比较发达。加之邻近中国最大的经济中心——上海,因此具有发展商品生产的"天然土壤"。与经济发展相伴随,苏南地区的人口迅速增加,耕地的数量和质量呈现不断下降的趋势,土地承载力日渐趋近其极限,农村剩余劳动力转移的压力很大,兴办乡镇企业特别是乡镇工业就显得异常迫切。

苏南的乡镇企业历史源远流长。早在1956年,锡山市(原无锡县)东亭镇的"春雷农业合作社",从田少人多、劳动力要寻找出路的现实矛盾出发,一开始就注意工副业的发展。春雷的"五匠"在合作社的组织下,最早办起了队办企业—— 春雷高级社木工厂。从此,整个苏南地区凭借地理位置优越,文化教育发达,能工巧匠众多,商品生产历史悠久,以及与上海、无锡、苏州等城市工业横向联系基础较好等有利条件,逐步发展了以工业为主的众多社队企业。

从1956年到1978年的22年间,苏南乡镇企业的发展虽然几起几伏,但前进步伐依然较快,并且推动了全省乡镇企业的发展。到1978年底,江苏省乡镇企业达5.6万多家,从业人员249万,完成总产值63亿元,占全省工农业总产值的13%,占全国乡镇企业总产值的16%,列各省第一位。

党的十一届三中全会之后,全党全国工作的重点转移到社会主义现代化建设上来。江苏省委、省政府根据中央的有关文件精神制定了一系列的扶持乡镇企业发展的优惠政策,积极引导乡镇企业加快发展步伐。1980年,江苏省乡镇工业产值突破100亿元;1984年,江苏省乡镇企业总数达25.5万个,从业人员697.67万人,总产值达278.97亿元,其中乡村工业产值226.24亿元,占全省工业总产值的33%,在全省工业经济中实现了"三分天下有其一";1989年,江苏乡镇企业实现总产值1078.41亿元,在全国率先突破千亿元大关,同年,乡镇企业外贸出口交货额超过50亿元,成为刚刚开始发展的外向型经济的生力军;1992年、1993年,江苏乡镇企业产值连续跨过了3000亿元和4000亿元的大台阶。1998年,江苏乡镇工业实现总产值8449.48亿元,与1978年相比,年均递增27.72%。如此高速发展,不仅在中国经济发展史上,就是在世界经济发展史上,也极其罕见。苏南模式最基本的内容是"三为主":农村所有制结构以公有经济为主,经济结构以工业经济为主,经济运行方式以市场经济为主。这一基本核心具有强大的兼容性和开放性,也有不可否认的历史必然性和发展规律性。

7.2.2 温州模式

温州地处浙江南部,境内多山地、丘陵,耕地少、人口多,人均只有0.45亩土地,加之本地基础设施差,交通不便,难以引进外资,众多而密集的人口拥挤在狭小的空间内,故发展民营经济是其客观的选择。

温州发展民营经济是从大力发展小商品生产开始的,这种生产具有投资少、技术要求低、成本低、能耗少、运输方便的特点,是依靠千家万户最大限度挖掘自身的潜力,用自己的力量自谋生路的办法;是充分发动群众,发挥其聪明才智求得生存和发展的道路。民营经济在温州占有很高的比重,是温州经济的基本特点和主要经济形式,也是其成功的根基所在。当政策开放之后,这种家庭工业就迅速发展起来。1985 年,温州个体工业总产值比 1980 年增长 19.6 倍。温州农村就是依靠小商品生产和家庭工业使 60% 的剩余劳动力从农业中转移出来,从事第二、第三产业的。

进入 20 世纪 90 年代,温州民营经济告别了它的资本原始积累阶段,成功地实现了"第二次创业",迈上新台阶的温州模式具有如下几方面的特征:

第一,经济组织由家庭作坊走向现代企业制度。以私营经济为基础的股份公司是温州私营经济发展的最高形态,它们在温州私营经济中起着带头示范作用。

第二,产品质量开始上档次,逐步向质量效益型转变。经过几年的努力,形成了一批骨干产业和产品,提高了产品的技术含量。私营经济早期大范围的"假、冒、骗"行为已出现根本性好转。

第三,市场运作从无序状态向有序化、规范化发展。

第四,基础设施由严重滞后走向互相适应协调发展。多年来,温州基础设施相当落后,脏乱差十分严重。1993 年起,市政府着手进行 28 项重点基础设施建设,拓宽了 16 条主干街道。此外,投资 39.3 亿元兴建珊溪水利枢纽,投资 1.5 亿元建设温州火车站。投入巨资建设金(华)温(州)铁路和温州机场国际候机厅,结束了温州没有铁路的历史,打通了温州与世界联系的大门。

第五,大量吸纳农村剩余劳动力,成功解决下岗职工再就业难题。通过第二次创业,温州民营经济得到了进一步巩固、发展和壮大,加之大量兴建基础设施,温州不仅解决了农村剩余劳动力的转移问题,而且城市工人下岗这一国人关注的问题也得到了彻底的解决,10 万下岗职工很快在民营企业中找到了新的岗位。此外,温州还吸纳了来自全国各地的约 100 万剩余劳动力,为全国的经济发展和社会安定作出了巨大贡献。

7.2.3 珠江三角洲模式

珠江三角洲位于广东省的南部,范围包括广州市、深圳市、珠海市、佛山市、江门市、中山市、东莞市和惠州市的惠城区、惠阳市、惠东县、博罗县,以及肇庆市端州区、鼎湖区、四会和高要市。区域总面积 4.13 万平方公里,1993 年末人口 2065 万人(另有 800 万左右的外来劳动力及家属),分别占广东全省的 23.2% 和 31.2%。

珠江三角洲模式,就是充分发挥本地临近港澳的特殊地理优势,通过多种形式,多种渠道利用外资和引进技术、大力发展"贸工农"的外向型农村经济和乡镇企业,带动农村逐步走向现代化的一条新道路。

改革开放以来，珠江三角洲地区凭借着毗邻港澳、华侨众多、国家优惠政策倾斜等优势，抓住时机，加快发展步伐，经济社会事业取得了空前的成就，形成举世瞩目的“珠江三角洲经济模式”。

珠江三角洲经济模式凝聚了该地区人民坚韧不拔的精神、开放创新的意识和灵活自主的作风。其主要经验在于：一是坚定不移地推行以市场为取向的体制改革，在全国率先树立了“市场靠挤不靠分配”的概念；二是坚持以开放促开发，“借船出海”、“筑巢引凤”，大胆利用外资；三是坚持高标准建设基础设施，通过率先在全区实行“以路养路”、“以桥养桥”等符合市场经济规律的改革，彻底改变了过去单一依靠政府投资建基础设施的状况，大大加快了其建设步伐。到20世纪90年代初期，该地区的能源、交通、通信等基础设施走在全国的前面；四是坚持多种所有制共存、不同所有制经济共同发展，活跃了生产流通，扩大了就业，方便了生活。

鉴于珠江三角洲地区经济发展已经迈上了新台阶，因此，广东省委、省政府决定对这一地区提出更高的要求，规划到2010年时，将其建设成为赶上亚洲四小龙的现代化经济区域。

7.3　前途光明：民营经济发展之前景

在当代中国，我们必须更为深刻、更为前瞻性地认识发展民营经济的意义。当然，民营经济要达到人们期望的效果，也必须上升到新的层次。德国经济学家弗里德里希·李斯特曾经指出：“财富的生产力较之财富本身，不晓得要重要多少倍。”在这里，市场因素就是财富的生产力，民营经济天然是市场因素。要千方百计地支持民营经济的发展，鼓励创业，并使其蔚然成风。一旦具备了这样的氛围，不但已有的民营企业可以得到提升，还可以使经济欠发达地区的民营经济更快更好地发展起来。

7.3.1　非凡业绩：民营经济的贡献

回顾三十年的发展历程，中国民营经济凭着一种奋发向上、不畏艰难的韧性和一种自我完善、不断克服自身缺陷的勇气，冲破深层壁垒，展翅高飞：海尔集团从一个亏空147万元的集体小厂，发展到现在年产值1000亿元的跨国企业；联想集团从最初一个11人起家的小公司，发展到现在集IT、风险投资、房地产于一身的多元化投资控股公司；吉利集团从一个冰箱的配件商，发展到现在年产23万辆汽车的低端汽车领域的龙头……我国民营经济成为社会主义市场经济建设中活跃而不可忽视的力量。

改革开放三十年的实践表明，民营经济的发展在促进我国经济社会的发展中发挥着越来越大的作用：一是经济增长方面，民营经济成为我国经济增长重要的力量，目前国有控股经济之外的非公有制经济占GDP的65%，其中个体私营经济占45%；二是就业方面，民营经济成为增加就业的主要渠道，其就业量占全国非农就业的80%左右，至2007年全国登记注册的私营企业从业人员1亿多,实际的从业人员接近2亿人;三是自主创业方面,近几年来我国自主创新的70%、国内发明专利的65%和新产品的80%来自于中小企业,而中小企业85%以上是民营经济。目前,在53个国家高新技术开发区中,民营企业占70%以上;四是税收方面,民营经济逐步成为国家税收的重要来源,2007年私营企业税收总额为4775亿元,增长率高于全国5.1个百分点,占全国税收总额的比重为95.6%,个体户税收总额1484.2亿元;五是对外贸易方面,民营经济已经成为对外贸易的生力军。2007年全国私营企业进出口总额为3476亿元,高于全国增长的45.8%,占全国进出口比重的15.8%,其中出口总额占全国比重的27.6%。同时,民营经济积极回馈社会,勇于承担社会责任,已成为调整产业结构、改变落后地区经济状况,促进地区平衡发展,促进社会和谐的重要元素。

民营企业的发展经历了从无到有、从小到大、从大到强的过程,使民营企业发展得以延续的重要因素便是创新。对于企业而言,不创新就等于死亡,而创新对中国民营企业而言更是其发展的一根重要支柱。随着市场经济的转型、消费观念的转变以及行业竞争的日趋激烈,如何保持创新的持续性成为考验民营企业有无生命力的关键。我国民营企业在起步晚、起点低的不利局面下,经过多年的摸索,基本摆脱了产业结构单一、行业密集、产品同质化等弊病。据了解,民营中小企业提供了占全国约66%的专利发明、74%以上的技术创新、82%以上的新产品开发。除了技术创新的支持,在制度和文化创新方面也有了各自不同的模式,形成了人无我有、人有我特的良性竞争格局。

相对民营企业在市场中的异军突起,在资本市场上,民营企业的运作也正在加速进行。众所周知,我国民营企业的融资构成中多为自有资金和民间借贷,而银行贷款和股权直接融资在其融资总额中所占比例很小。但近年来,随着民营企业融资运作意识的提升,它们通过参与国有企业改组改造、多方位的产业投资、收购兼并、发行债券、上市等多渠道融资,逐渐成为资本市场上一支引人关注的新生力量。融资渠道的拓展,一方面使民营企业规模扩大,企业股权结构得到优化;另一方面,实现企业现代化运作,提升了企业形象。

钻之弥深,仰之弥坚。随着民营企业自身实力的壮大,民营企业已开始由产品经营向品牌经营转变,由本土化经营走向国际化经营。可以说,民营企业走向国际化是经济全球化的必然趋势,也是民营企业发展到一定阶段的必然结果。

在民营企业走向国际化的道路中,既有激烈的市场竞争,又有广阔的合作空间。虽然中国民营企业跻身国际市场经历不长,迄今仍然处在探索阶段,但从以温州企业为首的制鞋业在意大利的扩展到以海尔、格兰仕、TCL为首的家电生产巨头海外的业务不断扩展;从京东方收购韩国现代显示技术株式会社属下的TFT—LCD业务到联想以巨资收购IBM之个人电脑业务,经历风雨的中国民营企业正在用行动向世界表明:“中国制造”这艘航母已经扬帆起航。中国民营企业正在充分利用两个市场、两种资源,加强与国际市场的融合与接轨,提高自身的国际竞争力。

创新是民营企业在发展过程中自身功力的体现,而就外部而言,国家在政策上的扶持,也为民营企业的发展提供了有利环境。近年来,国家先后出台了“十一五”发展规划、自主创新战略和新农村建设战略及系列配套政策,这些举措为民营经济保持快速发展势头创造了良好的宏观经济政策环境条件。

7.3.2　淘尽黄沙始到金:民营经济的未来

如今,民营经济进入了“三十而立”之年,民营企业发展也走到了一个新的重要关口,中国民营经济今后的发展既面临重大的机遇又面临严峻的挑战。十五大召开后,民营经济的发展步入了一个重要的转折时期,面临来自国内外的挑战。首先,国内市场形势的转变使之面临的竞争更加严峻,而民营企业目前在国内市场的主要竞争对手——国有企业在国企改革和市场经济制度环境下逐渐成长起来,竞争力日益增强,加之得天独厚的先天优势,已经成为民营经济强有力的竞争对手;在国际范围内,由于中国日益融入 WTO,这一举措将尚处在成长中的中国民营经济推上了在全球范围内竞争的舞台。总的来说,客观经济形势的变化要求民营企业更加规范地运行,不断改善和增强自身的竞争力。从以上分析中不难看出,目前在宏观和微观领域中制约民营经济发展的不利因素仍然存在,但随着国家改善民营经济经营环境的各种政策的相继推出,民营经济发展的政策环境将不断得到改善,对民营经济发展的制约将逐渐放松,民营经济的发展空间会更大。客观地说,随着中国经济体制改革的不断推进,民营经济的发展机遇大于挑战,问题的关键在于民营企业本身要致力于管理模式、经营方式、产权关系等方面的改革,以利于抓住发展机遇。

进入新世纪以来,民营经济在中国社会经济中的地位和作用发生了历史性的变化,2007年我国共有私营企业 515 万户,个体工商户 2741.5 万户,私营企业占全国企业总数的 61%,成为数量最多的企业之一。私营企业注册资本为 93873 亿元,比 2002 年增加了 69117 亿元,增长 279%,个体工商户注册资金为 7350.7 亿元,比 2002 年增加了 3568.7 亿元,增长 94%;规模以上私营工业企业利润从 2002 年的 490 亿元增加至 2007 年的 4000 亿元,五年增长了 7 倍,年均增长 52%。近年来民营经济的发展呈现了许多新的特点,一批大企业、大公司已经崭露头角,据全国工商联的调查,2006 年上规模民营经济 500 家,资产总额为 18550 亿元,比 2002 年的 6440 亿元增长了近两倍。资产总额超过 100 亿元的 28 家,超过 50 亿元的 93 家。股份多元化的公司制企业已成为民营经济的主要形式,据对中国私营企业的调查,从 1993—2006 年,私营企业独资企业比例从 64%下降到 21%,而有限责任公司的比例从 17%上升到 66%。

未来的民营企业将在数量、质量、产业结构和行业分布上更趋合理,中国民营经济将持续高速增长,成为中国未来发展的希望,实现全民致富的重要力量,经济发展的中流砥柱!目前民营经济占我国 GDP 总量逾 6 成,未来五年可能达到 GDP 的 3/4。预计,“十一五”期间,将有更多民企进入全国 500 强大型工业企业行列,一些大型民营企业甚至将跻身世界 500 强。由于各地纷纷出台优惠政策扶持民营经济发展,我国的民营经济发展将呈现空前繁荣的局面。

第八章　劳动就业:民生为本谋突破

中国就业的增长和就业结构的变化是三十年改革、开放和发展的结果。因此,理解就业的增长和结构的变化机制,是我们认识中国改革、开放和发展的一个重要方面。反过来也是一样,目前这个时期特殊的就业问题,也需要在改革、开放和发展的大背景下进行研究,才能更深入地认识其本质。

从古至今,就业不仅仅是一个经济问题,更是一个重大的社会问题和政治问题。新中国成立以后,随着经济的发展和计划经济体制下劳动就业体制的确立,我国基本上解决了旧中国遗留的失业问题,劳动就业人口的绝对规模不断扩大,到20世纪末已达到7亿人,成为世界上最大的劳动资源国。伴随着改革大潮,中国由传统计划经济体制向社会主义市场经济体制转型,这场变革异常深刻,从数十年的计划经济就业体制松动、解体,到市场经济就业体制的摸索和建立,这个过程异常艰辛。

从昔日知青返城、国企“下岗洪水”的化解,到新一轮的转轨就业、大学生就业和农村转移就业同时出现的“三碰头”局面,决定了就业问题之复杂,就业工作任务之艰巨。在这种形势下,各种劳动力市场的培育和劳动就业机会的扩大等就业政策就成为影响中国经济发展的重要因素,而解决就业问题就成为中国政府面临的最大的民生问题。2007年的《政府工作报告》突出体现了政府职能已由追求经济增长转向解决民生问题,从而实现由增长型政府向公共服务型即民生型政府的转型。党的十六大报告明确指出“就业是民生之本”。中国为解决就业问题曾想尽了办法,做了各种尝试。随着就业制度的改革向纵深发展,这曲交织着无数人悲喜和命运的变奏仍在进行中。

8.1　曲折渐进:就业制度改革的演化轨迹

2003年3月18日,温家宝总理在中外记者见面会上提出要解决三个重大的经济问题,第一个问题就是就业和社会保障。温总理提到,中国的劳动力有7.4亿人,而欧美所有发达国家的劳动力总共只有4.3亿人;中国每年新增劳动力1000万人,下岗和失业人口约有1400万人,进城的农民工保持在1.2亿人。因此,他感到身上的担子有千斤之重。毫无疑问,我国的就业体制转型是一个长期过程,在这过程中,许多问题将凸显出来。

改革开放三十年来,我国的社会经济发展取得了举世瞩目的成就。我国的就业制度和就业机制也发生了深刻变化,由计划经济体制下政府行政性统配统包转换为在政府宏观调控下的市场选择形式,就业渠道和就业方式已变得灵活多样;在国民经济快速发展的条件下,就业问题解决得较好,就业人数增加,就业条件改善,这些都是有目共睹的。

而我国的就业制度最初是随着全民所有制的扩大而逐渐趋向集中的。这种集中的就业制度的主要特点是统包就业、统一调配。主要表现在:国家和劳动部门对城镇劳动力实行统包统配,企事业单位不能自行招工,不能随意解雇职工。职工一旦被录用后,便以国家职工的身份固定下来,既没有选择职业的自由,也不能流动。这样就导致了就业渠道日趋单一化,仅剩下国家统一分配的渠道,从而也就逐渐形成了僵化的就业制度。改革开放后,市场经济的冲击要求改变这种僵化的就业制度。一曲恢宏的就业变奏曲就此响起。

我国就业制度的演化轨迹,是伴随着经济体制的转型和劳动就业人口的变化而不断跟进的,到现在这个过程还在继续。下面,我们将从改革开放前的就业体制开始,逐步回顾这一演变过程。

8.1.1 “双结合”的弹性就业政策(1949—1954 年)

我国在解放以后到完成三大改造进入社会主义社会前的过渡时期实行了临时就业政策,其主要内容是:国家统一安排旧有公职人员和原官僚资本主义企业的职工;对其他失业者实行介绍就业和自行就业政策;对长期失业者实施生产自救政策,使他们在求职期间有基本的生活保障。中央允许国有、私营企事业自主招工。

新中国成立初期,随着国民经济的恢复和生产关系的变革,劳动就业人口逐渐增长。1952 年 7 月,政府为了扩大城镇就业,颁布了《劳动就业问题的决定》,在发展生产的基础上,采取了介绍就业与群众自行就业“双结合”的方针。安排劳动力就业的主要措施是介绍就业、生产自救等形式。这种积极的就业政策,使全国劳动就业人口迅速增长,1952 年达到 2.0729 亿人,比 1949 年增长了 14.6%。

在国民经济恢复时期,政府对旧社会遗留下来的外国企业、官僚资本主义企业的职工以及国民党政府的旧公教人员,采取了统包就业的政策,量才使用。当时,城镇事业人员达到 470 万人,农村中处于破产状态的农民高达数千万。为了调整畸形的经济结构,政府取缔了许多旧企业,导致较大规模的工人失业,形成了严重的就业压力。针对这一形势,政府采取了多种救济措施。1950 年,出台了《关于救济失业工人的指示》,规定了“以工代赈为主,以生产自救、转业训练、还乡生产、发给救济金为辅”的救济原则,对要求就业的人员实行政府介绍与自行就业相结合的方针。

1952 年,中央提出逐步实施统一调配劳动力,但在具体招工过程中,允许各单位自主选择录用。1953 年,中央批准劳动就业委员会等部门的《关于劳动就业的报告》,各单位招工数量较大时,应向劳动部门申请,并由它负责介绍、选择和录用;招工数量较小时,可自行招聘。由于临时工、合同工所占比例较大,国家允许辞退职工,相对而言,当时的这种就业政策富有弹性。

8.1.2　“统包统配”的刚性就业政策(1955—1979年)

这是我国在改革开放以前所采用的主要就业政策,也是迄今为止延续时间最长的就业政策。1955年,劳动部颁布的有关文件指出,依据对劳动力调配实行统一管理和分工负责的原则,各企业招工必须由劳动部门统一进行,禁止辞退职工。1957年,中央规定单位用临时工的指标也需经过中央主管部门或省、市、自治区政府批准。由于政府收回用人权,以固定工为主要特征的劳动就业制度在我国确立。这个时期,生产资料所有制结构是以国营经济为主体的多种经济成分并存的所有制结构。与生产资料所有制相适应,在劳动就业方面,通过多种经济成分、多种渠道安排了近1000万新成长起来的劳动力。到1957年,全国劳动就业人口由1949年的1.8082亿人增加到2.0566亿人,城镇职工由1533万人增至3205万人,全民所有制单位职工和集体所有制单位职工的增长趋势也很明显。

1958年以后,由于“大跃进”运动,导致经济发展的失调和就业政策的混乱,使劳动就业政策失去了综合平衡。在1958年至1960年的“大跃进”期间,经济增长速度大起大落,劳动就业的规模也相应出现了“大增大减”,冲击了劳动就业政策,迫于三年经济调整,全国裁减职工约两千万。对城镇劳动力,政府继续执行统一配置的政策。1958年底,全民所有制单位职工增至4534万人,与1957年相比增加了近1倍。就业人数不正常的增长,不仅造成了劳动力资源的极大浪费,也严重影响了劳动生产率的提高。从1960年至1963年,全民所有制单位职工减少1597万人。随着就业政策的调整,有效地解决了城镇劳动力的过剩问题。“文革”打乱了正常的劳动就业,由于工矿企业停止招工、大专院校不再招生,就业压力较大,知青下乡成为一种政策选择。这种人为造成的城乡劳动力流动,蕴藏着严重的就业危机,其弊端不言而喻。

在1963年至1965年的经济调整时期,随着经济的迅速发展,劳动就业渠道也迅速扩大。这一段时期,我国所采取的促进劳动就业的主要措施是:扶植和发展集体所有制企业,组织待业人员参加各种集体性的手工业和商业工作或各种临时性工作。1966年以后,生产的停滞和社会秩序的混乱使得劳动力就业问题逐渐呈现显性化趋势。1967年至1976年,近2000万“上山下乡”的城镇知识青年先后返城工作,更加重了城镇就业的压力。

在1966年十年动乱开始时,全国城镇个体劳动者尚有156万人,其后逐年递减,到1976年仅剩下19万人,城镇的就业问题日益恶化。但是,由于在城镇实行了统包统配政策,在农村实行自然就业,全国劳动就业人数仍然持续增长,由1966年的2.9805亿人增至1978年的4.0152亿人,增长37.7%。

8.1.3　“三结合”的多元就业政策(1980—1985年)

随着1978年底中央调整“上山下乡”政策,大批知青返城,和城镇已有的待业人口一起汇聚成了一支汹涌的失业大军。这形成了建国后我国的第四次失业高峰,也是改革开放后的第一次失业高峰。这次失业高峰的形成主要是计划经济时代特殊政策的产物,是“上山下乡”这种失业治理政策的后遗症。十年动乱留下来的沉重的就业问题亟待解决,使得劳动就业政策开始有了重要的转变。当时改革的重点是改革统包统配的就业政策和坚持多种经济成分并存,充分发挥它们提供就业机会的作用。其后,政府采取了有效措施,扶植、发展集体所有制经济和个体经济,扩大劳动就业机会。

1980年8月,面对如此严重的失业,中央提出“在国家统筹规划和指导下,实行劳动部门介绍就业、自愿组织就业和自谋职业相结合”的“三结合”就业方针。中央打破了统包统配就业制度,开辟了国有、集体和个体多元就业渠道,开始从宏观层面改革劳动力管理措施,变革劳动就业制度。确立了用人单位与劳动者之间的双向选择关系,用人单位有了一定的招工自主权。内部招工和子女顶替的用工行为被废止。同时,中央提出对新增职工普遍实行劳动合同制,改变了原有的用工模式,劳动就业制度变革向纵深推进。这些政策迅速产生了效力,相比1955—1979年的刚性就业政策,这是一个重大的进步。

然而,1983年以后,由于对新成长的劳动力实行劳动合同制,使得全民所有制单位职工的增长趋缓,但集体所有制单位职工和个体劳动者的增长较为迅速。1988年在用工制度上开始实施全员劳动合同制试点,使劳动就业制度发生了根本性变革,但实施的对象仅限于新就业人员,对已就业的人员则采取老办法。在这种双轨制的劳动就业制度下,对那些在实行双向选择、优化组合后产生的过剩人员,难有解决良策。

8.1.4 进一步向“市场轨”靠拢——市场就业政策(1986年至今)

1986年,中央提出改革企业招工、用工、辞退等政策,直接触动了旧的劳动就业制度。而就业形势自1989年之后,再次变得严峻起来。1989年有750万城镇劳动力没有找到工作,到1990年这个数字扩大到1250万。这样,我国进入了建国后的第五次失业高峰,也是改革开放后的第二次失业高峰。从更深层次来看,这次失业是经济体制改革逐步深入必然要面临的挑战。前10年的改革使市场经济体制初步建立,而旧的体制又没有完全打破,这对政府的宏观管理能力提出了极高的要求。这次失业和改革中的许多其他问题纠缠在一起,进行治理有很大难度。除了在宏观经济层面偏紧的政策有所放松以外,政府通过严格控制农村劳动力转移、挖掘企业的劳动力吸收能力、鼓励兴办集体和个体企业扩大就业渠道等措施,在短期内使失业得到了有效控制。

进入20世纪90年代后,随着社会主义市场经济体制的初步建立,中国经济发展方式开始了由粗放型向集约型的转变,劳动就业制度也由政府主导型转向市场主导型,从而对就业人员的增长产生了很大制约作用。到90年代后期,在社会主义市场经济体制下推行市场化的自由择业、竞争上岗、下岗分流和合同化等用工方式,使得这种制约作用更加明显。“九五”期间,全国劳动就业人数平均每年仅增加了641万人,而全民所有制单位职工和集体所有制单位职工的绝对人数则分别净减少了3159万人、1648万人。

随着我国经济改革的深化,经济结构正在经历历史上前所未有的调整,大规模、突发性的“下岗洪水、失业洪水”爆发出来。在我国,失业以两种形式出现,一方面表现为随着经济体制改革的深化而显现出的各种形式的失业,另一方面还表现为特殊的失业形式——下岗。

1993年,劳动部发布《关于建立社会主义市场经济体制时期劳动体制改革总体设想》,提出培育和发展劳动力市场的目标模式是建立竞争公平、运行有序、调控有力、服务完善的现代劳动力市场。这一时期,虽然分割城乡的户籍制度尚未彻底改革,转移到城市的农村劳动力只是形成了一种流动人口,但与改革以前相比,农村劳动力向非农领域和城镇转移的比重明显提高,城镇劳动力跨地区之间的流动增加,农村劳动力就业结构已经发生了根本性的变化。

随着企业自主权的进一步落实,国有企业经营者的选聘更多地采取市场机制。为解决下岗职工的再就业,国家一方面深化经济体制和就业体制改革;另一方面,通过发展经济,保持宽松的就业环境。

1992年召开的中共十四大,明确提出建立社会主义市场经济体制的目标。这表明长期争论不休的计划和市场的问题,在政治上和理论上有了一个权威结论。这样,原来的“双轨制”进一步向“市场轨”靠拢,改革的力度进一步加大。1992年7月颁布的《全民所有制工业企业转换经营机制条例》明确提出:“企业可以实行合同化管理或者全员劳动合同制”,赋予企业用工自主权,国家不再下达用工计划;企业用工通过市场解决,合同制和市场化因素增加。新的就业政策导致了国有企业用工制度的重大变化,也直接导致了大量职工下岗。1996年,经历了三年时间的宏观调控,我国经济实现了“软着陆”。但是同时,紧缩性的政策似乎有过度的迹象,商品滞销,库存增加,企业开始出现开工不足的情况。1997年的东南亚金融危机虽然对我国的影响相对较小,但为了亚太地区经济的稳定,人民币坚持不贬值的政策或多或少地进一步加剧了宏观紧缩的消极后果,导致从1996年开始,失业问题变得越来越严重。

这次失业可以看作是建国后的第六次失业高峰,也是改革开放后的第三次失业高峰。与以前的几次失业相比,这次失业具有更加复杂的特点。市场化改革使许多原来有工作的劳动者面临失业的困境,这个特点虽然在上次失业高峰时已经有了苗头,但是在这次失业中却成为主导性的力量。有些学者估算,把下岗人员计算在内,1997年我国的实际城镇失业率是9.36%,而其中下岗职工占失业者的2/3。

2006年作为实施“十一五”规划的开局之年,提出的最关键问题是针对就业、收入分配和社会保障的形势特点和问题,落实相关政策,加快制度建设,努力实现当年的工作目标,为“十一五”开好头、起好步作出积极贡献。具体要求做好以下工作:

一是继续保持经济持续稳定发展,促进就业稳步增长,建立促进就业的长效机制。采取措施继续保持国民经济发展的良好势头,进一步落实鼓励劳动密集型产业、非公有制经济和中小企业发展的各项政策措施,协调处理结构调整、科技进步与促进就业的关系,妥善应对贸易摩擦,促进就业增长。把就业工作转到促进全方位就业工作上来,统筹考虑各类人群的就业问题,加强制度建设,尽快建立和完善积极的就业政策体系和促进就业的长效机制。

二是贯彻落实相关政策措施,抓紧做好高校毕业生、农村劳动力转移就业和再就业工作。加强部门协调和组织引导,努力贯彻落实中办发[2005]18号文件和2006年十四部委文件精神,鼓励普通高校毕业生面向基层、志愿服务西部的各项政策措施,深化改革,拓宽高校毕业生就业渠道。全面贯彻落实《国务院关于解决农民工问题的若干意见》(国发[2006]5号)精神,采取有效措施,加强相关服务,推进城乡统一的劳动力市场建设,妥善解决失地失业农民的就业问题。加大各项再就业政策落实力度,抓紧解决历史遗留问题,加大对资源枯竭型城市、困难企业人员的就业政策支持力度,把握好企业破产、改组、改制、裁员的力度和步骤,把失业率控制在年度目标之内。

三是积极推进收入分配制度改革。按照中央和国务院的有关工作部署,研究提出推进收入分配制度改革的意见,改革完善收入分配制度,进一步理顺分配关系,扩大中等收入者比重,加强垄断行业收入分配调控,完善对工资分配的管理,整顿市场收入分配秩序,取缔违规违法收入,加强税收征管,调节收入差距。

四是加大对低收入群体和农民的扶持力度。加大对农民增收的政策扶持。在对种粮农民实施生产资料综合直补的基础上,积极研究建立农民种粮收益综合补贴制度。加强对粮食和生产资料价格的调节力度,加大对农村公共服务的投入,引导和扶持农民转移就业,促进农民收入持续稳定增长。加强对城乡困难人群的救助工作。进一步完善城市居民最低生活保障制度,探索将长期进城稳定就业、生活的农民工纳入当地居民最低生活保障范畴。探索建立各地低保标准调整与物价上涨之间的联动机制,加快完善农村最低生活保障制度和农村特困户救助制度,建立健全对低收入者的子女入学、就业等的专项援助制度,加强防灾抗灾力度,努力保障城乡困难人群的基本生活。

五是继续完善社会保障制度。建立适应各类人群,特别是适应城镇低收入群体、进城农民工的城镇基本养老、基本医疗和工伤保险制度。建立和完善新型农村合作医疗制度,在有条件地区,着手探索农村社会养老保险制度,建立城乡衔接的社会保障制度,切实解决包括外出农民工在内的全体农民的保障问题。

六是重视解决企事业单位退休人员待遇差过大问题。在做好公务员工资调整工作的同时,要关注企业退休人员养老金的调整问题。在调整养老金时,注意向退休早、患大病和收入低的企业离退休人员倾斜。加快改革事业单位退休养老制度,建立与企业的基本制度相统一、符合事业单位职业特点的养老保险制度。积极发展各类职业年金等补充保险制度。

七是加强社会保障服务能力建设。提高社会保障服务能力,加强对社会保障基础服务能力建设的投入,解决制约社会保障公共服务的基础设施、信息网络和人员配置等瓶颈问题。

8.2 喜忧参半:就业市场化进程中的成效与问题

党的十四届三中全会明确提出建立劳动力市场体系,促进就业、用工等方面的市场化,并提出要建立与劳动力市场相适应的多层次的社会保障体系。我国目前仍然延续了1986年以来就业市场化的政策,采取的是“劳动者自主就业,市场调节就业,政府促进就业”的就业方针。但在目前就业压力明显增大的情况下,实行了较之以前更为积极的就业政策。自2003年起,我国将就业和再就业纳入国民经济和社会发展宏观调控目标。这期间我国已建立了较全面的劳动力市场体系,城乡劳动力市场快速发展,劳动保障制度逐步建立。但也还存在着劳动力市场分割较为严重、劳动者竞争有失公平、劳动力市场保障体系不健全等问题。

8.2.1　梅花香自苦寒来:就业市场化的突破

伴随着市场化改革的深入,我们可以看到,我国劳动力就业的市场化进程突破重重障碍,在各方面都取得了显著成绩。主要表现在:

1. 促进就业成为国民经济和社会发展的战略任务

面对不容乐观的就业形势,党中央、国务院审时度势,沉着应付,将促进就业作为国民经济和社会发展的战略任务,将控制失业率和增加就业岗位作为宏观调控的主要目标,纳入国民经济和社会发展规划,积极调整经济结构,提高经济增长对就业的拉动能力。

党的十六大报告指出,就业是民生之本。扩大就业是我国当前和今后长时期的重大而艰巨的任务。国家实行促进就业的长期战略和政策,各级党委和政府必须把改善创业环境和增加就业岗位作为重要职责。广开就业门路,积极发展劳动密集型产业。对提供新就业岗位和吸纳下岗失业人员再就业的企业给予政策支持。引导全社会转变就业观念,推行灵活多样的就业形式,鼓励自谋职业和自主创业。完善就业培训和服务体系,提高劳动者就业技能。依法加强劳动用工管理,保障劳动者的合法权益。高度重视安全生产,保护国家财产和人民生命的安全。①

胡锦涛总书记、温家宝总理也多次在重要会议上强调促进劳动者的就业和创业的重要性,要求切实抓紧抓好。各级党委和政府认真贯彻中央精神,有力地推动了劳动者就业工作的顺利进行。可以说从中央到地方,都很重视就业工作,这本身就是一个巨大的成绩。

2. 就业规模不断扩大,就业结构日趋合理

中国实行的积极的就业政策,在目前来看取得了良好的政策效果,进一步扩大了中国的就业规模,调整了中国的就业结构。

首先,就业人员总量快速增加。1978年,中国的就业人员数只有4.02亿人,2000年增加到7.21亿人,2006年增加到7.64亿人。1978年,城镇就业人员数只有0.95亿人,2000年增加到2.32亿人,2006年达到2.83亿人。

---

① 江泽民．全面建设小康社会,开创中国特色社会主义事业新局面——在中国共产党第十六次全国代表大会上的报告．党的十六大报告学习辅导百问．北京:党建读物出版社,人民出版社．2002.

其次,城镇就业占就业总量的比重迅速提高。1978年,城镇就业人员占就业总人口的比重为23.7%;之后这一比重不断上升,到1995年增加到28%,2006年达到37.1%。相应地,农业就业占就业总人口的比重从1978年的76.3%下降到2006年的62.9%(见表8-1)。从全球视角来看,全世界新增的就业约1/4在中国,而且主要在中国的城镇。①

表8-1 中国的就业规模和城乡结构(1978—2006)

年份 \ 单位	就业人员总量(万人)	城镇就业(万人)	比重(%)	乡村就业(万人)	比重(%)
1978	40152	9514	23.7	30638	76.3
1980	42361	10525	24.8	31836	75.2
1985	49873	12808	25.7	37065	74.3
1990	64749	17041	26.3	47708	73.7
1995	68065	19040	28.0	49025	72.0
2000	72085	23151	32.1	48934	67.9
2005	75825	27331	36.0	48494	64.0
2006	76400	28310	37.1	48090	62.9

资料来源:中国统计摘要2006.43.

第三,城镇就业人口规模不断增大,城镇登记失业率上升速度减缓。根据《国民经济和社会发展统计公报》公布的数据,2002年,城镇新增就业人数为840万人,2003年新增859万人,2004年新增980万人,2005年新增970万人,2006年达到1184万人,超出预期目标(900万)32%。

3. 加强就业工作,发展灵活多样的就业形式,增加就业途径

当前,我国就业的环境更趋宽松,一些制约就业的政策障碍被逐步打破,地方保护主义、行业和地区壁垒得到根本遏制和扭转,各项优惠政策纷纷出台,基本实现了无障碍就业和零收费就业。就业结果也达到或超出了预期效果,同时,就业工作的影响也日益深远,受到了全社会的关注和支持。主要表现:一是进一步加强了对就业工作的领导;二是加强了就业制度建设和创新;三是加强了就业指导和服务体系建设。由于领导重视、措施得力,劳动就业指导和服务水平普遍提高,就业指导的理念受到重视,就业指导的方法得到推广;就业服务部门得到加强,就业机构、人员、经费等得到基本保障;就业队伍建设逐步走向专业化、职业化和专家化;全程化指导、个性化指导、一对一指导和一站式服务在很多地方已经实施;就业困难的特殊群体受到关注;信息化服务的手段和质量不断提高,网络视频、远程面试等已在

① 胡鞍钢.中国:民生与发展[M].北京:中国经济出版社.2008.

就业过程中初露端倪。

4. 就业政策取得突破性进展

就业政策对促进就业,保证就业质量具有重要意义。当前我国就业政策已取得突破性进展,主要表现是:首先是在失业保障建设方面取得较大进展。在市场经济体制下,失业是不可避免的,而失业保障机制则可以很好地对市场机制进行调节,可以免除人们的后顾之忧。为此我国进一步建立了失业保险,设置了最低生活保障制度;其次是在就业政策框架体系建设方面取得了突破。根据不同就业群体的状况,分别制定了下岗再就业政策、高校毕业生就业政策等;第三是在管理体制方面取得了突破。在管理体制上进一步突破了传统管理体制的制约,初步建立与市场相适应的就业管理体制;第四是在信息化建设特别是网络招聘方面取得了突破。很多地方建立了有关就业的信息系统,在一些地方还实行网上招聘、网上面试等。在就业政策上的突破,尤其以大学生就业政策最为突出。从2003年开始,毕业生就业工作唱响了到基层去、到西部去和创业的主旋律,重奏了毕业生到祖国最需要的地方去建功立业的时代强音。国家首次实施了“大学生志愿服务西部计划”,得到了广大毕业生的积极响应。许多省市也因势利导,从本地实际出发,积极鼓励毕业生下基层。

5. 就业指导力度加大

由于经济结构调整及经济增长方式转变,就业形势一直不容乐观。为了促进就业,各地纷纷采取措施,从建立健全就业指导机构、增加人员编制、添加硬件设备、增拨专项经费到开设就业指导课程,进行市场调研,加强与用人单位的沟通合作,举办就业双选会,这些方面都有了很大的发展。

加大高校毕业生就业服务工作力度,千方百计地扩大毕业生就业渠道,引导和鼓励毕业生面向基层就业。一是全面贯彻落实《关于引导和鼓励高校毕业生面向基层就业的意见》。按照分工,制定出台《关于建立高校毕业生就业见习制度的意见》、《关于对到基层就业的高校毕业生人事代理办法》、《关于贯彻落实〈关于引导鼓励高校毕业生面向基层就业的意见〉中人事方面若干政策问题的实施意见》、《关于组织开展高校毕业生到农村基层从事支教、支医、支农和扶贫工作的通知》等文件,启动2006年实施高校毕业生“三支一扶”计划的工作,积极稳妥地开展高校毕业生到农村基层服务工作,做好人事部门承担的各项工作。二是充分发挥人才市场在促进毕业生就业中的作用,进一步做好高校毕业生就业服务,加强公共信息网建设,大力发展网上人才市场,改进招聘服务的方式和手段,提高招聘会的针对性和有效性。继续举办全国人才市场高校毕业生就业服务活动,为高校毕业生就业提供服务。

政府除了通过改善就业、再就业环境,大力发展民营经济、第三产业外,通过发展教育和培训,以劳动力质量代替数量更为重要,因为发展教育永远是增加劳动者收入以及推动经济增长的引擎。据有关研究机构对北京等5个城市劳动力调查数据的分析表明,不论是外来劳动力还是本地劳动力,在初中及以下、高中或中专和大专及以上这三个教育阶段上,受教育每增加一年,工资都会有显著的增长。

劳动力通过其自身文化技术水平和其技术装备程度的提高直接影响就业的效率,因此要不断推进学龄期文化教育、进入劳动领域前的职业教育、转岗转业教育以及劳动力的继续教育乃至终身教育。通过加快教育方式改革,努力培养具有市场经济精神和适应市场经济要求的合格人力资源。虽然通过发展教育促进就业是一个漫长的过程,但却是治本之道。

6. 市场机制在就业中发挥重要作用

就业问题实际上还是市场需求问题。经过多年的发展,市场在我国的就业中发挥了重要的作用,坚持社会需求为导向,建立和完善就业工作机制。人才市场发展面临难得的机遇,市场机制进一步完善,服务功能进一步健全,劳动者进入市场自主择业更为便利,交流的成效也在逐步提高,市场在择业中的基础性作用日益加强。

在劳动保障部 2008 年 1 月 22 日召开的新闻发布会上,劳动保障部新闻发言人尹成基介绍,2007 年,劳动保障部门的工作取得了积极进展,就业再就业工作成效显著,2007 年城镇新增就业 1204 万人,完成全年目标任务的 134%。2007 年全年消除零就业家庭存量的目标基本实现,帮扶机制逐步完善。各地积极帮助零就业家庭解决实际困难,特别是 2007 年 6 月全面部署帮扶工作以来,工作力度不断加大,帮扶措施不断完善。截至 2007 年底,全国已累计帮扶 86.9 万户零就业家庭,实现每户至少一人就业,占零就业家庭总量的 99.9%。

下岗失业人员再就业人数为近年来最高。2007 年下岗失业人员再就业 515 万人,完成全年目标任务的 103%,其中就业困难人员再就业 153 万人,完成全年目标任务的 153%。

城镇登记失业率继续稳中有降。2007 年底城镇登记失业率为 4.0%,比 2006 年底下降 0.1 个百分点。

职业培训进展明显。全年再就业培训超过 600 万人,创业培训超过 60 万人,取得职业资格证书人数达到 995.6 万人;技校毕业生就业率持续走高;高技能人才工作基础加强,新增技师和高级技师质量继续提高。

统筹城乡就业试点取得初步成效。27 个试点城市着力扩大就业规模、完善市场机制、加强技能培训、推进维权和社会保障,积累了有益经验。

加快人才市场一体化进程,旨在努力消除人才流动中的各种障碍,更大程度上发挥市场机制在人才资源配置中的基础性作用,提高人才市场配置效率。

当前,区域性人才市场一体化的格局已初步形成,长三角、东三省、泛珠三角、京津冀、西部各省区市、中部六省等区域性人才市场一体化合作机制陆续建立。

2006 年 2 月 14 日全国人事厅局长会议上,人事部人才流动开发司司长毕雪融指出:思路上更加注重完善市场机制,消除区域、部门壁垒,促进人才流动,推进人才资源有效配置;更加注重提高政府管理调控能力,规范市场秩序;更加注重人才市场服务能力建设,推进人才市场建设向更高层次发展,逐步实现人才市场的专业化、信息化、产业化、国际化。按照《关于进一步加强人才工作的决定》的要求,探索建立与相关部门制度化的沟通协调机制,逐步实现人才、劳动力两个市场的联网贯通与信息共享。继续加强对西部地区人才市场的支持力度,推进东、中、西部人才市场协调发展。

8.2.2　任重而道远:就业市场化中的矛盾和问题

随着经济的快速发展,我国能够提供的就业岗位越来越多,但由于人口的快速增长,以及经济体制转型过程中逐渐显现的问题,我国面临的就业压力越来越大,面临的就业问题越来越突出。

1. 劳动力总量矛盾和结构性矛盾并存

目前,就业形势仍很严峻,主要面临两个瓶颈:(1)总量矛盾。中国人口太多,必须通过经济增长创造更多岗位来解决,但据预测,2010 年我国城镇劳动力将增 5000 万人,而岗位只能增加 4000 万个;改革开放以来,我国经济迅速发展,创造了数以亿计的就业岗位,从 1978 年至 2003 年,我国从业人员规模从 4 亿扩大到 7.4 亿,就业规模的扩大无论从总量上还是速度上都位于世界前列。但与此同时,劳动力供给的绝对过剩始终是困扰我国就业的主要矛盾。我国虽然实行严格的计划生育制度,但由于人口基数庞大,每年新增人口约 1000 万。由于人口总量的迅速增加,劳动力供给量也随之增加。截止到 2003 年底,实际劳动力供给量为 76075 万人,如此庞大的劳动力总量带来巨大的就业压力。由于劳动力总量庞大,新增劳动力不断增加,新创造的就业岗位远不能满足新增劳动力和失业人员的需求,失业问题仍越来越严重。就 2006 年来说,下岗人员数量有所下降,但就业总量压力持续不减。全国城镇新增劳动力 1200 万,其中高校毕业生 390 万,中职毕业生 270 万,当年未升学的初、高中毕业生 210 万,复转军人 70 余万(含裁军 20 万),农转非人员 260 万。而随着城市化、工业化进程的加快,大量农村富余劳动力需转移到非农领域就业,向城镇转移的规模将不断增加,可以说就业压力非常巨大,对就业工作提出了新的挑战。(2)结构性矛盾。突出表现在:一是新成长劳动力的职业技能素质与岗位需求不相适应的矛盾更加突出,初级劳动力过剩和高技能劳动力短缺的状况并存。传统行业里人满为患,出现大量的下岗失业,而新兴产业所需的高技能人员却严重短缺;二是劳动力供求的区域性结构矛盾,大中城市的“有人无岗”与偏远的欠发达地区“有岗无人”状况并存;三是大量的下岗失业人员和农村富余劳动力,因其自身技能素质不适应岗位需求,面对空缺的岗位却难以实现再就业和转移就业。

2. 农村劳动力转移就业任务十分艰巨

随着我国经济的发展和市场经济的进一步完善,三农的问题尤为突出,而农村富余劳动力的就业问题更是令我们束手无策。农村富余劳动力是指超过农村实际需求的那部分劳动力,将他们从农村转移出去,并不会减少现有的产量,而且能提高劳动生产率。“十一五”规划纲要提出了五年要转移农业劳动力 4500 万人的预期目标,即平均每年要转移 900 万人。根据农业部信息中心公布的数据,现阶段我国总的农村劳动力状况是:农村人口 8 亿多,劳动力近5亿,其中农业劳动力4亿。全国现有耕地18亿亩,若按人均耕种1公顷的理想规模效益计算,只需劳动力1.3亿,再加上林牧渔业的劳动力需求量,农业部门的劳动力需求量仅为1.5亿。这样农村富余劳动力就达2.5亿人。而且,劳动力过剩的矛盾还在加剧:一是我国人口基数大,受人口惯性的影响,劳动力供给量还将持续增长。2003—2005年,我国每年平均新增长劳动力约1000万人。二是根据国家有关规定,全国耕地中坡度大于25度的0.91亿亩耕地将逐步退耕还林还草,以改善生态环境,这又将少吸纳600多万劳动力。加入WTO后,据估计有1000万左右的农业劳动力要转移到其他部门。

而近些年来,由于国有企业的战略性结构调整,下岗职工总数不断增加,城市安排重新就业的压力很大,这又为农村转移剩余劳动力增加了难度。而且,我国农村剩余劳动力的规模有不断扩大的趋势,如果农村众多的劳动力就业问题长期得不到解决,必将危及社会的稳定,有可能成为实现第三步战略目标的严重障碍。

3.大学生就业问题凸显

随着近年来高等教育改革的不断深入,高等教育规模和结构发生了很大变化。就普通高等教育规模而言,中国的高等教育在扩大内需、缓解高等教育供需矛盾、缓解新增劳动力就业压力的形势下,快速走上了大众化教育阶段。1999年,扩招第一年普通本专科招生159.68万人,比上年增加51.32万人,增长47.4%,高等教育毛入学率达到10.5%,比上年提高0.7个百分点。2000年扩招继续进行,普通高等学校招生220.61万人,比上年增加60.93万人,增长38.16%。2001年高等学校的招生规模继续快速增加,普通高等教育招生268.28万人,比上年增加47.67万人,增长21.61%。时隔3年,扩招的就业滞后效应开始显现,2002年的毕业生达到145万,总量比上年增加了30万。2003年,扩招后的本专科高校毕业生涌入就业市场,总量达212万。2004年高校毕业生总数将达到280万,总量跃上一个新的台阶,几乎是1999年的3倍。2006年,高校毕业生达390万,占2006年就业劳动力的近1/3。

从社会对大学生的需求来看,据人事部发布的全国人才市场供求信息显示,2004年二季度,人才市场新登记职位需求247.4万人,登记求职者510.9万人,职位供需比为1:2.06。三季度,全国部分人才市场登记职位需求236.1万个,登记求职516.9万人,职位供需比为1:2.19。从2004年全年的人才供需情况看,人才供需总量都有不同程度的增加,但人才需求量上升的幅度要低于登记求职人才数量的上升幅度,职位需求比为1:2.85;2003年同期职位需求389.1万个,登记求职964.9万人,职位需求比为1:2.45。从全国人才市场供求的总体趋势看,人才供大于求,人才供给与职位需求在专业类型和总体数量上存在差距,这种供大于求不是简单的人才过剩,而与经济结构调整加快,各地积极调整人才政策,促进人才合理流动也有直接关系。

4.GDP增长与就业增长不一致

我国目前面临的最大挑战,是能否在经济增长率达7%~8%的条件下,实现相对较高的就业增长。按照经济增长理论,一个经济体的 GDP 增长是技术进步、资本积累和劳动力增长等因素共同作用的结果。一般来说,经济增长总伴随着劳动需求的增大和失业率下降,失业和实际 GDP 之间的负相关关系被称为奥肯定理(以纪念第一个研究这个关系的美国经济学家阿瑟·奥肯)。可是在我国却出现了和奥肯定理相背离的状况,在经济持续高增长的同时,我国的失业率有上升趋势,就业增长缓慢,就业弹性在 0.1 左右的低位徘徊。

8.3 壮心上下勇求索:对就业问题的思考

8.3.1 确立"就业优先"的经济发展战略

经济战略有两种思路:一种以经济增长为中心,一种以就业增长为中心。我国长期以来实行以经济增长为中心的经济发展战略,但经济增长并不必然或自动地促进就业增长。

20 世纪 80 年代,我国的年均经济增长率为 9.3%,而年均就业增长率为 3.0%;1990 年代,年均经济增长率为 10.4%,就业增长率为 1.1%,即经济增长每增长一个百分点,仅能带动 0.106 个百分点的就业增长,比 1980 年代吸纳就业的能力下降了 2/3。这表明,经济高增长并不一定必然带来相应的就业高增长。无论是经济高增长还是宏观经济稳定,本身并不是发展的目的,而是发展的手段。

鉴于我国的国情和面临的严峻的失业问题,我国应把扩大就业作为经济社会发展和调整经济结构的重要目标,进一步完善经济增长和扩大就业协调发展的宏观经济政策,协调好结构调整、科技进步、深化改革与促进就业的关系,努力实现扩大就业和减少失业的宏观经济目标。改变以往片面追求经济增长率的政策,树立"就业优先"的经济发展战略。树立"就业优先"的经济发展战略,就要选择最具创造就业潜力的发展战略,大力发展劳动密集型企业。在产业类型上,注重发展第三产业;在经济类型上,注重发展非公有制经济;在企业规模上,注重扶持中小企业;在就业方式上,既可以采取正规就业形式,也可以采取非正规就业形式。

8.3.2 把解决农村富余劳动力就业放在突出位置

落实有关政策,促进农村富余劳动力转移就业,改善农民工进城就业环境。加强农村劳动力转移就业服务基础设施建设,建立健全县乡公共就业服务网络,增强政府就业服务能力。推进农业服务业建设,发展小城镇经济,促进农村富余劳动力就地就近转移。

从前面对我国就业取得的巨大成就回顾中可以看出,我国农村劳动力的转移取得了一定的成就。但是,我们面临的任务仍然十分艰巨,农村富余劳动力的就业问题仍然十分突出。政府需要把城乡的就业状况统筹考虑,制定统一的发展和就业战略。尤其要注重农民正当权益的实现和保护。进一步推进户籍、劳动就业、管理等制度改革,促进形成城乡和管理统一的劳动力市场。

8.3.3　大力开展就业培训,提高劳动力就业能力

一般来说,素质较低的劳动者比较容易失业,素质高的劳动者易于就业。劳动力素质的提高,可以减少因劳动者素质过低造成的结构性失业。劳动者素质的形成有先天的因素,而更多的是教育、培训和保健的结果。这些就是人力资本投资的主要内容。人力资本是一种非物质资本,它是体现在劳动者身上的、并能为其带来永久收入的能力,在一定时期内,主要表现为劳动者所拥有的知识、技能、劳动熟练程度和健康状况。人力资本与劳动者就业密切相关,它不仅提高了劳动者的就业能力,而且提高了劳动者的收入水平,也是经济增长的重要源泉。长期以来,我国人力资本投资偏低,高智能、高技术劳动力所占比重极小,劳动力整体素质偏低,造成劳动力市场上严重的结构性矛盾。以农民为例,农村劳动力文化技术程度极低,有资料表明,全国农村平均每百名劳动力中,文盲和半文盲人数有 11.23 人,小学文化程度人数 35.52 人,初中文化程度人数 42.83 人,高中文化程度人数 10.18 人,大专以上的仅 0.24 人,如此低下的农村人力资源素质,在产业结构快速调整的城市中,自然会沦为结构性失业者,为了谋生,他们或滞留在农村,继续成为隐性失业者,或是在城市从事一些城里人不愿意低就的工种。因此,适应市场需求,提高劳动者自身素质和就业能力势在必行。

8.3.4　调整产业结构,拓展就业市场

要采取有利于扩大就业的产业政策,大力发展劳动密集型产业、服务业、非公有制经济、中小企业,多渠道、多方式增加就业岗位。同时,要积极做好灵活就业人员的权益保障工作。另外,调整经济结构对解决就业问题具有重要意义。在我国,正是由于经济结构不合理而导致了一部分人不能就业。因此,我国要积极发展第三产业和劳动密集型产业,改善民营经济融资环境,大力发展非国有经济。

8.3.5　就业政策的对外延伸

在改革开放的三十年里,尤其是加入 WTO 后,中国已经是一个外向型特征很明显的国家了,强劲的出口带动了经济和就业的同时增长。引进外资对于缓解我国资金紧张的状况很有帮助,而且外资企业本身就能解决一部分劳动力的就业问题,而一些面向出口的中小企业近年来是就业的主要增长点之一,政府应该积极鼓励保护;若要使贸易发展为就业增长服务,我国就必须千方百计用劳动力密集型的产品的出口去换取资金技术密集型产品的进口,这对于增加就业是有着重大意义的。在我国从经济增长目标向经济、就业双重增长目标迈进的时期,这种做法尤其关键。

第九章　社会保障:润物无声保和谐

孟子说:“老吾老,以及人之老;幼吾幼,以及人之幼。”儒家著作《礼记》中也说:“使老有所终,壮有所用,幼有所长,鳏寡孤独废疾者皆有所养。”

……

这些古语不仅表达了人们对和谐社会生活的憧憬,更反映了人们对良好的社会保障的期待。

社会保障的思想和措施古已有之,然而真正意义上的现代社会保障制度却是随着德国首相俾斯麦于 1883—1889 年间先后制定并颁布的《疾病保险法》等保险法规而诞生的。1935 年,美国罗斯福政府颁布了《社会保障法》,实行老年保险和失业保险,社会保障才逐渐走向法制化和社会化。1945 年,英国工党《贝弗里奇报告》提出了建设福利国家的主张,从而开创了全面实行社会保障的时代。

“社会保障”由英语中“Social security”一词翻译而来,原意是指“社会安全”,最初使用于美国 1935 年颁布的《社会保障法》。在我国,社会保障制度是指国家为了保持经济发展和社会稳定,对公民在年老、疾病、伤残、失业、遭遇灾害、面临生活困难的情况下,由政府和社会依法给予物质帮助,以保障公民的基本生活需要的制度。社会保障制度作为现代国家的一项基本制度,不仅是社会发展的“安全网”和“稳定器”,能增进国民福利、维护社会安全、促进社会公平、推动社会发展,而且是经济发展的“助推器”和“平衡器”,能调节投融资、平衡社会需求、促进公平分配、合理配置劳动力、推动企业体制改革;不仅是人民群众最关心、最直接、最现实的利益问题,同时也是国家长治久安、人民生活幸福、经济持续增长的重要基础。如果说就业是民生之本,那么,社会保障就是民生之盾。改革开放三十年来,我国社会保障事业取得长足进展:基本制度建立并逐步完善,覆盖范围不断扩大,基金收支规模持续增长,各项待遇水平稳步提高,为保障人民基本生活、促进经济发展、维护社会稳定、构建和谐社会发挥了积极的作用。

9.1　踩着地雷探路

随着 1978 年党的十一届三中全会的召开,改革开放的春风吹遍了祖国的大江南北,也吹响了社会保障制度改革的号角。在三十年的历史航程中，我国社会保障制度改革采用渐进改革、双轨并行、试点先行的方式推进，向着一个新的规范的完整的社会保障体系迈进，经历了三个重要的阶段：第一阶段(1978年至1985年)为探索时期，第二阶段(1986年至1997年)为转型时期，第三阶段(1998年至今)为完善时期。

9.1.1 行路难(1978—1985年)

1978年不仅是我国经济发展进程中特别重要的一年，同时也是我国社会保障制度改革历程中较为重要的一年。1978年2月，五届人大一次会议通过了《中华人民共和国宪法》(修订)，对劳动者的福利，劳动者在年老、疾病或者丧失劳动能力时的物质帮助，革命残疾军人、革命烈士家属等的生活保障问题作出了原则规定；同时决定重新设置民政部，主管全国社会救济、社会福利、优抚安置事务，社会保障部门的工作由此恢复正常。6月，国务院颁布《关于安置老弱病残干部的暂行办法》和《关于工人退休、退职的暂行办法》。这两个办法是对1958年颁布的退休办法的全面修订，是"文革"结束后国家恢复重建退休制度的重要标志。9月，国务院批转商业部、财政部、供销合作总社、国家劳动总局联合制定的《关于合作商店实行退休办法》，从而开始了对集体企业实行退休制度的试点。

1979年7月，国务院发布《关于扩大国营工业企业经营管理自主权的若干规定》，改变按工资总额提取企业基金的办法，实行企业利润留成办法。12月，财政部等联合发出《关于发布农村合作医疗章程(试行草案)的通知》，对农村合作医疗的任务、机构设置与管理等作了规定。

1980年1月，国务院批转国家经委、财政部《关于国营工业企业利润留成试行办法的通知》，规定利润留成资金中40%部分可以用于职工福利设施和奖金。9月，第五届全国人民代表大会常务委员会批准联合国《消除对妇女一切形式歧视公约》，其中，第10条规定妇女享有社会保障的权利。

1981年1月，国务院发出《关于严格执行工人退休、退职暂行办法的通知》。3月，中共中央组织部、卫生部发出《关于领导干部和老干部医疗保健问题的通知》。

1982年1月，中共中央、国务院发布《关于国营企业进行全面整顿的决定》，提到了国营企业生活福利工作要逐步实行企业化、社会化问题。12月，国家经委、民政部、财政部等联合发布《关于认真做好扶助农村贫困户工作的通知》。

1983年6月，劳动人事部、财政部发出《关于提高职工退休费、退职生活费的最低保证数的通知》。8月，劳动人事部、全国总工会、财政部发布《关于在经济改革中要注意保障企业职工的劳动保险、福利待遇的意见》。

1984年7月，民政部、财政部发布《民政事业费使用管理办法》，规定社会保障优抚、救济等民政事业费用的管理办法。10月，中共十二届三中全会通过《中共中央关于经济体制改革的决定》，提出以城市为重点推进整个经济体制改革。这个被誉为经济体制改革第一个纲领性文件的出台标志着社会保障制度改革的序幕正式拉开。

1985 年 1 月,国务院发出《关于发给离休退休人员生活补贴费的通知》。9 月,中共中央通过《关于制定国民经济和社会发展第七个五年计划的建议》,对建立健全我国的社会保障制度提出了原则意见。

……

随着改革开放的推进,中央决策层越来越意识到:社会保障是个大问题,是改革中必然提出和必须予以配套改革的重要方面,并开始责成有关部门制定改革方案。与此同时,一些地方开始引入个人缴纳养老保险费用机制,探索实行退休费用社会统筹。同一时期,还在部分地区开始了国有企业职工待业保险、集体企业职工养老保险及救灾保险等的改革试点。但就社会保障制度整体而言,这一时期所做的工作主要是为了解决历史遗留问题和恢复正常的退休制度,主要是围绕国有企业改革这个中心进行的。

这一时期的社会保障制度延续了原有的国家—单位保障制。其特点概括起来主要是:国家负责、单位包办、全面保障、板块分割、封闭运行,同时存在着不公平、效率低等缺陷。比如,封闭运行的单位保障制导致社会保障统筹、互济功能的丧失,单位负担畸轻畸重,一些老国企在改革开放前就陷入不堪重负的困境;国家—单位保障制的不公平性由受保对象个人权益的不公平日益扩展到保障供给者负担的不公平;还有这一制度过度强调国家与单位责任而不让个人分担责任亦不具备可持续性。

9.1.2 小荷才露尖尖角(1986—1997 年)

20 世纪 80 年代中期,随着经济改革步伐的加快,整个社会经济结构发生了越来越大的变化,社会保障制度改革日益显现出重构和转型迹象。

1986 年是社会保障制度由国家—单位保障制向国家—社会保障制转型的标志性年份。这一年发生了三件大事:一是 4 月六届人大四次会议通过《国民经济和社会发展第七个五年计划》,不仅首次提出了社会保障的概念,而且单独设章阐述了社会保障的改革与社会化问题,社会保障社会化作为国家—单位保障制的对立物被正式载入国家发展计划;二是 7 月国务院发布《国营企业实行劳动合同制暂行规定》和《国营企业职工待业保险暂行规定》,前者不仅明确规定了国营企业用劳动合同制取代计划经济时代的“铁饭碗”,而且规定了合同制工人的退休养老实行社会统筹并由企业与个人分担缴纳保险费的义务,后者虽然在当时并未成为真正有效的失业保险制度,但它确实是为了满足企业破产和职工失去工作时对失业期间生活保障的需要,并希望借此推进劳动力的市场化和人的社会化,从而具有明显的制度重构和制度创新的象征意义;三是 11 月劳动人事部颁发《关于外商投资企业用人自主权和职工工资、社会福利费用的规定》,强调外资企业必须缴纳中方职工退休养老基金和待业保险基金,这意味着国家在承认经济结构多元化的条件下对劳动者社会保障权益的维护,并消除了社会保障单位化的烙印。

接着,社会保障制度改革的热潮一浪高过一浪。

1987 年,国务院发布《职业病范围和职业病患者处理办法》。

1988 年，国务院颁布《女职工劳动保护条例》和《军人抚恤优待条例》。

1989 年，财政部、卫生部颁布并实施《公费医疗管理办法》。

1990 年，国务院发布《关于企业职工养老保险制度改革的决定》，并通过《中华人民共和国残疾人保障法》。

1991 年，国务院颁布《关于企业职工养老保险制度改革的决定》，明确提出：要建立多层次的养老保险体系，包括国家强制性基本养老保险、企业补充养老保险和个人储蓄性养老保险；建立多渠道的费用筹集机制，要求个人也要缴纳养老保险费；并确定了以支定收、略有结余、留有部分积累的原则。

1992 年，广东、海南、深圳进行以待业、养老保险为重点的社会保障制度改革的试点。同年，党的十四大报告第一次提出建立社会主义市场经济体制，也第一次明确把社会保障制度改革作为经济体制改革的四个环节之一。

1993 年，党的十四届三中全会通过《中共中央关于建立社会主义市场经济体制若干问题的决定》，进一步明确了社会保障制度改革的目标和原则，初步形成了改革的总体思路和总体框架。同时，提出养老、医疗保险制度改革实行社会统筹与个人账户相结合的原则。这是我国社会保障制度改革具有里程碑意义的重大突破。

1994 年，劳动部颁发《企业职工生育保险试行办法》，对生育保险的实施范围、统筹层次、基金筹集和待遇支付等进行规范，推动了生育保险制度改革。同年，财政部、劳动部等联合发布《关于职工医疗制度改革的试点意见》，在城市开始推进职工医疗保险制度改革，医疗社会保险开始取代公费医疗与劳保医疗。

1995 年，国务院颁布《关于深化企业职工养老保险制度改革的通知》，明确了建立新的社会保障制度的基本框架，主张实行社会统筹和个人账户相结合的基本保险制度，并补充以企业保险、个人储蓄，形成多层次的社会保障制度。同年，在江苏镇江、江西九江进行试点，开始探索建立社会统筹与个人账户相结合的医疗保险制度。

1996 年，国务院办公厅转发《关于职工医疗保险制度改革扩大试点的意见》，医疗保险改革试点扩大到 38 个城市。同年，劳动部在总结各地经验的基础上，发布《企业职工工伤保险试行办法》，规范了工伤保险的认定条件、待遇标准和管理程序，决定建立工伤保险基金，形成规范的工伤保险制度。

1997 年，党的十五大明确提出："建立社会保障体系，实行社会统筹和个人账户相结合的养老、医疗保险制度，完善失业保险和社会救济制度，提供最基本的保障。"同年，国务院颁布了《关于建立统一的企业职工基本养老保险制度的决定》，从三个方面强调实行统一制度，即统一企业和个人缴费比例、统一个人账户规模和统一养老金计发办法，各地不同的社会统筹与个人账户相结合的方式开始走向统一，全国统一的基本养老保障模式基本形成。

……

这个时期的社会保障制度改革随着市场经济改革步伐的加快而加快，体现了为市场经济改革服务、以养老保险改革和医疗保险改革为重点的特色，具体有以下特点：

一是确定了养老和医疗保险新的制度模式,即实行社会统筹和个人账户相结合。但对养老保险如何实行"统账结合"存在分歧:一种观点主张基本养老保险不能实行单一的社会统筹制,要引入个人账户制;另一种意见则主张基本养老保险实行社会统筹制,补充养老保险实行个人账户制。

二是扩大了社会保险覆盖面。多种经济成分的并存以及由此带来的城镇职工身份的多样化,客观上要求我国社会保险必须扩大覆盖范围。城镇个体劳动者、乡镇企业职工、农民的参与和保险市场的不断放开也客观上加快了社会保险的发展速度。

三是确立了"保险型"社会保障模式。随着经济体制改革的深化,特别是国有企业管理体制和经营机制的变化,要求社会保障系统提供功能更多、水平更高的服务。结合我国国情,考虑各方的承受能力,国务院根据十四届三中全会《决定》确立的目标和原则,选择了以社会保险为主的"保险型"社会保障制度。

9.1.3 直挂云帆济沧海(1998年至今)

随着改革开放的不断推进和社会经济的连续繁荣,社会保障和社会福利事业越来越呈现良好的发展势头和面临全新的发展格局。养老保险、失业保险在制度上不断完善,基本实现了全国政策的统一。医疗保险在试点的基础上形成了一套比较完善的方案。在取得巨大成就的同时,也出现了很多新的问题和难点,如下岗人员大量增加、各种弱势群体和边缘群体相继出现等。

鉴于此,我国政府于20世纪90年代后期启动了亮点纷呈的社会保障第三轮改革。

1998年注定要成为社会保障制度改革历史上不凡的一年。在这一年,发生了三大变化:一是3月新一届中央政府在保留民政部的同时,新组建了劳动和社会保障部,统一了社会保险的管理体制;二是社会保障全面走向社会化,建立独立于企业、事业单位之外的社会保障体系,筹资多元化、管理服务社会化成为改革旧的社会保障制度和建设新型社会保障制度的明确目标;三是超越了片面为国有企业配套和单纯为市场经济服务的观念,开始将社会保障制度作为一项基本的社会制度安排来建设。针对该年国有企业改革深化、下岗职工迅速增加的现实,中央开始采取"两个确保"的措施,即确保国有企业下岗职工的基本生活、确保离退休人员的基本生活。与此同时,城镇职工工伤保险、生育保险制度也在试点中发展。

1999年1月,国务院颁布了《失业保险条例》和《社会保险费征缴暂行条例》,前者将城镇各类企事业单位的职工依法纳入了失业保险,从而建立起失业保险制度,后者规定养老保险实行省级统筹,覆盖范围由国有企业、城镇集体企业扩大到了外商投资企业、城镇私营企业、城镇个体工商户,由此确定了我国企业养老保险制度的基本框架。9月,国务院颁布了《城市居民最低生活保障条例》。

2000年8月,党中央、国务院决定建立"全国社会保障基金",同时设立"全国社会保障基金理事会",负责管理运营全国社会保障基金。10月,党的十五届五中全会通过了《关于制定国民经济和社会发展第十个五年计划的建议》,提出了建立独立于企业事业单位之外、资金来源多元化、保障制度规范化、管理服务社会化的社会保障体系的建设目标。12月，国务院发出《关于印发完善城镇社会保障体系试点方案的通知》，同时附有《完善城镇社会保障体系试点方案》，并决定在辽宁全省进行以做实基本养老保险个人账户和推进下岗职工基本生活保障向失业保险并轨为主要内容的试点。

2001年11月，国务院办公厅发出《关于进一步加强城市居民最低生活保障工作的通知》。12月，财政部、劳动和社会保障部联合颁布了《全国社会保障基金投资管理暂行办法》，对社会保障基金的投资方向做了明确规定。

2002年2月，中共中央办公厅、国务院办公厅联合发出《关于进一步安排好困难群众生产和生活的通知》，提出了落实两个确保和城市最低生活保障，以及创造就业岗位等七项重要措施。11月，党的十六大报告把社会保障作为全面建设小康社会的重要内容，明确要求建立健全同经济发展水平相适应的社会保障体系，并鼓励有条件的地方探索建立农村养老、医疗保险和最低生活保障制度。

2003年4月，国务院颁布《工伤保险条例》，规定所有企业及其职工都要参加工伤保险制度，由用人单位交纳工伤保险费，设立工伤保险基金，对工伤职工提供经济补偿和实行社会化管理服务。

2004年3月，十届全国人大二次会议通过了《中华人民共和国宪法修正案》，其中第23条规定国家建立健全同经济水平相适应的社会保障制度，从而为社会保障立法提供了原则性的指导。与此同时，劳动和社会保障部宣布开始实施《最低工资规定》，新规定扩大了适用范围，明确出台了小时工资标准，缩短了标准调整期限。5月，劳动和社会保障部开始实施《企业年金试行办法》和《企业年金基金管理试行办法》。

2005年1月，劳动和社会保障部发布《关于进一步做好劳动保障监察工作的意见》。12月，国务院发布《关于完善企业职工基本养老保险制度的决定》，对完善企业职工基本养老保险制度的指导思想、扩大基本养老保险覆盖范围、逐步做实个人账户和改革基本养老金计发办法等方面做出了规定。

2006年4月，国务院发布《关于建立被征地农民培训就业和社会保障制度的意见》，强调要尽快建立适合被征地农民特点与需求的社会保障制度。5月，劳动和社会保障部发布《关于开展农民工参加医疗保险专项扩面行动的通知》，指出农民工医疗保险的方式要以“低费率、保大病、保当期、以用人单位缴费为主”为原则，纳入医疗保险基金统一管理。9月，国务院批复了天津、上海、山东、湖南等8个省市区的做实个人基本养老保险账户方案，这标志着做实个人养老保险账户工作向全国铺开。10月，党的十六届六中全会通过了《中共中央关于构建社会主义和谐社会若干重大问题的决定》，强调要逐步建立社会保险、社会救助、社会福利、慈善事业相衔接的覆盖城乡居民的社会保障体系。11月，国务院总理温家宝主持召开国务院常务会议，听取社会保险基金审计情况的汇报。会议称社会保障基金是“高压线”，任何人都不得侵占挪用；要提高基金管理的透明度，定期向社会公布筹集、管理、使用和运作的情况。同年，继在城镇建立最低生活保障制度并不断提高保障标准之后，国家着手在全国建立农村最低生活保障制度,并开始新型农村合作医疗试点。

2007 年 6 月,全国人大常委会通过《劳动合同法》。7 月,国务院发出《关于在全国建立农村最低生活保障制度的通知》,要求将符合条件的农村贫困人口全部纳入保障范围,稳定、持久、有效地解决全国农村贫困人口的温饱问题。8 月,全国人大常委会通过《就业促进法》。10 月,党的十七大报告进一步强调:加快建立覆盖城乡居民的社会保障体系,保障人民基本生活,要以社会保险、社会救助、社会福利为基础,以基本养老、基本医疗、最低生活保障制度为重点,以慈善事业、商业保险为补充,加快完善社会保障体系。报告第一次提出了加快建立覆盖城乡居民的社会保障体系的概念,也是第一次对社会保障体系进行如此系统的深刻表述。12 月,全国人大常委会通过《劳动争议调解仲裁法》和《职工带薪年休假条例》,并首次审议《社会保险法草案》。劳动保障领域的立法迅速增加,2007 年因此被称为"劳动保障立法年"。

2008 年 3 月,国务院发布《关于印发 2008 年工作要点的通知》,强调要重点扩大农民工、非公有制经济组织就业人员、城镇灵活就业人员参加社会保险,扩大做实养老保险个人账户试点,加快省级统筹步伐,并鼓励各地开展农村养老保险试点,健全对被征地农民的社会保障制度。

……

自 1998 年以来,社会保障逐渐成为一项基本的社会制度,国家—社会保障制的特色日益明显地得到体现。虽然国家仍然继续主导着社会保障制度改革并承担着直接的、重要的责任,但构成社会的企业、机关事业单位、慈善公益团体等各个方面以及社会成员个人均共同分担着社会保障责任,社会保障不再单纯地为经济改革服务而是为整个社会经济协调稳定发展服务,包括社会保险、社会救助、社会福利等在内的整个社会保障制度的规范性建设和管理、服务社会化取得了显著的进展,被新制度覆盖的人口大幅度增长,国家—社会保障制的框架基本形成,它替代国家—单位保障制已经成为事实。

9.1.4　改革历程述评

抚今追昔,感慨万千！三十年的社会保障制度改革恍如一场梦,又似一幅画。有艰辛,也有快乐;有失落,也有兴奋;有成功,也有失误……

从改革取向来看,在改革开放后效率优先成为整个社会的共识、经济建设成为全党全国工作的中心、经济发展成为压倒一切的大事、我国经济保持了持续二十多年的高速稳定增长的大背景下,社会保障的价值取向也深受影响:福利的公平分配不再被肯定,而是认为只能在效率优先的前提下兼顾,"大锅饭"和"铁饭碗"均被"砸烂","社会保障不是免费的午餐"成为改革时代的流行观点,等等。所有这些均表明社会保障的价值取向与经济政策的价值取向日益融为一体,以美国为代表的效率主义在我国有了巨大的市场,整个改革进程也表现出了一种矫枉过正的取向。然而,社会保障毕竟不是经济领域的内容,它虽然采取的是经济手段,解决的却并非是经济问题而是客观存在的社会问题,并且为实现特定的政治目标服务。

因此，追求社会公平与追求经济效率观念的分歧与较量其实并未结束，而且这种分歧与较量因为社会成员的阶层分化及由此带来的对社会保障需求的差异还会持续下去。不过，从1998年以来实施"两个确保"和确立最低生活保障制度以及各项社会保险制度覆盖面的迅速扩展，还是可以发现我国已经走过了矫枉过正的年代，社会保障应有的追求公平的价值取向开始被越来越多的人重新认同。

从改革理念来看，由于不像市场经济体制改革那样有完整的国际经验可资借鉴，我国社会保障制度改革只能"摸着石头过河"，最初只是为了与国有企业改革配套，尔后则是为市场经济改革配套，长期未能找到准确的定位。直到1998年以后才逐渐明确建立独立于企业、事业单位之外的社会保障体系，将社会保障作为一项基本的社会制度加以建设的理念才得到确立。

从改革方式来看，我国社会保障制度改革是从渐进改革、双轨并行、试点先行等三方面展开的。

第一，我国社会保障选择了渐进改革方式。这种改革方式几乎有别于任何国家的社会保障制度改革，因为其他国家或地区对社会保障制度的改革几乎都是立法先行，有关社会保障制度的法案获得通过，即意味着使新的社会保障政策得到确立或完全替代原有的政策。但我国的社会保障制度从1986年以后走过的历程却并非如此，它经历了从自下而上到自上而下、从自发改革到自觉改革、从单项改革到综合改革的渐进过程，这种渐进改革方式符合我国整个改革事业的要求，因为我国的经济改革也是渐进式的而非休克式的，但不符合社会保障制度变革的国际惯例，因为它在实践中不仅受制于经济改革而且容易对其他改革的推进产生路径依赖。因此，在经济改革目标不清条件下的渐进改革具有合理性，并不意味着在市场经济早已成为我国经济制度建设目标模式的条件下继续采取渐进改革的方式具有合理性。

第二，我国社会保障改革是在新旧模式并行中实现国家—社会保障制替代国家—单位保障制的。在转型时期，国家一方面推进社会化的社会保障制度建设，同时亦未明确宣布废除原有的社会保障政策，国家—单位保障制与国家—社会保障制在改革时代同时并存，此消彼长。因此，改革带来的结果并不是旧制度一夜之间被废止，而是与计划经济体制相适应的国家—单位保障制逐渐被摒弃，能够适应市场经济体制与社会发展需要的国家—社会保障制在改革中新生并逐渐壮大。这种方式的优点是能够降低制度变革的冲击力，但它会影响人们参与改革的积极性，因为我国的社会保障改革事实上需要原来的受益者付出相应的代价。

第三，我国社会保障制度改革采取的是试点先行的做法。从养老保险、医疗保险到失业保险、工伤保险、生育保险，从最低生活保障、下岗职工基本生活保障到老年人福利、政府救灾等，几乎每个社会保障项目的变革都是先经过个别地区的试点再逐渐扩展到更大范围的试点，最终走向全面发展。试点先行的改革方式，表明了政府对社会保障制度变革的谨慎，目的在于避免不成熟的制度安排在大范围推广后产生严重的后果。但国家对社会保障改革的试点却存在着统放不分的不足，有的制度的试点方案在全国数以百计，有的制度经过反复试点仍然不能定型，这些均直接扩大了改革的成本，并给制度变革的进程带来了消极影响。

9.2　三十年目睹之现状

经过三十年的改革与发展，有中国特色的社会保障制度框架基本形成，社会保障覆盖范围不断扩大，社会保障筹资渠道逐步拓宽，社会保障待遇水平稳步提高，社会保障管理体制初步理顺。在社会保险方面，截至2008年3月底，全国基本养老保险、基本医疗保险、失业保险、工伤保险和生育保险参保人数分别达到2.05亿人、2.34亿人、1.18亿人、1.24亿人和7988万人；①五项社会保险基金收入和支出在2007年底就分别创出了10812万元和7888万元的新高。②在社会救助方面，截至2008年5月底，全国城市居民最低生活保障人数达到2275.3万人，农村居民最低生活保障人数达到3688.4万人，农村居民五保供养人数达到528.6万人。③在社会福利和慈善事业方面，截至2006年年底，全国收养性福利单位42万个，床位187.1万张，收养老年人、残疾人、孤儿等147万人，建立经常性社会捐助工作站点和慈善超市33万个，接受捐款捐物折合约100亿元。④

9.2.1　社保之龙腾四海

毫无疑问，我国社会保障制度改革在改革开放以来取得的成就是巨大的，通过三十年的变革，在维系经济改革和国民经济持续增长、保证整个社会基本稳定的同时，促使曾经惠及亿万国民的社会保障制度实现整体转型，这在国际上是没有先例的。许多国家的社会保障制度改革只能局限于某一项目或某一环节，甚至还会引发严重的社会危机，这既揭示了社会保障制度变革的艰难性，也从一个侧面证实了我国社会保障制度改革的成就。

我国社会保障制度改革所取得的成就，主要体现在以下几个方面：

第一，社会保障制度的基本框架已经确立。在社会保险方面，养老保险、医疗保险、失业保险、工伤保险、生育保险等覆盖范围不断扩大，社会保障基金的支撑能力逐步增强。在社会救助方面，初步建立了以城市低保、农村五保、农村特困户救助、灾民救助为基础，临时救助为补充，医疗、教育、住房、司法等专项救助相衔接，政策优惠和社会互助相配套的城乡社会救助体系框架。在社会福利和慈善事业方面，初步形成了以家庭为基础，社区为依托，供养机构为补充，老年人、残疾人和孤儿为重点的社会福利服务体系，慈善事业进入政府全面推动的新阶段。

---

① 2008年3月数据来源于人力资源和社会保障部2008年4月28日公布的数据.

② 2007年数据来源于2007年度劳动和社会保障事业发展统计公报.

③ 2008年5月数据来源于2008年5月份民政事业统计月报.

④ 2006年数据来源于2007年中国统计年鉴.

第二,社会保障管理体制改革取得重大进展。在保留民政部并调整其职能使之成为真正管理全国社会救助、社会福利等事务的政府部门的同时,先是组建劳动和社会保障部,后又与人事部合并为人力资源和社会保障部,负责统一管理全国社会保险等事务,其他部门亦被明确赋予相关职责,完成了从分散管理到适度统管的进程。同时,推进社会化管理,如实现社会保障行政管理与基金管理分离,将经办社会保险等事务的机构从政府序列中独立出来变成事业单位,成立非政府机构性质的全国社会保障基金理事会,利用银行、邮局等提供发放养老金等社会保障服务,发展民办慈善公益组织,等等,所有这些都标志着社会保障管理开始走向社会化管理新阶段。

第三,社会保障建设实现了制度创新。

首先,社会保障实现了"社会化"。通过社会保障制度创新,引入社会保险机制,实行保险基金的社会统筹,符合分散风险的"大数法则"原理,实现了由企业自我保障向社会互济保障的制度转换,实现了职工从"单位人"向"社会人"的身份转换。社会保障的社会化,使社会保障责任从企业中分离出来,有利于均衡企业负担、促进公平竞争和建立现代企业制度。

其次,社会保障实现了"多元化"。通过改革社会保障制度,改变了政府兜底、单位负责的"福利"保障模式,社会保障责任在政府、单位和个人之间进行了合理的分摊,资金筹集从单一主体走向多元化。这既有利于推动国民经济又好又快发展,也有利于社会保障自身的可持续发展。改革也强调建立多层次的社会保障体系,以适应不同层次的需求,增加新制度的弹性和适应性。

再次,社会保障实现了"效率优先、兼顾公平"。通过制度创新,在基本养老保险和基本医疗保险中确立了"社会统筹与个人账户相结合"的基金模式,这在世界社会保障制度发展史上是一个新的尝试,体现了"中国特色"。在"统账结合"模式下,保障待遇与"贡献"挂钩而不是与"身份"挂钩,注重了权利与义务的统一、公平与效益的统一。这就打破了社会保障中的平均主义倾向,有利于建立起调动职工个人缴费积极性和促进职工勤奋工作的内在激励机制,有利于企业经营机制转换和劳动力的合理流动。

第四,社会保障改革实践效果非常明显。

首先,重塑了国民社会保障观念。人们不再指望生老病死全靠国家与单位,而是认同了包括个人在内的责任分担机制。随着社会保障制度改革的深化,国民对风险保障的意识不断增强,维权意识也在不断增强,对企业、国家有关部门执行社会保障政策的监督力度也不断增强。

其次,较好地化解了市场经济改革带来的社会风险,为经济改革与社会发展创造了条件。失业保险、下岗职工基本生活保障、社会养老保险、最低生活保障制度等的建立,确实在很大程度上化解了市场经济条件下的社会风险。

再次,明显推动了我国社会的发展进步。社会保险制度的确立,使破产单位的离退休人员不致因领不到养老金而陷入贫困,也避免了失业、下岗职工及其家庭因失去工作而陷入赤贫状态难以自拔,最低生活保障制度直接缓和了困难群体的贫困程度,新制度还明显增强了社会成员适应时代剧变的承受能力，促进了人的社会化。

9.2.2　钟山风雨起苍黄

在庆祝取得巨大成就的同时，我国社会保障改革与制度建设也迎来了待遇不公、责任不清、层次不高、立法不够、矛盾不少等一系列既患寡又患不均的问题，改革任务仍然十分繁重。

一是待遇不公。首先，各地区之间的社会保障待遇不公平。中西部不发达地区是劳动力的输出地，输出的劳动力在发达地区打工并缴纳社会保障金。但是在社会保障统筹层次难以提高、区际转移难以推行的现实情况下，他们缴纳的资金只能留在发达地区，而不能带回去。这就在一定程度上造成东部发达地区社会保障资金充裕、中西部不发达地区资金匮乏，从而形成"以贫养富"的奇怪现象，使原本就不平衡的区域发展更加不平衡。其次，企业与事业单位、政府机关人员之间的社会保障待遇不公平。一直以来，企业与事业单位、政府机关人员之间的社会保障双轨运行，既造成了企业和事业单位、政府机关在职人员之间不同的社会保障负担，又扩大了企业和事业单位、政府机关退休人员的待遇差距。再次，不同所有制企业以及不同就业形式人员之间的社会保障待遇不公平。目前，为数不少的非公有制企业从业人员、灵活就业人员、进城农民工、被征地农民还游离在养老保险体系之外，已经参保的人员实际缴费率不高，缴费年限时断时续。失业保险方面，工作最不稳定的股份制企业、三资企业、私营企业和乡镇企业等职工实际上没有失业保障；工伤保险方面，高风险行业事故率和职业病发病率的增长使农民工受到职业伤害的问题十分突出，而他们又常常没有参加工伤保险。最后，城乡之间待遇不公平。农村人口占我国人口的大多数，然而新型农村社会保障制度还处于探索阶段，农村社会保障制度至今尚未形成，各地的发展也极不均衡。

二是责任不清。新型社会保障制度的一个重大成就是确立了责任分担机制，但目前的责任分担机制实际上仍然处于一种模糊不清的状态，它主要体现在三个方面：首先，是历史责任与现实责任不清。我国社会保障制度改革始于20世纪80年代中期。此前退休的人员没有缴纳过养老金，也就没有个人账户，此前参加工作的人员个人账户由开始缴纳养老金时算起，因此这些人的退休费用就只能由正在工作中的人员来承担。在历史债务压力下，我国养老保险制度社会统筹和个人账户相结合部分基金积累模式在大部分地区因为个人账户空账运行而名存实亡。随着老龄化社会的来临，当期收取的养老金是不可能支付得起退休人员的退休费用的。如果不能采取多种措施化解由于新旧养老制度转型而形成的对中老年职工的历史欠账，未来终将会对我国社会保障制度产生重大冲击。其次，是政府责任与民间责任不清。我国社会保障制度改革是以减轻政府和国有企业的责任为起点的。但是随着改革的不断推进，政府、企业和个人的责任界定依然模糊不清。在各级地方政府用于社会保障方面的投入逐年增加的同时，企业和个人却普遍感觉到缴纳社会保障金的负担越来越重。个人的基本养老金缴费比例和缴费基数都在逐年增加，造成这种情况的重要原因之一就是各方责任的界定不明确。政府的钱花在哪里，老百姓并不十分清楚；企业与个人缴费有多少回报率,也没有明确的预期。再次,是中央责任与地方责任不清。由于各级政府责任划分不明,经过各级政府多次博弈,就形成了“一级保一级”的责任分担机制:中央财政主要负责中央企业,也对部分特殊地区给予贴补,省级及其以下各级财政也只负责向本级所属企业提供贴补。这种责任分担机制,不符合市场经济的要求,也不符合我国社会保险基金管理模式和社会保险改革的目标模式,与各级政府的财政承受能力也不相匹配。近年来,由中央财政牵头,各级财政多次对社会保险基金给予补助,每次的补助方案都是经各级政府反复协商,再由中央折衷各地意见后形成的。但事实上,每次除了中央财政补助的资金基本能够到位外,地方各级财政的补助资金落到实处的很少。

三是层次不高。统筹层次偏低问题是我国社会保障制度中一个严重的缺陷,它引起了一系列问题。首先,是各地方之间的社会保障制度不统一。多年来社会保障改革由地区决策,各地区分别制定仅适用于本地区的政策、标准、措施,造成各地区之间缴纳水平、管理方式不相同的现象。其次,是区际转移的困难。由于各地保障制度不统一,就使得社会保障在区际之间的转移阻碍重重,这与市场经济对劳动力自由流动的要求是完全相悖的。在我国人力资源流动性不断加强的现实情况下,区际转移的困难对社会保障资金的征缴和发放都形成很大的负面影响。再次,是各种社会保障政策缺乏统一标准。社会保障政策包括基本养老保险、失业保险、工伤保险、生育保险、最低社会保障等多个险种,不同险种往往由不同部门制定。然而社会保障覆盖对象既有针对性,又存在交叉性,各种政策的出台往往是为了解决现实中出现的突出问题,不可能经过长时间的酝酿,所以出现了各种制度之间的矛盾与冲突,如根据不同的政策可以实施不同的救助或保障标准,新出台的政策会影响以前政策的实施。

四是立法不够。所有国家的社会保障改革与制度建设都奉行立法先行,通过制定社会保障的相关法律来确定制度,然后加以实施。而我们走的是一条渐进改革、试点先行的道路,是摸着石头过河,改革先试验,把试验的经验总结起来再行推广,在长期试验过程中才开始重视立法。但试点期过长必然损害制度的健康发展,所付出的代价与成本也相对高昂。作为社会保障制度核心内容的社会保险,目前还没有建立起统一的、适用范围比较大的社会保险法律制度,社会保险费的征缴、支付、运营、统筹管理不规范。社会救济、社会福利和优抚安置的立法相当欠缺。国家立法滞后,地方立法分散,社会保障工作在许多方面只能靠政策规定和行政手段推行。这是导致社会保障制度不统一、覆盖面窄、保障程度低的重要原因。

五是矛盾不少。首先,是经济发展和保障基本水平的矛盾。我国社会保障制度改革的目标是保障职工的基本生活,即保障职工在达到法定退休年龄以后,都能够获得社会保障制度提供的基本保障。然而,目前我国企业的现实经营状况是1/3盈利,1/3保本,1/3亏损。对于保本、亏损企业来说,企业无力缴纳社会保险费,企业的职工也无法获得社会保障制度的保障,这就使社会保障制度保障职工基本生活的目标在一定范围内难以实现。其次,是社会保障资金缴费和给付的矛盾。目前,我国社会保障资金给付的缺口很大,即筹集的社会保障资金不足以给付离退休职工对社会保障资金的需求。如果进一步提高企业的缴费率,将会使企业的产品成本大幅度上升。在国际市场竞争激烈的情况下,这种负担不可能通过提高产品价格的方式转嫁给消费者,因而提高社会保险缴费率将会进一步挤占企业的利润,这会影响到企业的经济效益和市场竞争力。再次,是提高法定退休年龄和就业的矛盾。提高职工的法定退休年龄可以缩短离退休职工领取养老金的期限,可以扩大缴费,从而减轻社会保障制度的负担。但是在我国,提高法定退休年龄又受到20世纪90年代以来巨大的就业压力的限制。由于在短期内提高职工法定退休年龄是不现实的,运用提高退休年龄的方式扩大社会保障资金来源、减少社会保障给付的方式也变得非常不现实。最后,是社会保险基金保值增值要求和基金投资效益低下的矛盾。社会保险基金保值增值可以缓解社会保障资金不足的压力,可以提高离退休职工的保障,可以减轻政府的负担。然而,我国社会保险基金的投资效益却比较低,同时,我国社会保险基金遭受通货膨胀的侵蚀,贬值的压力也比较大。所有这些,都使政府管理社会保险基金的压力越来越大。

9.3　没有规矩,不成方圆

随着经济体制改革的深入发展和社会制度变迁的持续提升,我国社会保障制度改革品三十年探索的艰辛,尝三十年完善的苦涩,终于在改革开放三十年后的今天茁壮成长,与民共进,与时俱进,虽然还会不断地遭遇挑战和困难,但仍不断地从一个辉煌走向又一个辉煌。

改革的深化,开放的延伸,经济的发展,社会的进步……这一切的成就都已经离不开社会保障制度这块重要的磐石。各国都有哪些可以借鉴的成功经验和值得汲取的失败教训?我国的社会保障制度改革该往何处走,怎么走?……

9.3.1　他山之石,可以攻玉

迄今为止,世界上已有150多个国家建立了社会保障制度。“社会保障快要破产了”的声音在全球各角落此起彼伏,从传统高福利的西欧国家到后起之秀的亚太经济诸强,从南美经济裹足不前的国家到非洲一些对福利化社会跃跃欲试的地区,都正在品尝着这个“看起来很美的”社会保障制度带来的苦恼,对于“未富先老”的中国,社会保障何去何从,不妨先仔细环视一下他国的经验。

1. 世界社保改革三十年综论

如果把整个社会经济比作一艘乘风破浪的航船,社会保障就是遭遇风暴时的避风港,它消除了人们处于不确定社会中的恐惧,减少了社会成员面临的种种风险。近三十年来,社会保障改革在世界范围内风起云涌,社会保障工作在世界各国如火如荼地开展,社会保障制度取得了长足进步。

英美国家成为发达国家社会保障改革的策源地。与所有私人部门和公共部门改革一样，英美依然是社会保障政策改革的发动机。英国从20世纪80年代初开始在各个领域都进行了私有化取向的体制改革，社会保障政策改革更是大刀阔斧，采取了“结构改革”的方式。例如，1986年颁布的《社会保障法案》对国家收入关联型计划进行了规范并运行至今，1992年颁布的《社会保障捐费和福利法案》是将政府责任向私人部门转移的一个重要法律，雇员和雇主可以“协议退出”，以促进职业养老金的发展。1996年和2001年美国进行了两次最大的改革，其中，1996年的改革基本是成功的，而2001年的改革则处于停顿状态。1996年颁布了《个人责任与就业机会协调法》(PRWORA)，废除了《抚养未成年子女家庭援助》(AFDC)，代之以《贫困家庭临时援助》(TANF)，取消了联邦政府对各州贫困家庭援助提供无限制的资金支持，严格了贫困家庭的受益期限和资格条件。

发达国家的改革浪潮前所未有。北欧改革力度较大，瑞典在基本养老保险方面进行了结构性改革，引入了名义账户制，丹麦在失业和医疗等方面进行了较大幅度改革，严格了受益人的资格；在西欧，德国改革幅度较大，强化了积分制并正式确定了2020年改革日程和过渡方案，其他国家总体来说采取参数改革的方式，即采取了调整提高受益资格条件、提高缴费水平、降低待遇水平等3个参数的办法，以降低国家财政负担，如荷兰、瑞士等国家均采取参数改革的措施。还有一些欧洲国家改革步伐较小，或基本未进行改革(如西班牙、比利时、奥地利)，即使小步伐改革也遭到激烈反对，例如法国改革举步维艰，走一步退两步，为此曾付出巨大代价：1985年和2003年曾多次导致全国性的大罢工，2005年秋天导致举世瞩目的社会骚乱，2006年初再次爆发社会动荡，最终导致《首次雇佣合同法》的流产。

发展中国家的改革方兴未艾。拉美国家社会保障私有化改革最具代表性，它虽然发端于1981年的智利，但总体来说却始于20世纪80年代末和90年代初，到目前为止，先后不同程度引入智利模式因素的国家有12个。东亚“四小龙”社会保障制度改革在时间上稍微滞后一些，幅度相对缓和与中庸一些，例如，日本社会保障制度在1960—1980年代处于最佳时期，但1980年代末以来，由于主要投资于基础产业和福利产业等基础设施，社会保障基金流动性受到严重影响，对1990年代“失去的十年”起到了推波助澜的影响，于是在2000年开始对投资策略进行较大的方向性调整，开始转入资本市场的投资；韩国紧随其后，走过了一条几乎是别无二致的改革路径；进入21世纪以来，作为高收入中唯一的单支柱国家，新加坡对中央公积金制进行了改革，在个人账户中加入了个人投资账户的因素。香港是“四小龙”中改革步伐最大的地区，90年代中期开始酝酿的强积金条例在2000年正式启动，目前运转良好。

——关于改革动因。对发达国家来说，改革动因主要有三：一是人口老龄化，战后“婴儿潮”一代将在21世纪前二十年进入退休年龄，这是导致其改革的外在压力，迫使实行传统现收现付制的老牌资本主义国家未雨绸缪；二是由于1973年石油危机与人口老龄化等原因，各国政府财政压力不断加大，难以负担，这是推动其改革的内在动力；三是以货币学派为主臬的撒切尔主义和以供给学派为理论基础的里根经济学几乎同时居正统地位，对社会保障改革起到了推波助澜的作用。虽然几乎所有国家的改革动因不外乎于此，但对其他国家来说，改革动因顺序的排列与发达国家有所不同。例如，在拉美，改革的主要动因是以“华盛顿共识”为标志的新自由主义思潮使然（甚至智利改革直接受到弗里德曼和“芝加哥小子”的极大影响），同时，军政府强力推动（例如智利）和其他因素（如财政不可持续等）也发挥了重要作用；而在东欧国家则主要是由于经济转型的内在要求所致，在日本和韩国则主要是投资制度设计存在问题和人口老龄化等综合因素的结果。

——关于改革效果。对发达国家来说，大致可分为三组，即结构改革、参数改革和基本不改革国家。总体来说，进行结构改革的国家，宏观经济指标都得到了较为明显的改善，如英国、丹麦与荷兰等国的增长率、失业率、经济结构调整等；相反，这些指标在那些基本不改革的国家则没有太大的变化，个别的甚至有些恶化，如2007年法国宣布法国公共财政已处于“紧急”状态，福利支出已不堪重负。拉美国家私有化改革由于其他宏观政策原因的约束，效果略有差异，但总体来看，拉美国家社会保障改革基本是成功的，尤其在智利和巴西等国对宏观经济的改善作用非常明显，甚至成为发展中国家的样板；在东亚则正处于转型期，改革时日较短，效果还有待观察；在俄罗斯和东欧国家，总体来说基本符合世界潮流，改革效果正处于显现期。至于改革的遗留问题，基本可以下这样的结论：发达国家财务可持续性的困扰挥之不去，而其他国家则更多地表现在待遇充足性较差、覆盖率较小等方面，即主要还是公平性存在问题。

——关于改革趋势。改革直接或间接减少国家的社会保障责任，各国都开始重新估价政府、企业、个人三方的权利义务关系，重新确立政府、企业、个人三方间的责、权、利；重新审视社会保障制度的运行机制，各国都对现行社会保障制度中的负面作用对经济社会发展的影响进行评估，并通过制度改革增强受保障人的责任意识，进而使社会保障制度在激励劳动者积极性和促进经济社会发展方面发挥更大的作用；解决社会保障资金短缺问题，许多国家政府都积极推进筹资结构的改革，一方面，严格控制社会统筹的养老金的给付对象和给付标准，另一方面，通过立法，将个人账户储蓄基金制的养老金计划纳入养老保险法定执行计划，与国家的养老保险计划并行；改革社会保险基金的投资结构，加强社会保险基金的运营管理。

2. 五大社会保障制度模式

由于世界各国的经济实力、社会制度和文化背景等方面的不同，推行社会保障制度的时间有先有后，也有长有短，各国社会保障制度在政策取向、制度设计、项目多寡、具体标准及实施办法等方面既有共同点，也有差异之处。因此，我们可以从不同的角度对各国的社会保障制度进行分类，例如：从市场经济发达程度，把实施社会保障制度的国家分为成熟市场经济国家、高福利国家、新兴国家、转型国家等；从筹资模式分类，把各国的社会保障模式分为税收制模式、缴费制模式、强制储蓄制模式等；从管理模式分类，把各国的社会保障模式分为政府直接管理模式、政府委托公共机构管理模式、私营化管理模式等；从支付模式分类，把各国的社会保障模式分为现收现付制模式、完全积累制模式等。比较主流的分类观点还是从社会保障的主要方面来进行分析和综合的，世界各国社会保障制度大致可以分为保险型、福利型、救助型、保障型和自助型等五种模式。

保险型社会保障制度是世界上最早出现的社会保障模式，是在工业化取得一定成效、经济基础比较雄厚的情况下实行的。它起源于德国，随后为美国、日本等发达资本主义国家所仿效。保险型社会保障制度的主要内容包括：通过国家立法，在全社会强制推行、依法管理；以社会保险为主，覆盖面大，几乎包容了社会全体成员，保险项目有多有少，在一定程度上解决了人们生、老、病、死、失业、伤残的后顾之忧；保险费用由国家、雇主和雇员三方负担，雇员交纳社会保险费，雇主为雇员交纳社会保险金，国家财政给予适当支持；强调权利与义务的统一，享有社会保险的待遇水平与社会保险缴费多少相联系，公民只有在履行缴费义务后，才能依法获得各种社会保障津贴；多数采用国家直接管理模式，少数采用政府委托公共机构管理模式，政府通过有关法规政策进行监管，以维护劳动者的权益，并便于社会保障政策的贯彻执行；多数采用现收现付制，资金来源多元化，社会保障基金实力雄厚；等等。这种模式的优点有：劳动者享受社会保险的权利与社会保险缴费的义务相联系，体现了效率的原则；同时保险基金在成员之间统筹使用，也体现了保险互惠互济的宗旨；较好地解决了资金来源，充分调动了各方积极性，在重视效率与贡献的同时，也体现了社会公平。缺点是：在人口老龄化、就业比例下降或通货膨胀的情况下，为了保障人们的生活水平，必须调整缴费费率。过高的缴费费率，使人们难以承受。缴费费率的频频调整，为操作和管理带来了不便。

福利型社会保障制度属于经济比较发达且实行高税收国家所采用的模式。这项制度源于福利国家的福利政策，由英国初创，接着在北欧各国及加拿大等国流行。福利型社会保障制度的主要内容有：社会保障政策作为福利国家的一项主要政策，依法实施，并设有多层次的社会保障法监督执行；强调福利的社会公平和人道主义、人权观念，服务对象为社会全体成员；个人不交纳或低标准交纳社会保障费，福利开支基本上由企业和政府负担；保障项目齐全，一般包括“从摇篮到坟墓”的一切福利保障，标准也比较高；保障的目的已不完全是预防和消灭贫困，而在于维持社会成员一定标准的生活质量，加强个人安全感，不仅要满足人员社会保障需求，而且开始注意满足人们的社会福利需求；福利制度完全由政府机构及公共雇员运作，社会组织在社会保障管理中所起作用不大；社会保险从单项保险向总体保险转变，形成一套相互联系、共同保障的社会安全网，如老年、疾病、残障、生育、死亡等保险合并为一；等等。这种模式的优点在于：法制健全、制度完善、水平很高，能够满足全体人民的社会保障需求；建立在经济发达、税收较高、管理有效的基础之上；以追求收入均等化为政治目的，强调社会公平正义应该是政治家和国民的共识。这种超过经济承受能力的“广福利、高福利”政策，也为社会经济发展带来了一些弊端：政府开支增大，国家财政负担过重，削弱了国家发展实力；税收负担沉重，国际竞争能力下降；在一定程度上削弱了市场对劳动力供求关系的调节作用。目前一些福利国家正在对这种只讲公平不讲效率的社会福利政策进行改革。

救助型社会保障制度是工业化开始前后所实行的单项或多项救助制度。按社会保障的标准来衡量,只能说它处于起步阶段,是社会保障制度中的一种初级的、不成熟的、不完备的形式。这种制度目前主要在一些发展较为迟缓的非洲国家实行。这种模式的特征表现为:政府通过相应的立法,作为实施救助的依据,公民申请和享受社会救助是其依法应享受的权利,不附带屈辱条件,不同于慈善机构的"施善"或"恩赐",也不同于资本主义初期的济贫和赈济;社会救助的费用列入政府的财政支出,其资金来源于国家税收,个人不交纳保险费;救助的对象为因失业或天灾人祸而陷入贫困的公民、弃婴、孤儿、残疾人、老年人等;救助的标准为低水平,以维持生存为限。

保障型社会保障制度是传统的社会主义国家以公有制为基础的社会保障制度。原苏联是这一类型的首创与代表,原东欧一些社会主义国家及改革前的我国曾实行这一模式。保障型社会保障制度的特征是:国家宪法把社会保障确定为国家制度,公民所享有的保障权利是由生产资料公有制保证的,是根据国家社会经济政策在整个国民经济范围内实行管理取得的;社会保障支出大部分由政府和企业承担,个人交纳少部分保障费;工会组织负责社会保障事业的决策与管理,一方面劳动者通过人民代表机构对社会保障施加影响,另一方面,工会从基层工会到中央理事会,都参加实施社会保障;保障对象为全体公民,保障的经济来源靠全社会的公共资金无偿提供。这种模式在公有制和计划经济时期曾经为巩固社会主义制度以及保障人民的主人翁地位和基本生活需要发挥过重要作用,但随着计划经济向市场经济过渡,这种模式则变得难以适应社会和人民的需求,逐步显露出覆盖范围窄、不同所有制劳动者待遇差异悬殊、滋生懒惰、社会化程度低等缺陷。实行这种模式的各国已相继开始改革,并代之以能够适应市场经济体制的社会化社会保障制度。

自助型社会保障制度是指通过国家立法,强制实行,以自助为主,以促进经济发展为目标的保障形式。这种制度以新加坡的中央公积金制为代表,主要在马来西亚、印度尼西亚和智利等国实行。自助型社会保障制度的特征是:通过强制储蓄进行社会保障资金积累;政府不提供资助,但实行税收优惠,除公共福利与文化设施外,费用全部由雇主和雇员负担;功能广泛,涵盖内容丰富,除一般保障外,甚至还包括子女教育、产业购置等;运用灵活,方便加入和使用。这种模式实行完全的个人积累方式,对强化个人自我保障、调动个人的积极性、减轻国家负担等方面都有一定的作用,促进了社会保障制度的快速发展。但突出的问题是:退休金单一,缴费率较高,参保者已无力办理其他保险;参保者自己缴费供养自己,使社会保险互助互济性不见了;低薪收入者由于缴费额少,老年生活保障不一定可靠;雇主由于承担较高的投保费率,削弱了本国商品的国际市场竞争力。

9.3.2　安得广厦千万间

经过三十年"摸着石头过河"式的探索,我国社会主义建设进入了一个新的发展时期,我国的社会保障事业也进入一个新的发展阶段。社会保障事业从适应社会主义市场经济体制需要,向适应社会主义和谐社会的要求发展;从着力解决历史遗留问题和当前紧迫问题,向建立长效机制发展。在这个发展的拐点，完善社会保障制度要有大智慧。

发展社会保障事业，我们需要历史的视野。社会保障制度作为一套处置经济和社会灾害，为社会成员提供保护的公共措施，其发展与实施涉及很多深层次的问题：体制问题的厘清、政府角色的选择、市场作用边界的界定、道德风险的规避等，这些都不是一下子就有答案的。今天我们需要的社会保障体系，不是职工退休、劳保医疗等制度的替代词，不能只覆盖社会中的某一部分人，社会保障体系的构建不是一蹴而就的，在认识方法上需要有博大的包容性和历史的纵深性。在制度设计、方案选取、实施途径的选择上，不仅需要有可操作性，更需要有规范性和普及性。完善社会保障体系牵涉多个主体：有受益者、提供者、决策者、执行者、研究者，不同的主体有着不同的诉求、不同的局限。如社会保障政策的出台过程偏重于任何主体，都难以实现政策的规范性和普及性，也会影响社会保障政策的合法性和认同性。

发展社会保障事业，我们需要国际的视野。21世纪进入了一个超越国界的年代，国家与国家的接触、区域性合作组织的产生与运作，甚至如国际劳工组织、世界银行等一些国际中介机构的膨胀，都在促进国家政策进一步迈向全球化。社会保障是近百年来人们探索社会均衡发展过程中逐步形成的制度成果，社会保障制度的建设无需过分强调政治文化传统或民情的不同，其他国家、地区的经验，无论是成功的还是失败的，都蕴含着人类普遍的智慧，有着超越国界的普适价值。事实上，对西方工业国的福利制度、福利理论以及福利改革的种种沿革和问题，近年来我们一直没有停止过选择性地演绎、吸纳、批评，以行借鉴之效。这种有选择的吸纳、演绎，需要有一个较长时期的解读过程，以便对不同理论有较为全面的视野，达到制定适应我国社会文化背景的福利保障改革方略的目标。

我国社会保障制度改革与制度建设的方向和目标应该是建立健全与国民经济和社会发展相适应的覆盖城乡居民的社会保障制度和管理服务体系，实现资金来源多渠道、保障方式多层次、管理服务社会化。具体来讲，其内容包括：广覆盖、分层次、有差别、可持续、统筹兼顾、动态衔接。

广覆盖包含两层涵义：一是社会保障体系既要覆盖城镇，也要覆盖到农村，即社会保障制度体系要从城镇延展到农村；二是社会保障体系在城镇原有群体与数量的基础上，要继续做好扩面工作。

分层次主要包含两层意思：第一，客观上存在着城镇社会保障与农村社会保障两个体系覆盖范围不均、筹资方式不同、保障水平不一、运行机制不良的问题，建立社会保障体系必须考虑到城乡差别，分别覆盖；第二，城乡社会保障体系可以根据各地实情，探索确立多层次的社会保障制度。

有差别从主观上体现了社会保障体系中的各项差异性。首先，必须正视地区间的差异，在保障水平、保障项目等方面有差别地开展社会保障的各项工作。其次，对于不同群体，应当在调研的基础上摸清各自特征，有差别地给予形式多样化的社会保障。再次，考虑社会保障项目的不同，有差别、有重点地开展社会保障工作。

可持续是指要立足当代人的社会保障，在分层次、有差别的建立与完善的基础上覆盖城乡居民;同时展望后代人的社会保障,保障项目更加完备,功能衍生更加强大,保障方式更加灵活,保障水平更加提高。

所谓统筹兼顾,就是要统一筹划,全面照顾,要统揽与筹划大局,兼顾与协调好各方关系,调动一切积极因素,促进社会保障体系进一步实现"衔接",从二元体制的断裂走向合一。

所谓动态衔接,是指无论是区域衔接还是保障项目衔接,无论是不同群体的不同保障制度衔接还是参保方式与机制的衔接,都呈现出依据实际情况的、全方位的、多通道的动态衔接。

1. 社会保险

社会保险,是社会保障的核心内容,是指国家通过立法,多渠道筹集资金,在劳动者暂时或者永久丧失劳动能力以及其他原因中断工作、没有经济收入或者劳动收入减少时,给予经济补助,使他们能够享有基本生活条件的一项社会保障制度。主要由养老保险、失业保险、医疗保险、工伤保险和生育保险等五个险种构成。

社会保险作为全新的保险福利制度付诸于实施,是在1986年7月。当时,国务院决定:自1986年10月1日起,国有企业在新招收工人中普遍推行劳动合同制,同时为合同制工人建立社会保险制度,以解决其退休养老和失业保险(当时叫待业保险)问题。此举可被看作是我国社会保险的"预演"。从制度转轨看,这项改革举措属于"渐进式改革"的范畴,是明智之举。但在社会保险的全面建设中,这种改革策略渐渐被遗弃了。

20世纪90年代,我国社会保险进入全面建设时期。1993年,中央确定了社会保险的制度框架;1994年,中央有关部门制定了相应的实施方案。依照方案设计,我国社会保险包括养老、失业、医疗、工伤和生育等5个险种。目前,失业和工伤保险均已颁布条例,养老和医疗保险仍停留在国务院决定层次,生育保险则以部门规章加以规范。

今后一段时期,进一步完善社会保险制度,主要是要做好以下工作:加快完善企业职工基本养老保险制度,进一步完善城镇职工基本医疗保险制度,推进失业、工伤、生育保险制度建设,探索建立多种形式的农村养老保险制度,落实鼓励个体工商者和灵活就业人员的参保政策,加快建立适应农民工特点的社会保障制度。

(1)养老保险制度

从国家—单位保障制下的退休保障到国家—社会保障制下的养老社会保险,我国的养老保障制度已经基本完成了从单位化到社会化、从高替代率的全面保障到替代率逐步降低的基本保障的制度变革。不仅如此,我国还选择了世界上独一无二的社会统筹与个人账户相结合的模式,这种模式集公平与效率、现收现付与完全积累于一体,确实是富有创新意义的尝试。不过,由于基本养老保险是整个社会保障制度中最为重要的骨干项目,它的成败在很大程度上决定着国家—社会保障模式的社会保障制度的成败,因此,根据时代的发展变化和制度本身的适应性问题,对基本养老保险制度建设的内容加以调整和完善显然具有必要性。

——宜取普惠式国民养老保险加差别性职业养老保险结合模式。普惠式国民养老保险采用社会统筹、现收现付方式,由政府负责提供,并成为具有公平性、统一性、普惠性的社会保障制度安排;差别性职业养老保险采用个人账户方式由社会主导,主要由用人单位与职工个人分担责任,它根据受保者的职业构成有所区别,从而可以兼顾效率并体现出一定的层次性。

——在分清责任、化解历史负担的基础上实行统一的低标准缴费率。一方面,通过对中老年职工在国家—单位保障制下的养老金历史欠账进行清算:一是确定需要补偿的对象群体,计算出需要补偿的职工人数;二是确定补偿的基本政策,分类别进行全额或差别补偿;三是确定补偿标准,计算出所需补偿额度。另一方面,按照责任分担的基本原则,由政府、企业和个人分担化解历史负担的责任。其中:政府承担主要的补偿责任,并通过减少国有资产存量(如变现国有资产、国有股减持等)、动用国家财政增量(如扩大财政投入、发行长期特种国债等)的方式来筹集补偿资金;企业可以承担较国家—社会保障制下养老保险实际需要负担的缴费率略高的负担;个人则可以通过缴纳特别消费税及其他与收入相关的税收来分担部分历史责任。

——以职工身份为依据推进覆盖面的扩大,同时分类分层建立农村养老保险制度。由于职业类同的社会成员有相同的社会性保障需求,加之统一劳动力市场需要养老保险打破身份限制界限,在基本养老保险制度发展过程中,应当以职工身份取代居民户籍身份为依据来推进覆盖面的持续扩大。按照"立足当前,着眼长远,因地制宜,分类指导"的原则,坚持在有条件的地区、有条件的群体中探索建立与当地经济社会发展相适应的农村和被征地农民、农民工的养老保险制度。

——借鉴国外"三支柱"养老保障体系的模式,把现有的社会统筹部分与个人账户部分分开。第一支柱是社会统筹,可作为国家养老金,立法强制执行,覆盖所有企事业单位,基金通过社会保障税征缴,实行现收现付、全国统筹。第二支柱是个人账户,作为企业年金,也采用立法强制执行,由用人单位和职工自行选择参加不同企业年金基金组织,在缴费上,国家给予税前列支的政策优惠。基金实行完全积累制,按国家有关规定管理运营基金,保值增值。国家对"老人"(已退休人员)和"中人"(有一定工龄的在职人员)做实个人账户负责,而对"新人"(刚参保的人员)无须负责。第三支柱是商业养老保险、社会互助保障和个人储蓄性保障等,政府要积极引导,政策上鼓励发展。

此外,还应当逐步做实基本养老保险个人账户,改革基本养老金计发办法,建立基本养老金正常调整机制,缩小企业退休人员养老金水平与机关事业单位退休人员退休费水平的差距;鼓励有条件的企业建立企业年金,初步形成基本养老保险、企业年金和个人储蓄养老保险相结合的多层次养老保险体系;推进机关、事业单位养老保险制度改革,实现机关、事业单位与企业养老保险制度的合理衔接;等等。

(2)医疗保险制度

医疗保险是城乡社会成员具有普遍性需求的社会化保障制度,并因保障内容和涉及关系的复杂性而成为整个社会保障制度改革中最为艰难的领域之一。经过三十年的改革探索,医疗保险完成了归并制度、重新界定保障责任并实行社会化管理的制度建构任务,国家—单位保障制下的公费医疗、劳保医疗已经被国家—社会保障制下的基本医疗保险所替代,覆盖城乡的基本医疗保障体系初步形成。不过,医疗保险制度建设中还存在着许多问题,包括发展理念的重新确认,相关措施的配套,以及具体的推进方式与步骤,均有完善的必要。

——建立全民健康保险应当成为医疗保险制度的最终发展目标。因为人人都有疾病风险,人人都需要医疗保障,社会保障制度的公平性与疾病风险需要在尽可能大的范围进行分散才能真正实现财务稳定的特殊要求,决定了建立全面健康保险应当成为国家—社会保障制下新的医疗保障制度追求的最终目标,目前做不到这一点并不能否定全民健康保险的合理性、有效性和稳健性。在短期内无法实现全民健康保险目标的情形下,应当以基本医疗保险制度为核心建立一个政府、单位、社会及个人共同参与并分担责任的多层次医疗保障体系,包括政府负责的医疗社会救助和政府主导的基本医疗保险、公益性质的非营利医疗服务、慈善组织的医疗救助,以及保险公司提供的商业性医疗保险在内,共同构成一个虽然参差不齐但又较为完整的医疗保障网。国家公务员、企事业单位职工可以参加政府建立的制度内的医疗保障,自由职业者等在体制外的人可以参加商业保险,而对那些既未被国家医疗保障制度覆盖、又无力通过商业保险获得保障的贫困人口而言,则可以通过政府与民间的医疗救助系统获得相应的帮助。

——完善覆盖全民的基本医疗保障体系。基本医疗保障有两层核心含义:一是从技术上看,能够提供有效的、可靠的"基本医疗"服务,为城乡居民的常见病、多发病、大病重病以及急诊、急救等,提供有效的诊断、治疗手段和基本药品服务;二是从经济上看,所提供的是"基本保障",就是把医疗费用支出控制在政府、用人单位和个人等各方面可以承受的合理范围内,按照经济上的可能性、而不是完全根据个人需求来提供医疗服务。从发展方向上看,要建立覆盖全民的基本医疗保障体系,必须将现有的城镇职工基本医疗保险、城镇居民基本医疗保险、新型农村合作医疗和医疗救助制度四套制度进行重新整合,解决城乡居民的基本医疗保障需求。可以考虑通过整合完善两项制度:一是随着经济社会的发展,把现有的城镇职工基本医疗保险、城镇居民基本医疗保险和新型农村合作医疗三项制度合并为一项制度,可称为"国家基本医疗保险制度",医疗保障水平也逐步向城镇职工基本医疗保险过渡,在基本医疗保障方面率先实行城乡一体化,实现全覆盖;二是继续保留并全面完善医疗救助制度,主要解决少量患者的大病重病和高额医疗费用问题。要从扩大救助覆盖面、提高救助标准、提高救助效率等方面大力完善城乡医疗救助制度。不断加大医疗救助资金投入,不断完善救助程序与措施,创新救助途径与方法,让困难群众能够简便、快捷地享受到医疗救助。

——尽快建立补充医疗保险制度、医疗救助制度及其他相应的医疗保障措施。合理的医疗保障体系包括三个层次:第一层次,基本医疗保险;第二层次,补充医疗保障;第三层次,商业医疗保险。我国医疗制度建设的近中期目标应当是不同的人群能够从不同的社会化医疗保障措施中得到相应的保障;从长远看,要建立包括农村人口在内、覆盖全体社会成员的、具有中国特色的多层次医疗保障体系。

——积极试点,加速建立城镇居民基本医疗保险制度。这项制度主要解决城镇非从业人员,特别是中小学生、少年儿童、老年人、残疾人等群体的看病就医问题。国务院决定,从2007年开始试点(首批确定79个试点城市),用三年时间逐步在全国城镇全面推开。一要合理确定筹资水平和保障标准,从低水平起步,努力实现广覆盖。二要坚持群众自愿,加强政府引导。对群众参保不能搞强制,而是通过财政支持,改进医疗保障管理和服务,让群众在参保、缴费、就医、报销等环节都感到方便,增强制度的吸引力。三要加强医疗保险基金管理,确保基金安全。科学设计医疗保险费用支出的项目、范围和比例,完善费用结算办法,努力降低医疗费用。四要加大财政投入,形成稳定的资金筹措机制。

当然,"绿色医保"也是我国医疗保险可以考虑的方向之一。绿色医保要坚持国民保健、预防为先、统筹制衡、持续高效的原则,其中,国民保健是目标,预防为先是关键,统筹制衡是手段,持续高效是保证。

(3)失业保险制度

我国的失业保险制度建设已经取得了突破性进展,在各项社会保险制度中应当算是最为规范的一项制度安排,但随着国内改革开放的深化和加入WTO后全球化的冲击,社会保障制度发展的内部和外部条件已发生了重大的变化,这对现行失业保险制度构成了多方面的挑战。能否有效地应对这些挑战,是失业保险制度今后发展的核心问题。

——保障目标的再定向。发展就业型的失业保险体制,促进劳动者自我保障能力的提高,是我国失业保障制度发展的长远目标。20世纪90年代以来,在新经济和全球化浪潮冲击之下,世界各国失业保障制度发展出现了新的基本趋势:改变以往消极被动地向失业者提供收入补偿的传统保障方式,而代之以实施积极的失业保护政策,帮助失业者重返劳动力市场,努力消除过度保护导致的失业者寻找工作动机下降和劳动力市场僵化的负面后果,使失业保障逐渐转变成为促进就业的就业保障制度。

——制度功能的再界定。我国失业保险从制度建设伊始,就明确了失业保险与就业促进相结合的制度功能。然而,在制度的具体实施过程中,发生了某些基金管理不规范,借就业服务之名滥用、挪用失业保险资金的现象,就业促进的效果不尽如人意。今后应从以下几个基本方面着手:一是优化现有的各项传统就业服务活动,如职业介绍、就业指导、培训等,具体途径可以借鉴福利国家改革的成功经验,政府与非营利机构合作,分工负责,政府提供政策支持和适当的经济扶持,采用委托式、合同式等多种办法,由各类非政府机构和社区提供职业介绍、培训等就业服务;二是进一步完善就业信息公开发布制度,建立就业信息和劳动力市场变化的动态跟踪系统,并提供失业保险及相关的政策指导、法律咨询等综合信息服务,同时向全社会公开发布。

——管理机制的再完善。一是要加快建立失业保障信息系统,完善检测失业保障运行的动态指标体系,以解决做什么的问题;二是提高经办机构的行为效能,以解决谁来做的问题;三是加快完善有效可行的监管机制,以解决怎样做的问题。

另外,对失业人群的识别和受益人群的确认也是值得研究的问题之一。

(4)工伤保险制度

工伤保险是绝大多数国家优先考虑建立的社会保险制度,也是迄今为止世界上最具普遍意义的社会保险制度。目前,我国的工伤保险制度正朝着建立适应社会主义市场经济体制要求的、覆盖城乡所有用人单位和职工,制度体系法制化,保障水平个性化,管理服务社会化,工伤补偿与事故预防、工伤康复相结合的工伤保险制度改革的目标迈进。然而,由于一系列的原因,工伤保险制度还存在不同程度的脱节、统筹层次的差距等问题。因此,发展和完善工伤保险应当成为当前整个社会保障制度发展中最为重要、最为紧迫的任务之一。

——奉行无过失责任原则。在西方国家,处理工伤事件时普遍采取无过失责任原则,即只要受害人在工作中遭到的伤害不是自身故意行为所致,无论其雇主实际有无过失,受害人均有权利向其雇主索取工伤赔偿。这一原则的确立,意味着雇主即使尽到了安全防范的责任,也还有可能遭遇工伤受害者的赔偿请求,并需要承担相应的赔偿责任,因此,雇主对工伤保险也有需求。随着我国经济国际化程度的提高,在工伤保险制度中依照西方国家的惯例,奉行无过失责任原则越来越具有必要性和必然性。

——强化政府监督作用。一方面,严格劳动用工合同制,强化政府对企业劳动保护的监察,应当成为推进工伤保险制度的基础性条件;另一方面,推进工伤保险制度的建设还要与打击地方保护主义相结合。

除此之外,还需要加强以下工作:进一步完善工伤保险政策和标准体系,继续推进各类企业、有雇工的个体工商户参加工伤保险,组织实施事业单位、社会团体和民办非企业单位参加工伤保险,完善工伤认定制度和劳动能力鉴定制度,积极探索工伤补偿与工伤预防、工伤康复相结合的有效途径,建立起预防工伤事故的有效机制,逐步建立适合我国国情的工伤康复制度。

(5)生育保险制度

1988年江苏省南通市率先试行生育费用社会统筹,此后各地相继开展生育保险制度改革工作。1994年劳动部对生育保险的内容、标准、形式等方面进行规范,生育保险制度改革取得了显著的成就,同时也面临着制度不健全、覆盖面窄、统筹层次和待遇水平低等一系列问题,需要进一步改革完善。

——扩大生育保险覆盖面,提高统筹层次。应逐步向城镇各类企业辐射,同步将受保人群扩大到所有企业的各类劳动者。在条件成熟的地区可以积极吸纳个体经济从业人员参保,形成统一的覆盖一切企业女职工的生育保险统筹基金管理制度。建立生育保险基金,扩大社会统筹覆盖面,同时,提高统筹层次,逐步实现在直辖市和地市级范围内统一保险项目、统一保险费率、统一支付标准,发挥生育保险基金的社会互济功能。在有一定经济基础的乡镇实行试点,逐步建立起农村生育保险制度。

——实行生育保险政府、企业、个人三方共担,男女分担、社会互助机制,强化个人缴费义务。一方面,妇女生育是一种个人行为,要建立生育保险个人分担机制,强化个人的缴费义务。作为生育保险基金的另一责任主体,企业的作用还应继续发挥,这是提高保险待遇、扩大保险覆盖范围的必然要求。另一方面,妇女生育又是一种社会行为,应尊重妇女生育的社会价值。生育保险在实施过程中必须坚持强制性、社会性、互助性等社会保险的普遍原则,其基金来源遵循社会保险的"大数法则",集合社会力量,在较大社会范围内筹集资金。

——妥善解决好生育保险与基本医疗保险政策的衔接问题。我国的生育费用无需个人负担,医疗费用需要个人部分负担,生育医护与普通医疗之间没有绝对的界限,医院又是一个需要盈利的单位,如无制度约束,很容易与受保生育人结成心照不宣的同盟,过度使用生育医护费用。为避免生育医护费用膨胀,各地采用定额支付的办法,又会使一些真正遭遇难产、危产而需要医护的妇女不够支付,达不到生育保险的目的。由此看来,做好生育保险与医疗保险的衔接,首要问题便是建立生育保险个人分担机制,强化个人的缴费义务。

2. 社会救助

社会救助,是对因各种原因造成生活困难,不能维持最低生活水平的社会成员,由国家和社会给予一定物质援助的制度。主要包括城乡居民最低生活保障、医疗救助、教育救助、司法救助、住房救助、特困户救助、灾民救助等。作为社会保障体系的重要组成部分,社会救助是最广泛、最基本、最重要的保障,也是社会保障的最后防线。改革开放以来,尤其是20世纪90年代以来,国家开始建立面向不同社会群体的最低收入保障制度和社会救助制度:对于就业者,规定了最低工资保障线,保障工薪劳动的最低报酬权益;而对于城乡贫困居民,规定了最低生活保障线,将城乡所有生活在最低保障线标准以下的居民全部纳入救助范围;对于遭受自然灾害的群众,国家提供灾害救助;等等。经过多年的努力,我国已经初步建立起了以城乡居民最低生活保障、灾害救助、农村五保制度为基础,以医疗、教育、住房、司法等专项救助为辅助的城乡社会救助体系,达成了由最初的救急性举措到道义性扶贫再到制度性救助的转变,也实现了由片面的城市最低保障制度再向农村最低保障制度向全社会最低保障制度的拓展。

目前,我国社会救助大体分为三类:一是经常性社会救助,主要包括城乡最低生活保障、农村五保供养、农村特困户生活救助以及城乡医疗救助等专项救助。二是紧急性救助制度,主要包括发生自然灾害时对灾民紧急救助和应急救助行动。三是临时性救助,主要包括对城乡低收入人群的救助、对城市生活无着的流浪乞讨人员的救助。

进一步完善社会救助制度,还需要做好以下工作:一要进一步整合现有的城市低保、农村低保、农村"五保"、"送温暖工程"等各种救助资源,建立城乡统一、待遇有别的居民最低生活保障制度,保障城乡困难群众的基本生活。二要合理确定保障标准和方式,完善分类施保,加强管理,不断提高救助效果和服务水平。三要积极发展城乡医疗救助,多渠道筹集救助资金。城市医疗救助要在做好已有试点的基础上不断扩大试点,并与城市医疗卫生体制改革相适应。农村医疗救助要加快推进步伐,做好与新型农村合作医疗制度的衔接工作,尽快在全国范围基本建立比较规范的农村医疗救助制度,将救助政策落实到人。四要稳步开展特困户救助、灾民救助、城市生活无着的流浪乞讨人员救助、教育救助、住房救助和司法救助等专项救助活动。

(1)最低生活保障制度

我国的贫困问题依然十分严重,贫困人口数量很大,贫困程度很深,并且呈现出绝对贫困与相对贫困并存、区域贫困与阶层贫困并存、城市贫困与农村贫困并存、历史贫困与现实贫困并存、物质贫困与精神贫困并存的复杂格局。由于最低生活保障制度面向最低收入阶层和贫困人口,很自然地构成了整个社会保障制度的底线。随着收入分配差距的扩大及其带来的贫富分化与社会冲突,以及国民维权意识的觉醒,最低生活保障制度越来越引起整个社会的关注与重视,并成为衡量社会道义与政府是否尽责的一块试金石。

——将其他贫困救济政策统一纳入最低生活保障制度,并使之成为面向城乡贫困人口的综合援助制度。在最低生活保障制度之外,还有所谓特困补贴、临时救济、节日慰问、送温暖活动等,这些贫困救济措施多是临时性的,并采取非制度化非规范化的方式实施,其实际效果主要是产生宣传效应,但也扭曲了政府济贫的本色,从而遭到了非议。因此,有必要将最低生活保障制度的内容补充、形成统一规范的综合援助制度,其内容除现有生活保障外,还应包括对低住房保障、医疗救助乃至子女教育补贴等。

——做好与其他社会保障制度的衔接,包括与失业保险制度、基本养老保险制度、基本医疗保险制度等的衔接,对因失业、退休等原因造成的贫困按照政策提供最低生活保障;加入医疗救济的内容;与慈善公益事业保持密切配合,共同维护贫困人口的生计。

——构建按物价上涨指数调节城市居民最低生活保障制度。根据各地经济发展水平与物价的变动,规范城市居民最低生活支出的日常调节机制,构建按物价上涨指数调节最低生活保障制度,对不同社会群体实施最低收入保障制度,并制定相应的保障标准。一是对工薪阶层,规定最低工资保障线,保障他们最基本的劳动报酬权益,促使工资制度法制化;二是对城市居民,规定最低生活保障线,将城市中所有生活在保障线标准以下的居民全部纳入救助范围;三是将因企业亏损、半停产、停产或破产而生活困难的职工及其家庭纳入保障范围,保障困难企业职工、居民的基本生活,维护社会稳定。

(2)新型农村合作医疗制度

自2002年中央决定建立新型农村合作医疗制度以来,各地积极开展工作,取得了一系列成就。截至2008年6月底,全国31个省份已全部实现了全面覆盖。新型农村合作医疗作为造福亿万农民的伟大实践,为解决农民因病致贫、因病返贫问题闯出了一条新路,也改变了他们多年形成的“小病等,大病挨,实在不行才往医院抬”的习惯。在取得大成功的同时,新型农村合作医疗也存在管理人员缺乏、经费来源不太稳定、乡村医生难考执业医师证、一些农民的小农意识亟待克服等一些小问题。

——自愿还是强制?新型农村合作医疗制度发展之初,卫生部、财政部、农业部在《关于建立新型农村合作医疗制度的意见》中明确了制度的性质是“农民医疗互助共济制度”。农民之间的互助,意味着以政府力量为支撑的强制原则不可取,意味着新型农村合作医疗制度不具备社会医疗保险的性质。其实,强制原则是有利于农民的。新型农村合作医疗制度已经成为国家社会保障体系的一部分,定位于为全体农民提供医疗保障。政府成为实施主体,通过强制性的确立,建立稳定的筹资机制,则能集中有限的资源发挥制度分散疾病风险的作用,保障农民在遭遇大病时,能获得费用补偿。

——个人效率还是社会公平?新型农村合作医疗的目标是使更多农民获得医疗保障,通过再分配的制度设计实现社会公平。然而在制度设计和运行过程中,采取了家庭账户、保小病等做法,产生了一些问题,影响了制度的持续。首先,管理成本昂贵——要投入登记、建账、发本、结算等一系列管理费用,并加大门诊报销的工作量。其次,沉淀资金弱化制度共济功能——减小了统筹基金的规模,影响患大病农民受益的可能性和额度。再次,预期目标的实现程度低——报销程序麻烦,农民较少使用。

3. 社会福利

社会福利,广义上是指国家为改善和提高全体社会成员的物质生活和精神生活所提供的福利津贴、福利设施和社会服务的总称;狭义上是指国家向老人、儿童、残疾人等社会中需要给予特殊关心的人群提供的必要的生活保障。随着社会化进程的推移,我国的福利事业规模不断壮大,效率不断提高,逐步实现了从封闭型、救济型、供养型向开放型、福利型和供养康复型的转变,初步形成了以老年人福利、残疾人福利、孤儿福利、婴幼儿福利、青少年福利、妇女福利等为代表的新型社会福利制度。同时,面对国家财力有限、居民收入不高及社会保护对象的福利需求日趋增多的现实,福利制度建设也出现了缺乏经费、缺乏统筹规划、缺乏对民办福利事业的支持等相当突出的问题。

——改造政府福利,实现政府福利民营化。一方面,以原有的社会收养和相关福利待遇为基础,重新根据社会群体的普遍性需求来设置老年人福利、残疾人福利、儿童福利、青少年福利、妇女福利等项目,尽快在项目体系上促使制度转型。另一方面,打破封闭,将政府举办的各项福利向全社会开放,将政府举办的各项福利设施转为民营化,使之变成独立的社会福利法人团体,并与民办福利团体融为一体,共同在国家政策的统一规范下分享公共福利资源。

——分化职业福利,促使职工福利社会化。从福利制度改革的现实出发,最为艰难的莫过于分离福利与就业的内在关联,促进职工福利社会化,即遵从市场经济的一般规律,将劳动者与企业或用人单位的关系简化为较为单纯的劳动工资关系,将国有单位等的绝大多数福利设施或相关福利项目转化为社会公益福利团体或者转包给社会福利团体具体承办,使之成为社会化的福利设施和福利项目。

——进一步完善其他福利制度。在重点解决政府福利民营化和职工福利社会化的同时,还有必要对其他福利政策进行重大调整。如将财政补贴逐步转变为面向城乡具名家庭的社会津贴,重新界定教育福利,重新整合住房福利,以及促进社区服务的发展,等等。

4．慈善事业

慈善事业，是私人或社会团体基于慈悲、同情和救助等观念，为灾民、贫民以及其他生活困难者举办的施舍、救助活动的统称。慈善活动的对象、范围、标准和项目由施善者确定。伴随着改革开放的脚步，我国的慈善事业于20世纪90年代开始苏醒，并终于在跨入21世纪后有了真正获得大发展的迹象。但总体看来，我国的慈善事业还处于起步阶段：慈善捐赠水平较低，占GDP的比重不到1%；慈善公益机构数量少，而且动员社会资源的能力弱，多数尚没有足够的社会公信力；公民慈善观念落后，个人主动性慈善捐赠参与率较低；发展慈善事业的相关法律、法规滞后，慈善事业的进入、评估、监管、公益产权界定与转让、融投资、退出等完整法律框架尚未形成，使一些有意从事慈善事业者只能裹足观望。因此，还有相当长的一段路要走。

——加强慈善组织机构的建设。我国虽有中华慈善总会、中国红十字会、中国光彩事业促进会、中国扶贫基金会等多家慈善机构，但具有真正影响力的基金会不多，远不能满足慈善事业发展的需要。而且，大多数慈善组织挂靠在政府业务主管部门，依附于政府机关运作，政府行为一直都是我国慈善事业的主渠道。但随着社会的发展，国家的救助行为显然不可能做到全面覆盖社会上需要救助的人群。因此，应当通过立法手段，吸收更多的社会力量参与到慈善事业当中来，让慈善组织真正独立承担起民事责任，大力培育发展民间慈善组织。

——加大对慈善事业的宣传力度，培养全社会的慈善意识。要让人们懂得，现代社会中的成员应当具有慈善意识，这是一个有责任感和道德观念的社会成员具有的基本素质。现代的慈善意识不是恩赐和施舍，而是公民权利和仁爱理念的结合，是人道主义、人文关怀与中华民族传统美德的结合。要通过慈善宣传，培养人们的慈善意识，提高人们对慈善事业价值的认识，以感召人们自觉参加到关爱他人、关爱社会的事业中来。只有慈善意识的普遍增强，使慈善事业成为全民的事业才会促进慈善事业的大发展。

——完善立法推动慈善事业的规范发展。对于慈善事业发展所需要的法律政策环境而言，现有法律、政策尚不足以规范和保护慈善事业的发展，迄今我国尚没有针对性、特定性的专门规范慈善组织的实体内容的法律与法规条款，包括对慈善组织的性质定位、慈善事业运行的政策规范、监督机制及机构的活动领域（如募捐善款、救助项目开发）等方面，都缺乏完善、系统的法规政策规范。即使是已经颁布的有关法律、法规政策，也由于缺乏具体的、可供操作的配套政策而难以落实，如财政部、国家税务总局根据国务院《关于完善城镇社会保障体系的试点方案》联合下发文件，对向慈善机构、基金会等非营利机构的公益、救济性捐赠的减免税收政策作出了规定，但到底如何操作却没有更加具体的依据。

——加强慈善组织的自律和监督，增强慈善组织的公信力。应当努力加强慈善机构的内部约束，接受社会监督，提高善款使用的透明度，树立慈善机构的良好形象。从一定意义上讲，公信力对慈善事业的发展更具有决定性，只有增强慈善组织的公信力，才能促进慈善事业的发展。随着社会公众慈善意识的不断提高,企业、个人将会越来越注重其善款、善举的使用方向,重视其慈善行为的价值取向。因此,慈善组织必须建立起一套诚信机制,使慈善组织在全社会监督下开展慈善活动,保证慈善事业的透明度,从而树立起公信力。而这样的公信力,就是争取公民信任、稳定获得善款的前提,就会赢得更多人的爱心,从而推动慈善事业更快、更好的发展。

第十章　区域格局:沧海桑田大变幻

改革序曲奏响,中国区域迎来大变局。回眸三十年,中国区域发展战略历数次取舍,区域格局经几番起伏,如今,四轮驱动格局终趋形成。

在计划经济体制下,着眼于全国这"一盘棋",本着生产力均衡布局的指导思想,中央力争实现生产力在全国各地的均衡布局,由此带来了各省市区经济发展水平差距相对较小,全国各地区经济结构、经济发展水平呈现出高度同质性的区域格局。但随着中国改革开放实践的展开,"一部分人、一部分地区"先富起来,区际差异迅速形成,中国的区域经济格局突然之间出现了大逆转,全国各地的各种生产要素不断向东南沿海聚集,"孔雀东南飞"现象令内陆地区束手无策。由此,"七五"计划首次对我国区域经济版图作出了东部沿海地带、中部地带和西部地带三大经济地带的划分,① 并以此确定全国的产业布局。而20世纪90年代中期,东北地区的国有企业经营出现了困境,由此就出现了中部、西部、东北地区与东部地区差距越来越大的问题。在这种背景下,区域协调发展的思路开始盛行,西部大开发战略、东北老工业基地振兴战略、中部崛起战略相继实施,《2006年政府工作报告》强调要进一步推进西部大开发,继续实施东北地区等老工业基地振兴战略,积极促进中部地区崛起,鼓励东部地区率先发展。由此,西部大开发、东北振兴、中部崛起、东部率先发展的四轮驱动格局开始形成。

10.1　效率优先:且行且开放

穷则变,变则通,通则久。改革开放伊始,以邓小平为核心的第二代领导集体就在考虑

① "七五"计划所划分的东部沿海、中部、西部三大地带和四轮驱动中所称的东部、中部、西部、东北地区有所不同。"七五"计划划分的东部沿海地带包括辽宁、河北、北京、天津、山东、江苏、浙江、上海、福建、广东、广西等11省市区(1988年海南设省,东部地带相应包括12省市区),中部地带包括黑龙江、吉林、内蒙古、山西、河南、湖北、湖南、安徽、江西等9省区,西部地带包括四川(含重庆)、云南、贵州、西藏、陕西、甘肃、青海、宁夏、新疆等9省区;而在后面的四轮驱动中,西部包括内蒙古、广西、四川、重庆、云南、贵州、西藏、陕西、甘肃、青海、宁夏、新疆等12省市区,中部包括山西、河南、湖北、湖南、安徽、江西等6省,东北包括黑龙江、吉林、辽宁等3省,东部包括北京、天津、河北、山东、江苏、上海、浙江、福建、广东、海南等10省市。

如何破解困扰中国现代化进程的区域发展谜题。经济特区的诞生表明了中国区域突破的一种新模式,也宣告了注重均衡的区域发展格局被打破。经济特区的发展成就对中国产生了巨大的激励,进一步的区域开放陆续实施,最终形成了中国目前全面开放的区域格局。

10.1.1 经济特区破题

经济特区的出现及其耀眼的表现彻底颠覆了长期处于封闭环境下的中国人的思维:原来地大物博的中国也需要借助于海外的资源。而特区就成为了中国改革开放初期与世界交流的窗口。经济特区的出现,意味着中国开始践行效率优先的区域发展战略。

1978年12月召开的党的十一届三中全会,提出在自力更生的基础上,各级政府应发展同世界各国平等互利的经济合作,努力采用世界先进技术和先进设备。但更重要的问题在于如何实践改革开放政策。受中国当时条件的限制,中央的想法是先试验,那么,如何试验,在哪里试验呢?借1979年4月中央召开工作会议的时机,广东和福建及时提出了一个建议:广东、福建华侨众多、毗邻港澳台,可以发挥这一优势,在对外开放上做点文章。这一建议得到了邓小平同志的支持,由此,经济特区的雏形初步形成。

1980年8月26日,一个永远值得纪念的日子,第五届全国人大常委会第十五次会议批准颁布了《中华人民共和国广东省经济特区条例》,在广东省深圳、珠海、汕头3市分别划出327.5km^2、6.7 km^2、1.67 km^{2}设置经济特区。这也就意味着中国正式向全世界宣布:经济特区在社会主义中国诞生了,“8.26”成为了深圳、珠海、汕头三个经济特区的共同生日。随后,也就是1980年12月10日,国务院正式批准成立厦门经济特区,面积为2.5 km^2。1988年4月13日,中国第七届全国人民代表大会第一次会议通过了关于设立海南省的决定和关于设立海南经济特区的决议。由此,五大经济特区并列于中国版图之上。

这仅仅是中国经济特区艰难孕育过程中的数个片段。在近三十年的发展历程中,经济特区发挥了敢闯敢试的精神,为中国的改革开放闯出了一片新天地。按照邓小平同志的话说,“特区是个窗口,是技术的窗口,管理的窗口,知识的窗口,也是对外政策的窗口。”①

能够成为中国的窗口,在于经济特区的“特”,那么“特”在哪里呢?从根本上说,是特在实行不同于内地的特殊经济政策和经济体制,主要体现在:第一,特区建设以吸收利用外资为主,特区的所有制结构是国有企业、集体企业、私人企业和外资企业等多种经济成分共存的综合体;第二,特区的经济活动以市场调节为主,价格完全放开;第三,特区对前来投资的外商,在税收和出入境等方面给予特殊的优惠和方便;第四,特区实行不同于内地的管理体制,享有更大的经济管理权限。

正是有了这些特殊之处,经济特区成为了中国经济增长最快的区域。但更重要的是,特区这个窗口,通过新体制试验和吸引外资,最终向西方投资者证明了,中国的开放政策和推进经济市场化的改革是一个可以信赖的承诺。特区的先行先试为中国更大范围的改革开放

① 王桂岩.谁策划创建了深圳经济特区.决策与信息.2004(12).42~46.

提供了经验,可谓是星星之火,可以燎原。

尽管将经济特区当作中国改革开放的试验场,但谁也无法否认特区所取得的巨大成就。五大经济特区,五张各异的面孔,但都洋溢着勃勃的生机。

作为特区之一的深圳以敢为天下先的胆识和勇气,冲破了传统的计划经济束缚,大胆探索和创新,以惊人的"深圳速度"赢得了世人的瞩目,从一个小渔村成长为国际性都市,成为了中国经济发展奇迹的一个象征。1979 年,深圳市生产总值仅为 1.96 亿元,2007 年达到 6765.41 亿元;1979 年深圳市的工业总产值只有区区 0.71 亿元,而 2007 年规模以上工业增加值就达到了 3094.79 亿元;1979 年深圳市的财政预算收入为 0.17 亿元,2007 年深圳市地方财政一般预算收入达 658.06 亿元; 1979 年深圳市的出口总额只有 0.09 亿美元,2007 年出口总额已经超过了千亿美元,达到 1684.93 亿美元。[①]

这些总量数字仅仅是"深圳奇迹"的一小部分,更为重要的是,我们看到了"深圳效益"。2007 年,深圳市生产总值为 6765.41 亿元,而第一产业增加值仅仅为 6.23 亿元,三次产业结构为 0.1∶50.9∶49.0。相应地,在"深圳效益"的推动下,深圳更为关注社会、经济、生态和人的和谐发展,在经济继续高速发展的同时,效益有了明显的提高。2007 年,深圳市每平方公里土地产出生产总值为 3.46 亿元,比 2006 年提高 0.48 亿元;万元 GDP 能耗在不到全国平均水平一半的基础上继续有所下降;万元 GDP 水耗 27.7 立方米,下降 7%,相当于世界平均水平的一半;全市二氧化硫和化学需氧量排放量分别下降 6.9% 和 4.7%,空气质量优良天数比例达 98.9%。[②]

毫无疑问,深圳是中国经济特区中最为杰出的代表,但其他四个经济特区同样取得了令世人瞩目的成就:

珠海,1980 年生产总值为 2.61 亿元,2007 年已达 886.84 亿元;1980 年工业总产值为 2.32 亿元,而 2007 年全部工业完成增加值就达 471.93 亿元;1980 年的进出口总额为 1935 万美元,2007 年则达 398.69 亿美元。[③]

汕头,1980 年生产总值为 10.79 亿元,2007 年达 850.15 亿元;1980 年完成工业总产值 9.89 亿元, 2007 年完成工业总产值 1744.11 亿元; 三次产业结构由 1980 年的 25.0∶34.1∶40.9调整为 2007 年的 5.6∶52.6∶41.8。[④]

厦门,1980 年生产总值为 6.40 亿元,2007 年达 1375.26 亿元;1980 年完成工业总产值 9.67 亿元,2007 年完成工业总产值 2837.09 亿元;1980 年的进出口总额为 1.41 亿美元,2007 年则达 397.83 亿美元;三次产业结构由 1980 年的 21.6∶57.8∶20.6 调整为 2007 年的

---

① 1979 年数据参见刘国光主编 . 深圳经济特区 90 年代经济发展战略 . 北京:经济管理出版社 .1993.1;2007 年数据来自于深圳市 2007 年国民经济和社会发展统计公报 .

② 数据来源于 2008 年深圳市政府工作报告 .

③ 1980 年数据来源于珠海市统计局网站珠海市建市以来国民经济及社会发展主要指标;2007 年数据来源于 2007 年珠海市国民经济和社会发展统计公报 .

④ 1980 年数据来源于 2005 年汕头市统计年鉴;2007 年数据来源于汕头市统计局关于 2007 年国民经济和社会发展的统计公报 .

1.3∶53.5∶45.2。①

海南，1988年生产总值为77亿元，2007年达1229.6亿元；1988年完成工业总产值31.25亿元，2007年完成工业总产值1084.30亿元；1980年的进出口总额为6.65亿美元，2007年则达73.58亿美元；三次产业结构由1980年的50.0∶18.4∶31.6调整为2007年的31.1∶29.6∶39.3。②

两张脸谱，代表的却是特区的两个时代，天壤之别的两个时代。

近三十年的梦想，近三十年的荣耀，经济特区风雨中疾步前行。但岁月流逝，改革开放之初赋予特区的"特"已踪迹难觅。曾经有一篇叫《深圳，你被谁抛弃》的网文广为流传，这其实就表明了深圳等特区在当今中国所遭遇的一些问题。作为试验场，特区已经完成了其使命；但作为曾经万众瞩目的特区，它们依然耀眼，依然被其他区域当作重要的竞争对手。在中国加入WTO，实施全面开放的今天，经济特区该何去何从？

后WTO时代的中国，经济特区已不再有任何政策、体制优势可言。从根本上说，未来经济特区发展的关键必须是在公平竞争环境下提升区域竞争力。也就是说，未来中国经济特区的发展与内地地区的发展将处于同一起跑线上。

事实上，中国经济特区在利用"特权"先行先试的同时，也出现了众多问题，涉及金额以百亿计的厦门远华走私案、汕头骗税案，海南房地产泡沫的破灭，等等。从目前的情况看，经济特区的优惠措施近于消失，可中国为数众多的经济开发区却提供了各类优惠政策，在此消彼长的政策优势下，经济特区该如何维持高速增长呢？更重要的是，从经济特区的发展模式看，由于严重依靠外资，虽然特区企业数量众多，但大部分企业都从外资企业接单生产，高附加值企业更是凤毛麟角。在外来动力减少时，经济的内生动力还未完全形成，对特区来说，危机重重。更何况，人民币兑美元不断升值，国内生产成本不断增加，特区内那些依靠从外资企业接单的企业又将如何参与国际竞争，如何构建可持续竞争力呢？

"特区不特"，才是真正的成功。在公平的竞争环境下，如果特区还能够成为全国城市学习的"样板"，那么，它们就真正成功了。

10.1.2　沿海开放纵深

深圳、珠海、汕头、厦门四个经济特区的高速发展给了中国以巨大激励，区域层面的进一步开放迫在眉睫。1984年5月，中共中央和国务院决定进一步开放大连、秦皇岛、天津、烟台(含威海)、青岛、连云港、南通、上海、宁波、温州、福州、广州、湛江、北海(含防城港)等14个沿海港口城市。

经济特区的创办、沿海14个港口城市的开放为中国全面开放谋篇布局奠定了基础。与经济特区相比，沿海开放城市的开放内容更多地局限于对外经济活动，主要体现在两条：一是扩大沿海开放城市对外开展经济活动的权限，如放宽利用外资建设项目的审批权限、增加

---

① 1980年数据来源于厦门经济特区年鉴2007；2007年数据来源于2007年厦门市国民经济和社会发展统计公报.

② 1980年数据来源于海南统计年鉴2007；2007年数据来源于2007年海南省国民经济和社会发展统计公报.

外汇使用额度和外汇贷款、采取扶植政策和灵活措施支持开放城市利用外资和引进先进技术、兴办经济技术开发区等;二是给予前来投资办厂的外商优惠待遇,主要是各项税收优惠。

在创办四个经济特区、开放沿海 14 个港口城市取得积极成果的基础上,中国进一步在沿海地区开辟对外开放经济带。1985 年 2 月,长江三角洲、珠江三角洲和闽南厦门、漳州、泉州三角地区又新开辟为沿海经济开放区。1988 年 3 月,国务院进一步扩大了长江、珠江三角洲和闽南三角地区经济开放区的范围,并把辽东半岛、山东半岛、环渤海地区的一些市、县和沿海开放城市所辖县划为沿海经济开放区。随后几年又把一些市、县划为沿海经济开放区。

1990 年 4 月,党中央、国务院又作出了一项重大战略决策:开发开放上海浦东。开发开放浦东新区,不仅拓宽了上海发展的思路,为上海增添了新的经济增长点,也点爆了长三角增长的引擎。

沿海城市和沿海经济区的开放、浦东新区的开发开放进一步促进了中国外向型经济的发展,与此同时,中国的开放步伐也日益坚定了外国投资者进入中国的决心。但是,不论是经济特区,还是沿海开放城市、沿海经济开放区和浦东新区,都集中于东部沿海地带,至此为止的区域开放措施在促进东部沿海地区快速发展的同时,也逐渐拉开了东部沿海地带与中部、西部地带的发展差距。而区域发展差距成为我国近年来经济发展的一个突出矛盾。

10.1.3　全方位开放格局形成

1992 年 1 月 17 日,邓小平同志以 88 岁高龄开始了南巡。在南巡过程中,邓小平同志高屋建瓴,发表了一系列重要谈话,如“革命是解放生产力,改革也是解放生产力”,“改革开放胆子要大一点”,三个“有利于”标准,“计划多一点还是市场多一点,不是社会主义与资本主义的本质区别”等。在一个月之后的 2 月 28 日,经中央和邓小平本人亲自审阅,被作为 1992 年中央第二号文件下发,并发出通知,要求尽快逐级传达到全体党员干部。很多人意识到,一个新的时代开启了。

在此之后,中国区域开发开放的步伐明显加快,不仅是沿海地区,沿边、内陆地区也融入开放格局之中。1992 年 3 月以来,中国进一步开放了黑龙江省的黑河市、绥芬河市,吉林省的珲春市,内蒙古自治区的满洲里市、二连浩特市,新疆维吾尔自治区的伊宁市、塔城市、博乐市,云南省的瑞丽市、畹町市、河口市,广西壮族自治区的凭祥市和东兴镇等 13 个市、镇。7 月,国务院进一步开放了安徽芜湖、江西九江、湖南岳阳、湖北武汉和四川重庆五个长江沿岸内陆城市和哈尔滨、长春、呼和浩特、南宁、乌鲁木齐、昆明、石家庄 7 个边境、沿海地区省会(自治区首府)城市,以及太原、合肥、南昌、郑州、长沙、成都、贵阳、西安、兰州、西宁、银川等 11 个内陆地区省会(首府)城市,以后又增加黄石、宜昌、万县、涪陵为长江沿岸开放城市。这些开放区域全部实行沿海开放城市的政策。

沿边、沿江、内陆省会城市的开发开放,宣告了中国全方位对外开放的新格局已初步形成。1978 年之后,由经济特区探路,经过十多年的探索,中国形成了经济特区——沿海开放城市——沿海经济开放区——内地这样一个包括不同开放层次,具有不同功能的梯度推进格局。

回顾中国区域开发开放历程,中国"摸着石头过河"的渐进性特征极其明显,正是这种渐进性开放路径让中国以较低的成本稳妥地度过了危险期。但是,这种渐进式的开放格局也在一定程度上导致了令我们今天焦头烂额的区域不协调发展问题。如果全国所有区域同时开放,在排除其他不利因素的影响下,中国的区域不协调发展问题可能不会这么严重。所以,对中国而言,在区域开放接近尾声的背景下,现在最重要的任务就是促进区域协调发展。

10.2 协调发展:四轮共驱动

从表面上看,从20世纪90年代初期开始,中国的区域政策是比较"公平"的,全方位的对外开放将东部沿海和中西部置于一个较为平等的竞争环境下。但从成效上看,中国区域政策所带来的差异是明显的。尤其是1992年党的十四大召开,将社会主义市场经济体制确立为经济体制改革目标后,中国渐进式改革由原先的"增量"改革阶段进入到"整体推进、重点突破"阶段,各类生产要素得到解放,地方经济发展的自主权得到加强,在此背景下,中国区域经济发展步入快车道。但改革开放先行区域已然确立了优势,在市场力量作用下,全国经济日益向东部沿海地带倾斜,"孔雀东南飞"现象日益严重,中国区域经济格局不均衡态势越来越明显。一个简单的数据可加深我们对此的理解,1985年,东部沿海地带GDP占全国GDP总量的50.52%,1991年上升为56.82%,1999年进一步升至58.89%;而中部地带所占比重则从1985年的34.09%降至1999年的27.25%,西部地带从15.39%降至13.86%。

一言以蔽之,在中国区域竞赛中,东部沿海远远跑在前头,而中西部则被越拉越远。尽管导致区域不均衡发展的原因很多,但中国的区域政策难辞其咎;尽管中国自20世纪90年代开始重视区域协调发展问题,但力度还值得商榷。"八五"(1991—1995年)时期,在继续考虑沿海发展需要的同时,较多的项目安排在中西部,在国家预算投资中,中西部所占比重明显高于东部沿海。[①]"九五"(1996—2000年)计划中,明确提出了"坚持区域经济协调发展,逐步缩小地区发展差距",此后,中国的区域政策倾向有了较大改变,随后,西部大开发、振兴东北老工业基地、中部崛起等促进区域协调发展的措施相继实行,加上促进东部率先发展措施,四轮驱动格局初步形成。

10.2.1 西部开发

由于历史、区位等原因,广袤的西部在过去很长一段时间内都处于相对落后的状态,这种相对落后状态一直延续至今。在中国改革开放进入深层次阶段,区域发展不协调状态的延续不利于改革开放的进一步推进。如何推动区域协调发展?从哪里着手呢?

---

① 张可云.区域经济政策.北京:商务印书馆.2005.443.

从东中西三大地带看,在1992—1999年期间,无论是从人均GDP的量,还是从GDP增长速度,西部地带都是最为落后的,加之西部地带资源丰富、生态环境脆弱、少数民族聚集等原因,西部首先进入了中央的视野。

从中央层面看,在西部大开发战略正式实施之前,尽管对西部的支持力度有所加强,但都算是“小打小闹”,缺乏系统的、全面的支持措施。西部大开发战略的实施改变了这一现象。

西部大开发战略,从酝酿到正式实施,党中央和国务院经过了详细的调查和周密的部署。

1999年6月17日,中共中央和国务院在西安召开西北五省区国有企业改革和发展座谈会,江泽民同志在会议讲话中向全党全国发出了实施西部大开发战略的号召。西部大开发战略的面纱缓缓揭开。1999年10月,朱镕基同志在甘肃、青海、宁夏考察工作时强调,加快西部地区发展是邓小平同志关于我国现代化建设战略思想的重要组成部分,是促进各地区共同繁荣、共同富裕的必然要求,我们一定要站在现代化建设全局和长远发展的高度,统一思想认识,不失时机地实施西部大开发战略。这是又一次的动员。2000年1月中旬,中共中央、国务院对实施西部大开发战略提出明确要求,指出,当前和今后一个时期,在实施西部大开发战略、加快中西部地区发展中,要突出抓好西部地区的开发,把加快基础设施建设作为开发的基础,把加强生态环境保护和建设作为开发的根本,把抓好产业结构调整作为开发的关键,把发展科技教育和加快人才培养作为开发的重要条件,把深化改革、扩大开放作为开发的强大动力。至此,西部大开发战略基本成型。

战略成型,下一步要做的就是具体实施。2000年1月16日,国务院发出《关于成立国务院西部地区开发领导小组的决定》,国务院西部地区开发领导小组成立。国务院西部地区开发领导小组组长由朱镕基总理担任,副组长为温家宝副总理,组成人员包括国家计委、国家经贸委、教育部、科技部、国防科工委、国家民委、财政部、国土资源部、铁道部、交通部、信息产业部、水利部、农业部、文化部、中国人民银行、中央宣传部、国家广播影视局、国家林业局、国家外专局等19个部门的主要负责同志。西部地区开发领导小组的成立,为西部大开发战略的实施建立了组织和机构保障。2000年10月26日,国务院批准颁发《国务院关于实施西部大开发若干政策措施的通知》(国发[2000]33号),其主要内容包括:制定政策的原则和支持的重点,增加资金投入的政策、改善投资环境的政策、扩大对外对内开放的政策、吸引人才和发展科技教育的政策。这一通知的颁布,标志着西部大开发战略的正式出台。①

2001年,根据《国务院关于实施西部大开发若干政策措施的通知》,国务院西部开发办会同有关部门,进一步研究制定了《西部大开发若干政策措施的实施意见》,国务院办公厅转发了西部开发办《关于西部大开发若干政策措施实施意见的通知》。各省市区、各部门也在相关文件精神的指导下,结合自身情况,制定了相应政策。从根本上说,西部大开发战略的

① 西部大开发战略的地域范围包括重庆、四川、贵州、云南、西藏、陕西、甘肃、青海、宁夏、内蒙古、广西、新疆等12个省市区;此外,对湖南湘西州、湖北恩施州,比照西部开发的有关政策予以照顾.

核心就是在加快改革开放步伐的同时,通过国家支持、自身努力和区域合作,增强自我发展能力。

战鼓震天,号角响亮,中国朝着邓小平同志所说的“第二个大局”努力前进。到2007年初,西部大开发战略已经实施了七年。七年大步走来,西部大变样:

1999—2006年底,西部12省市区的GDP从15354.02亿元增长至39527.14亿元,人均GDP从4283元增长至10932元,增长速度极快。虽然西部12省市区的GDP总量占全国比重稍微有所下降,但人均GDP相对比重却上升了,从1999年占全国的60.77%上升至2006年的61.10%。

在经济数据上有所改进的同时,西部大开发战略实施所带来的成就更多地体现在了投资的增加、基础设施的改善上。国家财政投入力度的不断加大,成就了西部地区基础设施的大改善。西部大地上的绿色多了,许多天堑变成了通途。西气东输、青藏铁路、西电东送等重大项目的成功实施,退耕还林、退耕还草、天然林保护等生态环境保护建设工程的开展,为西部地区增强自我发展能力奠定了基础。

西部大开发战略的实施大大地拓宽了西部人的思维,激发了西部人的活力,“孔雀东南飞”的现象有一定程度的改善。西部经济体制改革大大落后于东部的现象也有所改观,这或许是西部人得到的最大收获。

如今的西部已不再像以前那样“弱不禁风”,这在很大程度上要归功于西部大开发战略的实施。但是,西部大开发战略到底取得了多大的成功呢?有没有实现预期的目的呢?

成就是辉煌的,但反思亦刻不容缓。

实施西部大开发战略的目的很明确,就是通过给予一定的政策优惠和增加投资促进经济发展、社会发展,培养自我发展能力,从本质上说,这种策略与东部沿海的发展战略是一致的。东部沿海利用一段时期的优惠政策,自我发展能力培养起来了,但我们要注意,东部沿海的崛起与其说是靠优惠政策,不如说是率先利用了市场的力量。不同背景之下,我们想要用相似的策略来促进西部地区的崛起,似乎力有未逮。

确实,西部地区资源丰富,但环境脆弱、思想观念滞后是不争事实,开发资源很可能带来的后果是环境的深度破坏,这是谁都不愿意看到的。毫无疑问,西部地区的市场力量日益被强化,可我们需要思考的是,如果不能采取有效措施在环境保护与市场功利之间进行有效协调,那么,西部地区未来能够取得的经济成就将被环境的破坏完全抵消。而在中国目前的局势下,区域之间的竞争更多的是基于经济力量为主的竞争,那么,上面所设想的不良后果很可能就会出现。

西部大开发战略的继续实施不仅仅是要强调经济竞争力的增强,更应该强调人与自然的和谐。所以,未来政策制定的方向更值得斟酌。从目前来看,中国推进西部大开发的决心没有变,一系列的措施仍然在强化。2004年3月11日,国务院印发《国务院关于进一步推进西部大开发的若干意见》(国发[2004]6号),针对存在的问题,文件提出了进一步推进西部大开发的10条意见;2005年2月5日,中央政治局常委、国务院总理温家宝同志在《人民日报》发表了题为《开拓创新 扎实工作 不断开创西部大开发的新局面》的署名文章,提出要坚定不移地继续实施西部大开发战略;2007 年 10 月,胡锦涛同志在中国共产党第十七次全国代表大会报告中提出,要继续实施区域发展总体战略,深入推进西部大开发,全面振兴东北地区等老工业基地,大力促进中部地区崛起,积极支持东部地区率先发展。西部地区的大开发,仍然被放在了全国四大经济区域发展战略的首位。

也许,不久的将来,西部不再是中国区域发展中的软肋。西部的三大经济区——成渝经济区、关中经济区、环北部湾经济区——也能够成为中国耀眼的增长极,成为与珠三角、长三角、环渤海经济圈相媲美的存在。

10.2.2　东北振兴

看到西部大开发战略的实施,相对落后地区受到鼓舞的同时,这些地区想获得优惠政策之心也难以抑止。东北地区、中部地区均积极向中央要政策,而东北走在了前头。

但走在前头,未必是什么光荣的事。西部走在最前头,是因为其最落后的境地,同样,东北走在中部前头,也是因为其陷入了重大困境。

"共和国长子",曾经的工业摇篮,究竟遭遇了什么困难,居然要求助于国家来实现振兴呢?

在 20 世纪 90 年代,中国步入全面开放之际,中国经济快速发展,但东北老工业基地却出现了持续增长不景气的现象,人们普遍称之为"东北现象"。辽宁大学冯舜华教授(1991)[①] 最早提出了"东北现象",她指出,尽管中央经济紧缩政策普遍影响全国经济的增长速度,但各个地区的差异极为悬殊,东北三省处境最为艰难。广东省 1990 年工业总产值约比上年增长 17%～18%,只是效益有所下降。西北、西南等一些原来工业基础比较薄弱的省份,在经济紧缩过程中也保持了高于全国平均速度的增长率。而辽宁、吉林、黑龙江三省的工业生产却面临极为困难的局面,出现负增长、零增长现象,并且难以走出低谷;地方财政赤字严重,尚未见到根本好转的迹象。这就是"东北现象"。

当然,一些学者也对"东北现象"作出了不同的解释,如丁四保(2003)[②] 认为,"东北现象"是指我国东北地区辽宁、吉林和黑龙江三省的经济地位在全国的相对下降。徐效坡(2004)[③] 指出,进入 20 世纪 90 年代以来,东北出现了工业产品积压、市场萎缩、经济效益下滑等现象,由此引发经济总量、规模、速度和在全国地位下降、企业破产、工人失业等一系列迁延性衰退,这就是所谓的"东北现象"。继之,在 20 世纪 90 年代后期特别是中国加入 WTO 以后,又出现了传统优势农产品大量积压出口受阻、农民种粮增产不增收、卖粮难、收入增长缓慢、农业经济效益提高不大等较为尖锐的问题,即"新东北现象"。

不管怎么说,东北这个中国工业曾经最为发达的地区衰退了,这是不争的事实。在改革

---

① 陈宣庆,张可云主编．统筹区域发展的战略问题与政策研究．北京:中国市场出版社．2007.55.

② 丁四保．"东北现象"症结分析与出路的探讨．现代城市研究．2003(6).6～9.

③ 徐效坡．东北经济区的区域演化特征及振兴方略．经济地理．2004.24(5).700～703.

开放一片欣欣向荣的景象中,东北却沉寂了。东北人的失落可想而知:曾经独领风骚,如今坠落凡尘。

在经历了长时间的消沉后,东北的前途引起了国家高层的关注,当"振兴"二字引领媒体之际,东北也再度跃入了人们的视野。

2002 年 11 月,江泽民同志在中国共产党第十六次全国代表大会报告中提出,支持东北地区等老工业基地加快调整和改造,支持以资源开采为主的城市和地区发展接续产业,支持革命老区和少数民族地区加快发展,国家要加大对粮食主产区的扶持。次年 3 月,朱镕基同志在向第十届全国人民代表大会第一次会议提交的政府工作报告中再次提出,要采取有力措施,支持东北地区等老工业基地加快调整和改造,支持以资源开采为主的城市和地区发展接续产业,支持革命老区和少数民族地区加快发展。是年,温家宝同志三赴东北,就加快东北等老工业基地调整和改造进行调研。

之后,于 2003 年 9 月,温家宝同志主持国务院常务工作会议,讨论并原则通过了《关于实施东北地区等老工业基地振兴战略的若干意见》。意见指出,振兴东北地区等老工业基地的指导思想是:以"三个代表"重要思想为指导,全面贯彻十六大精神,进一步解放思想、深化改革、扩大开放,着力推进体制创新和机制创新,形成新的经济增长机制;按照走新型工业化道路的要求,坚持以市场为导向,推进产业结构优化升级,提高企业的整体素质和竞争力;坚持统筹兼顾,实现东北地区等老工业基地经济和社会全面、协调和可持续发展,为全面建设小康社会和实现社会主义现代化作出新贡献。意见强调,振兴东北地区等老工业基地要重点把握好以下原则:一是坚持深化改革、扩大开放,以改革开放促调整改造。加快国有经济的战略性调整,继续推进国有企业改革,积极发展非公有制经济,通过扩大开放,拓展发展空间。二是坚持主要依靠市场机制,正确发挥政府作用。产业结构调整、生产要素整合、技术改造、企业改组,应主要由市场决定和选择,同时发挥政府规划引导和政策导向作用,创造良好的发展环境和公平竞争的市场秩序。三是坚持有所为、有所不为,充分发挥比较优势。振兴老工业基地绝不是不加区别地振兴所有产业和企业,要立足于整合现有资源,集中力量使重点地区、重点优势产业以及重点行业和企业得到振兴和发展,在市场竞争中实现优胜劣汰,避免盲目重复建设和产业趋向化。四是坚持统筹兼顾,注重协调发展。促进工业与农业、服务业协调发展,城市与农村协调发展,经济与社会协调发展,人与自然协调发展。五是坚持以自力更生为主,国家给予必要扶持。挖掘自身潜力,激发内在活力,充分发挥老工业基地广大干部和群众的积极性、创造性,同时,国家在完善社会保障体系、解决企业历史遗留问题、支持重点企业技术改造、重大基础设施建设和改善生态环境等方面给予支持。六是坚持从实际出发,讲求实效。充分认识振兴老工业基地任务的艰巨性、复杂性和长期性,统筹规划,从长计议,量力而行,分步实施,切忌追求过高目标和提出不切实际的口号。在实施调整改造的各项措施时,要始终关心群众的切身利益,高度重视扩大就业和社会保障体系建设,妥善处理好改革、发展和稳定的关系,使人民群众在实施老工业基地振兴战略中得到实惠。2003 年 10 月,《关于实施东北地区等老工业基地振兴战略的若干意见》正式颁布,东北老工业基地振兴战略进入实施阶段。

从“振兴”二字就可看出东北老工业基地振兴战略与西部大开发战略的不同:东北是传统的经济发达地区,只是在转型时期暂时地陷入沉寂,而西部面临的则是一种全新的开发前景。因此,在注重基础设施建设等任务外,东北老工业基地振兴更重要的是加快体制创新和机制创新,推进工业结构优化升级,推进资源型城市经济转型,发展现代农业和第三产业。

老工业基地振兴战略的实施,让东北开始苏醒,让这块白山黑水的激情再度燃烧。从表10-1的对比数据可以明显看出战略实施的效果。

表10-1 振兴东北战略实施前后东北地区经济发展对比

经济指标＼时间	战略实施前			战略实施后		
	2000	2001	2002	2004	2005	2006
国内生产总值(亿元)	9772	10544	11444	14545	16993	19715
经济增长速度(%)	8.8	9.2	10	12.2	12	13.6
人均国内生产总值(元)	8878	9677	10501	13270	15588	17901
粮食总产量(万吨)	5323.5	5999.5	6666.4	7231	7419	7791.4
工业增加值(亿元)	4434.9	4682.6	5051.5	6066.7	7549.8	8883.7
固定资产投资(亿元)	2703.8	3086.5	3486	5579.5	7678.8	10519.9
城镇居民人均可支配收入(元)	5027	5521	6295	7773	8690	9776
农村居民人均纯收入(元)	2175	2340	2486	3104	3392	3761

资料来源:东北三省统计年鉴.

可这些还远远不够。东北老工业基地振兴的目标是要将老工业基地调整、改造、发展成为技术先进、结构合理、功能完善、特色明显、机制灵活、竞争力强的新型产业基地,使之逐步成为我国经济新的重要增长区域。也就是说,工业地位的变化更能反映出战略实施的效果。从与全国的比较来看,东北地区工业增加值在全国相对比重的下降趋势还没有得到有效遏止。2002年,东北地区工业增加值在全国的相对比重为10.65%,2006年下降到了9.73%。

当然,我们不能就此下结论说东北老工业基地振兴战略是失败的,毕竟,成效还要等待时间来检验。

10.2.3 中部崛起

曾经的东、中、西三大地带,东部沿海已将中西部远远抛在后面,而西部地区又在2000年开始实施西部大开发战略,就连东北也获得了老工业基地振兴的相关优惠,中部显得格外无奈。用个比较流行的词来说,就是中部塌陷。

事实上,中部虽然相对东部落后,但远没有“塌陷”论所渲染的那么严重。2000—2003年期间,中部六省GDP在全国的相对比重不断下降,从19.6%降至18.8%,但从GDP增速看,中部六省并不落后于西部12省市区和东北三省。但不管怎么说,中部塌陷的观念已经深入人心了,更何况,中部崛起与之非常匹配。

2004 年 3 月 5 日,国务院总理温家宝在第十届全国人民代表大会第二次会议上所作的《政府工作报告》中提出:促进区域协调发展,是我国现代化建设中的一个重大战略问题。要坚持推进西部大开发,振兴东北地区等老工业基地,促进中部地区崛起,鼓励东部地区加快发展,形成东中西互动、优势互补、相互促进、共同发展的新格局。加快中部地区发展是区域协调发展的重要方面,这是中部崛起战略首次在国家层面被正式提出。

2004 年 12 月 3 日到 5 日,中共中央、国务院在北京召开中央经济工作会议,提出了 2005 年经济工作的主要任务。在关于“大力推进结构调整,促进经济增长方式转变”的问题上,会议提出,促进区域经济协调发展是结构调整的重大任务。实施西部大开发,振兴东北地区等老工业基地,促进中部地区崛起,鼓励东部地区率先发展,实现相互促进、共同发展。中部崛起再一次被中央提及。

2005 年 3 月 5 日,国务院总理温家宝在第十届全国人民代表大会第三次会议上所作的《政府工作报告》中提出:抓紧研究制定促进中部地区崛起的规划和措施。充分发挥中部地区的区位优势和综合经济优势,加强现代农业特别是粮食主产区建设;加强综合交通运输体系和能源、重要原材料基地建设;加快发展有竞争力的制造业和高新技术产业;开拓中部地区大市场,发展大流通。国家要从政策、资金、重大建设布局等方面给予支持。

2005 年 8 月 14 日,温家宝同志在长沙主持召开促进中部地区崛起座谈会,研究促进中部崛起的基本思路和政策措施。在这次座谈会上,温家宝总理强调了中部崛起的重要意义、发展目标及工作重点。毫无疑问,此次座谈会完善了有关中部崛起战略的主要思路和内容。

2006 年 3 月,第十届全国人民代表大会第四次会议审议通过了《中华人民共和国国民经济和社会发展第十一个五年规划纲要》,在其第五篇“促进区域协调发展”的第十九章“实施区域发展总体战略”中提出,坚持实施推进西部大开发,振兴东北地区等老工业基地,促进中部地区崛起,鼓励东部地区率先发展的区域发展总体战略,健全区域协调互动机制,形成合理的区域发展格局。第三节“促进中部地区崛起”提出,中部地区要依托现有基础,提升产业层次,推进工业化和城镇化,在发挥承东启西和产业发展优势中崛起。加强现代农业特别是粮食主产区建设,加大农业基础设施建设投入,增强粮食等大宗农产品生产能力,促进农产品加工转化增值。支持山西、河南、安徽加强大型煤炭基地建设,发展坑口电站和煤电联营。加快钢铁、化工、有色、建材等优势产业的结构调整,形成精品原材料基地。支持发展矿山机械、汽车、农业机械、机车车辆、输变电设备等装备制造业以及软件、光电子、新材料、生物工程等高技术产业。构建综合交通运输体系,重点建设干线铁路和公路、内河港口、区域性机场。加强物流中心等基础设施建设,完善市场体系。进入“十一五”规划并被以专门的篇幅加以论述,说明中部崛起作为国家区域经济发展战略的地位得到了进一步的巩固。

2006 年 3 月 27 日,中共中央政治局召开会议,研究促进中部地区崛起工作。中共中央总书记胡锦涛主持会议。会议指出,促进中部地区崛起,是党中央、国务院继作出鼓励东部地区率先发展、实施西部大开发、振兴东北地区等老工业基地战略后,从我国现代化建设全局出发作出的又一重大决策,是落实促进区域协调发展总体战略的重大任务。会议认为,中部地区在我国经济社会发展全局中占有重要地位,长期以来为全国经济社会发展做出了重大贡献。实现中部地区经济社会又快又好发展,事关我国经济社会发展全局,事关全面建设小康社会全局。促进中部崛起,有利于提高我国粮食和能源保障能力,缓解资源约束;有利于深化改革开放、不断扩大内需,培育新的经济增长点;有利于促进城乡区域协调发展,构建良性互动的发展新格局。我们要抓住机遇,加快发展,充分发挥中部地区的区位、资源、产业、人才等综合优势,进一步形成东中西互动、优势互补、相互促进、共同发展的新格局。会议指出,促进中部地区崛起,要以邓小平理论和“三个代表”重要思想为指导,全面贯彻落实科学发展观,坚持把改革开放和科技进步作为动力,着力增强自主创新能力、提升产业结构、转变增长方式、保护生态环境、促进社会和谐,努力建设全国重要的粮食生产基地、能源原材料基地、现代装备制造及高技术产业基地和综合交通运输枢纽,在发挥承东启西和产业发展优势中崛起,实现中部地区经济社会全面协调可持续发展,为全面建设小康社会作出新贡献。会议强调,中部地区崛起是一项长期的战略任务。要坚持深化改革和扩大对内对外开放,推进体制机制创新,发挥市场配置资源的基础性作用;坚持依靠科技进步和自主创新,走新型工业化道路;坚持突出重点,充分发挥比较优势,巩固提高粮食、能源原材料、制造业等优势产业,稳步推进城市群的发展,增强对全国发展的支撑能力;坚持立足现有基础,自力更生,国家给予必要的支持,着力增强自我发展能力;坚持以人为本,统筹兼顾,努力扩大就业,逐步减少贫困人口,提高城乡公共服务水平,加强生态建设和环境保护,促进城市与农村、经济与社会、人与自然和谐发展。会议要求中部地区各级党委和政府以及有关部门高度重视,加强领导,更新观念,深化改革,科学规划,精心组织,通力协作,坚持从实际出发,按客观规律办事,全面落实中央确定的促进中部地区崛起的重点任务和政策措施,扎扎实实做好促进中部地区崛起的各项工作。

2006年4月15日,中共中央、国务院发出《关于促进中部地区崛起的若干意见》(中发[2006]10号),随后,国务院办公厅于5月19日发出《关于落实中共中央国务院关于促进中部地区崛起若干意见有关政策措施的通知》(国办函[2006]38号),就中部崛起战略的实施对有关部门的职责进行了分工。这些文件的出台意味着中部崛起战略进入了正式实施阶段。

2007年初,国务院办公厅印发了《关于中部六省比照实施振兴东北地区等老工业基地和西部大开发有关政策范围的通知》(国办函[2007]2号),确定中部六省的26个城市比照实施振兴东北等老工业基地有关政策,243个县(市、区)比照实施西部大开发有关政策。2007年4月,经中央机构编制委员会办公室批准,国家促进中部地区崛起工作办公室正式成立,在发展改革委地区经济司加挂牌子。同时,中编办还批了专门的编制,在地区经济司内专门成立了中部地区发展处和中部地区政策体制处,促进中部地区崛起进入了更具操作性的实施阶段。

无疑,中部崛起战略的实施在真正意义上践行了区域协调发展战略。

10.2.4 东部率先

要促进区域协调发展,实现邓小平同志的“第二个大局”,不仅仅要求中央政府从政策上给予相对落后地区扶持,也要求发达地区出力。这就意味着,我们在努力促进中部、西部、东北地区发展的同时,绝不能忘记进一步促进东部地区的发展,绝不能以东部地区的倒退来达到区域协调发展的目的。

与此同时,长期高速发展的东部地区也遭遇了瓶颈。土地、劳动力、资源等价格上升,环境污染严重,自主创新能力薄弱,产业结构升级迫在眉睫,中国所面对的外贸形势也不容乐观,这给以外贸为主的东部沿海地区经济发展带来很强的制约。这些困境要求东部进一步改革,实现更大程度的飞跃。

在新的形势下正确定位东部地区成为我们需要考虑的重大问题。审时度势,深思熟虑之后,中央提出了东部地区率先发展战略。2004 年 5 月,国务院总理温家宝在江苏考察时指出“加快东部地区发展是我国现代化建设总体战略的重要组成部分”,要坚持以邓小平理论和“三个代表”重要思想为指导,按照科学发展观和“五个统筹”的要求,围绕率先实现全面建成小康社会、率先基本实现现代化的目标推进改革开放,切实转变经济增长方式,实现经济社会全面协调可持续发展。2006 年 3 月,温家宝总理再次在政府工作报告中提出鼓励东部地区率先发展,“着力增强自主创新能力,推进产业结构优化升级,增强国际竞争力和可持续发展能力,更加注重节约利用土地、水、能源等资源和环境保护,实现既快又好的发展,在科学发展道路上走在全国前面。继续发挥经济特区、上海浦东新区的作用,推进天津滨海新区开发开放。”

不可否认,在过去的二十多年时间里,东部沿海地区创造了许许多多的经济发展奇迹,也积累了不少宝贵经验,辐射带动了内陆地区的改革开放和发展。但是,丰功伟业俱往矣,新形势下,东部地区要有新的发展模式。

东部率先战略,不能仅仅强调率先,更要强调率先的方式,因此,要落实东部地区率先发展战略,必须要准确理解其科学内涵。

第一,要率先提高自主创新能力,加快形成一批自主知识产权、核心技术和知名品牌,提高产业素质和竞争力。近年来东部地区经济有增速回落的迹象,特别是长三角经济增长从 2004 年开始持续出现小幅下滑,这在很大程度上与区域创新发展能力不足有关。有关资料显示,2006 年上海大中型工业企业新产品研发经费仅占销售总收入的 1.84%,江苏、浙江分别占 1.18% 和 1.07%,与跨国公司 3%~5% 的平均投入水平相距甚远。为此,东部地区必须大力推进产品创新、技术创新、产业创新,多渠道增加科技投入,支持企业成为技术创新和科技投入的主体,提高原始创新能力、集成创新能力和引进消化吸收再创新能力。同时要建立和完善以市场为依托、政府为引导、企业为主体,中介服务、资金支持和政策环境为支撑的开放型技术创新体系,尽快形成科研、开发、生产和市场紧密结合的开发机制,以加速自主创新和科研成果的转化。此外,还要大力实施名牌战略,加强知识产权保护,加快培育更多的世界级企业和世界级品牌。

第二,要率先实现增长方式转变和工业结构优化升级。多年来,东部沿海经济的快速发展,主要依赖于大量的资本、劳动力和土地投入。1996—2004 年,长三角地区的耕地面积净减少 34.03 万公顷,相当于长三角现有耕地总面积的 1/20。目前东部多数地区发展用地紧缺,甚至无地可供;“民工荒”、“技工荒”也在严重困扰着企业的发展。因此,必须切实把提高经济增长质量和效益放在首位,走新型工业化道路,坚持以信息化带动工业化,以工业化促进信息化,率先走出一条科技含量高、经济效益好、资源消耗低、环境污染少、人力资源得到充分发挥的新路子。要大力推进传统产业升级,优先发展先进制造业、高技术产业和服务业,着力发展精加工和高端产品;促进加工贸易升级,积极承接高技术产业和现代服务业转移,增强国际竞争力;以中心城市为重点,以高新技术园区为载体,形成一批对经济发展有重大带动作用的高技术产业群;完善促进生产要素跨地区流动和优化资源配置的体制和政策,鼓励和支持企业对外投资,扩大对境外资源的开发利用,加强互利互惠的投资合作。

第三,要率先在发展循环经济和节能降耗、节地节水上取得实质性进展。由于大规模发展加工制造业,特别是重化工业,水污染、大气污染、噪声污染、固体废弃物污染正威胁着东部经济和城市的良性发展。能耗也在不断上升。面对资源与环境约束日益严峻的挑战,东部地区必须坚持节约优先,按照减量化、再利用、资源化的原则,在生产消耗、废物产生、消费等环节,尽快建立起全社会的资源循环利用体系。通过降低高耗能产业比重和开发推广节能技术,实现结构节能和技术节能;通过加强能源生产、运输、消费各环节的制度建设和监管,实现管理节能。推行产品生态设计,推广节约材料的技术工艺,鼓励采用小型、轻型和再生材料。加快现有燃煤电厂脱硫设施建设,推进钢铁、有色、化工、建材等行业二氧化硫综合的治理。在实行最严格的土地管理制度方面做出表率,严格执行法定权限审批土地和占用耕地补偿制度,禁止非法压低地价招商。统筹生活、生产、生态用水,重点推进火电、冶金等高耗水行业的节水技术改造。

第四,要率先完善社会主义市场经济体制,提高对外开放的水平和质量。东部地区一直是我国经济体制改革的“排头兵”,今后还要以更大的决心、下更大的气力坚定不移地推进改革,尤其要在推进综合配套改革上取得新突破,形成更具活力、更加开放的体制机制。在继续扩大利用外资规模的同时,把注意力真正转移到提高利用外资质量和优化结构上来。同时,大力提高“走出去”的竞争力,密切关注国际经济形势的发展变化,善于利用可以为我所用的各种机遇,积极应对可能给我国发展带来风险的挑战,努力做到趋利避害。积极参与国际区域经济合作,充分利用国内外两种资源、两个市场,在更大空间、更广领域优化配置资源,进一步拓宽经济发展和布局空间。

第五,在率先发展和改革中带动帮助中西部地区发展,促进普遍繁荣和共同富裕。东部地区在逐步缩小城乡之间和地区之间差距、促进城乡区域协调发展等方面发挥着重要作用。在今后的发展中要增强服务全国的大局意识,继续发挥经济特区、上海浦东新区等的作用,推进天津滨海新区开发开放,支持海峡西岸和其他台商投资相对集中地区的经济发展。与此同时,发挥政府和市场两种力量,采取多种途径和方式,更好地、更加有力地带动和扶持中西部地区发展。[①]

从根本上说,东部地区发展的基本目标是“四个率先”,[②] 即率先提高自主创新能力,率先实现经济结构优化升级和增长方式转变,率先完善社会主义市场经济体制,在率先发展和改革中带动、帮助中西部地区发展。区域发展的具体任务包括:加快形成一批自主知识产权、核心技术和知名品牌,提高产业素质和竞争力;优先发展先进制造业、高技术产业和服务业,着力发展精加工和高端产品;促进加工贸易升级,积极承接高技术产业和现代服务业转移,提高外向型经济水平,增强国际竞争力;加强耕地保护,发展现代农业;提高资源特别是土地、能源利用效率,加强生态环境保护,增强可持续发展能力;继续发挥经济特区、上海浦东新区的作用,推进天津滨海新区开发开放,支持海峡西岸和其他台商投资相对集中地区的经济发展,带动区域经济发展。

要实现东部率先发展,没有现成模式,中央也不会再有政策优惠,只能依靠东部地区的自我探索。浦东新区、滨海新区被批准为综合配套改革试验区,或许就是中央最大限度的支持。

10.3 崭新突破:主体功能区革命

“不谋万世者,不足谋一时;不谋全局者,不足谋一域。”四轮驱动格局下,我们能想象到中国区域发展差距将不断缩小,区域协调发展面临着光明的未来,但这远远不够。不同区域资源环境的承载能力不同,发展潜力不同,现有开发情况也不相同,不可能在所有区域都实现现代化,因此,对国土空间进行划分以确定开发的力度将是区域发展的一个重大课题。主体功能区的出现,是中国革命性的创举,也将带来中国区域格局的革命性变化。

10.3.1 横空出世

《中华人民共和国国民经济和社会发展第十一个五年(2006—2010年)规划纲要》(以下简称《纲要》)用较大篇幅论述了主体功能区。《纲要》指出,根据资源环境承载能力、现有开发密度和发展潜力,统筹考虑未来我国人口分布、经济布局、国土利用和城镇化格局,将国土空间划分为优化开发、重点开发、限制开发和禁止开发四类主体功能区,按照主体功能定位调整完善区域政策和绩效评价,规范空间开发秩序,形成合理的空间开发结构。

所谓优化开发区域,是指国土开发密度已经较高、资源环境承载能力开始减弱的区域;重点开发区域是指资源环境承载能力较强、经济和人口集聚条件较好的区域;限制开发区域是指资源环境承载能力较弱、大规模集聚经济和人口条件不够好并关系到全国或较大区

① 陈耀.东部地区率先发展的科学内涵.文汇报.2006-6-16(8).

② 人民出版社.中华人民共和国国民经济和社会发展第十一个五年规划纲要.北京:人民出版社.2006.

域范围生态安全的区域;禁止开发区域是指依法设立的各类自然保护区域。根据《纲要》,不同主体功能区将适应于不同的发展模式。

那么,为什么会在十一五规划中提出主体功能区呢?

首先,这是缓解我国区域性资源环境约束日益加剧的必然选择。我国总体上看是一个资源并不富集、而且空间分布非常不平衡的国家,由于人口数量的快速增加,再加上以往长期粗放式的经济增长方式,我国资源环境承载能力面临日益严峻的挑战。

其次,这是适度打破行政区划分割、加强国土空间管理的重大创新。我国长期以来计划经济体制下以行政区经济为主导,省、市、县等各级政府按照行政辖区进行空间开发和产业布局,形成自成一体、相对独立的产业和经济体系。改革开放以来,随着全球经济一体化进程的日益加快以及我国社会主义市场经济体制的不断完善,行政区经济带来的问题和弊端越来越突出。一是地区相互间各自为战、重复建设,带来严重的恶性竞争和无序开发,制约区域协调发展和比较优势的发挥。二是不少地区不顾自身实际情况和比较优势,争相上马一些高消耗、高污染、资源加工型的"两高一资"型生产加工项目,造成了严重的资源破坏和环境污染问题。三是地区间变相设置各种贸易壁垒和要素流动障碍,市场封锁现象仍然存在,影响区域经济一体化进程的推进。

再次,这是统筹区域发展、落实科学发展观的客观要求。改革开放以来,我国经济总量保持快速增长,GDP已经位居世界第四。但是,这种快速的经济增长很大程度上是以高消耗、高排放、高污染、低效益为代价的,是一种粗放式和掠夺式的经济增长,很难长期维持下去。目前,中国单位GDP能耗是美国的4.3倍、德国和法国的7.7倍、日本的11.5倍;单位GDP水耗是美国的10倍、日本的24倍。各地方由于受利益驱动和追求政绩的影响,不顾自身的资源环境承载能力以及在全国经济格局中的分工定位,竞相制定不切实际的发展目标,不仅导致地方发展过程中的无序开发和恶性竞争,而且引发地区差距扩大、资源破坏和环境污染等突出问题。要落实科学发展观,统筹区域发展,就要求坚持区域协调发展的基本原则,更加注重不同地区间公共服务的均等化,不断缩小区域之间基本生活水平的差距。既要注重经济增长的速度和规模,更要重视经济增长的质量和效益,促进经济增长方式从粗放式、外延型向集约式、内涵型转变。①

面临的严峻挑战让中国推出了这项创新。

10.3.2　一场革命

主体功能区是中国首创,尽管它源于西方国家的空间规划思想和规划实践。它是一个重要的理论创新,而且,它将在中国区域发展实践中发挥无与伦比的作用。

长期以来,在中国的区域发展实践中,对不同区域的定位并不明确,尽管对若干重要的生态、历史区域进行了保护。问题在于,除了这些极具保护价值和观察价值的区域之外,许

① 高国力.如何认识我国主体功能区划及其内涵特征.中国发展观察,2007,(3):23-25.

多区域并不适合大规模开发,也不适合人类聚居,但出于经济发展需要,或者说得更严重一点,出于生存需要,这些区域也被大肆开发,众多人口聚居。因此,在中国出现了不少"移民",一个区域被破坏了,人类无法生存了,只能移居到另一区域。这种发展模式对区域生态环境的破坏作用太大了,而主体功能区的出现将改变这种状况。每一类主体功能区均有自己的定位,均有自己的发展极限,均有自己所能承载的人口上限。

与此同时,《纲要》规定了对不同主体功能区将适用不同的区域政策。增加对限制开发区域、禁止开发区域用于公共服务和生态环境补偿的财政转移支付;重点支持限制开发区域、禁止开发区域的公共服务设施建设和生态环境保护,支持重点开发区域基础设施建设;引导优化开发区域转移占地多、消耗高的加工业和劳动密集型产业,提升产业结构层次;引导重点开发区域,加强产业配套能力建设;引导限制开发区域发展特色产业,限制不符合主体功能定位的产业扩张;对优化开发区域实行更严格的建设用地增量控制,在保证基本农田不减少的前提下适当扩大重点开发区域建设用地供给,对限制开发区域和禁止开发区域实行严格的土地用途管制,严禁生态用地改变用途;鼓励在优化开发区域、重点开发区域有稳定就业和住所的外来人口定居落户,引导限制开发区域和禁止开发区域的人口逐步自愿平稳有序地转移;对优化开发区域,要强化经济结构、资源消耗、自主创新等的评价,弱化经济增长的评价;对重点开发区域,要综合评价经济增长、质量效益、工业化和城镇化水平等;对限制开发区域,要突出生态环境保护等的评价,弱化经济增长、工业化和城镇化水平的评价;对禁止开发区域,主要评价生态环境保护。

毫无疑问,对应于主体功能区的新的政策体系更容易做到有的放矢。这种政策体系具有中国传统的按照行政区实施政策方式的不可比拟的优势。尤其是结合不同主体功能区的定位来考核政府官员的绩效,必将极大地提高政策的针对性和有效性。以往的重复建设、恶性竞争、市场分割等不良现象将得到有效遏制。

有了如此政策,未来的区域格局可能就会出现革命性变化。毕竟,如今表现出发达特征的区域,其发展潜力未必高;而如今表现出落后特征的区域,其发展潜力也未必低,只要挂上"优化开发"或者"重点开发"的金牌,一飞冲天不是没有可能的。

所以说,主体功能区是一革命性的理论,在中国的区域发展实践中也将带来革命性的成果。

10.3.3 冷思考

但是,上面所描绘的一幅幅美妙画卷可能离现实很远,毕竟,主体功能区现在才刚刚提出,要实现预期目标还有很长的一段路要走。更何况,从短期看,主体功能区未必就是中国区域协调发展的救命稻草。

主体功能区建设将进一步加剧空间不均衡。从本质上说,主题功能区建设强调的是"人的繁荣",设想通过人口的迁移,实现各区域人均收入水平的均衡。但是,由于不同主体功能区的定位不同,也就不可能同时实现"地域的繁荣",这样的结果就是,经济发展空间不均衡问题将会加剧。

主体功能区建设也不能解决问题区域的发展问题。从国际经验看,中央区域政策大都是针对问题区域而单独设计的,其目的是缩小地区差距,促进区域协调发展。当前,我国的问题区域主要包括五类,即发展落后的贫困地区、结构单一的资源型城市、处于衰退中的老工业基地、财政包袱沉重的粮食主产区和各种矛盾交融的边境地区。同时,随着人口、要素和产业的不断集聚,一些大都市区的膨胀问题也将日益突出。除大都市膨胀病外,其他问题区域的发展问题并非是依靠主体功能区就能够解决的,因为主体功能区主要是强调空间管治,明确空间开发的红线或蓝线,而不是从帮助和扶持问题区域发展的角度出发的。

主体功能区建设也将加大西部大开发的难度。按照现有的初步方案,除成渝、关中、北部湾、天山北麓等少数地区外,西部大部分地区都属于限制和禁止开发区域。《纲要》已经划定的 22 个限制开发区中,西部地区占了 17 个。国家确定的禁止开发区,也主要集中在西部地区。这就意味着,西部的不少地区将要限制产业扩张,转移劳动力。短期内,新的政策框架提高了西部地区未来发展的门槛。①

实际上,除了以上所说的问题外,在具体实施中,主题功能区建设也将遭遇不少难题:从某种程度上讲,推进形成主体功能区的过程也是各种既得利益调整和再分配的过程,各级地方政府都拼命地想挤进重点开发区,这也将引起各级政府之间的激烈博弈,对此将如何权衡;与其相适应的新政策框架要求不同区域的政府很好地配合,比如人口转移、生态环境补偿等,对此又如何协调,等等。

主体功能区建设,任重而道远。

10.4 多方博弈:综合配套改革试验区布局

当历史驻足于 2005 年——中国十五计划的最后一年时,又一个新名词引领了中国媒体,这个新名词就是综合配套改革试验区。综合配套改革试验区又被称为“新特区”。将综合配套改革试验区与经济特区并列,是因为它们都是中国改革开放的试验场,都拥有先行先试的特权。

为什么中国在改革开放二十多年之后又大张旗鼓地推出试验区?我们可以自豪地宣称中国改革开放取得了巨大的成就,但距离最后的成功似乎还有不远的距离。伴随着经济结构的剧烈变化,中国的改革步入了“深水区”。如何攻坚,中国采取了最擅长的渐进方式。

但就是这种渐进方式,为先行者提供了超越别的区域的可能性。毕竟,深圳经济特区的奇迹还深深铭刻在国人心中。由此,一场争夺综合配套改革试验区的战争拉开了序幕。

---

① 魏后凯. 对推进形成主体功能区的冷思考. 中国发展观察. 2007(3). 28~30.

10.4.1 上海浦东：先拔头筹

当浦东人还怀念1990年4月18日李鹏总理宣布浦东新区开发开放之际，还沉浸在浦东新区所取得巨大成就的喜悦之中时，又一个惊喜降临浦东：2005年6月21日，对浦东而言，又一个具有里程碑意义的日子。这一天，国务院总理温家宝主持召开国务院常务会议，批准上海浦东新区率先进行综合配套改革试点。浦东再一次站在了耀眼的舞台中央。

自开发开放以来，尽管浦东取得了一次又一次的突破，创造了一个又一个的辉煌，但难以否认的是，工业增速下降，高调打造的金融服务业仅仅是在陆家嘴一地开花，第三产业的GDP贡献率还从未超过第二产业，这不能不让浦东感到尴尬。按照一些媒体的说法，连续高速行驶了15年的"浦东名车"，似乎驶进了慢车道，也许到了该停下来拧拧螺丝的时候了。[①] 而且，随着土地资源日益稀缺、电力等能源供应日趋紧张，浦东的商务成本将节节攀升。与此同时，随着全国各地先后进入制度创新、体制创新的新阶段，浦东的先发优势已经不再明显。面对这种情况，浦东该如何自处？

浦东人早就认识到了这一点，并开始准备第二次创业。在2004年底，上海市发改委、浦东新区政府就开始了《上海浦东综合改革试验区框架方案》的制定。而在此之前，胡锦涛总书记和温家宝总理在上海视察时都提出要继续搞好浦东开发开放，"希望浦东新区要继续在制度创新和扩大开放等方面走在全国前列"。这无疑是浦东制定《上海浦东综合改革试验区框架方案》的直接动力。2005年6月，首个综合配套改革试验区的光环落在了浦东头上，这就意味着，浦东成为首个由享受政策优势地区转向享有体制优势的地区。

《上海浦东综合改革试验区框架方案》一共涉及了综合配套改革十个方面的内容：一是推动政府转型，建立公共服务型政府管理体制；二是推动各类要素市场发展和金融创新，完善现代市场体制；三是探索混合所有制的实现形式，增强微观经济主体活力；四是大力培育和发展中介组织，提高经济活动的社会组织化程度；五是加快推进公共部门改革，促进经济社会协调发展；六是加快科技体制改革，增强自主创新能力；七是探索建立人力资本优化积累机制，创造人才强国的制度环境；八是率先消除城乡二元结构的制度障碍，推进城乡一体化发展；九是扩大对外开放，形成适应国际惯例的市场运行环境；十是建立科学的调节机制，完善与经济社会发展水平相适应的现代社会收入分配与保障体系。

此外，这份方案有一个最突出的特点，那就是"三个不"：一分钱都不给，一个项目都没有，一条财税优惠政策都没有。但在浦东新区区委书记杜家豪看来，国务院批准浦东进行综合配套改革试点，给了浦东"二次改革"、"二次创业"的绝佳机遇和强大动力。[②]

国家发改委是这样定义浦东的："浦东应该是上海的浦东、全国的浦东"，这赋予了浦东更为神圣的历史使命。在批准《上海浦东综合改革试验区框架方案》的过程中，国家对浦东综合配套改革的十方面内容也排出了顺序和重点，并对浦东改革寄予三大厚望：一是政府管

---

①②魏梦杰．浦东定位："完美试验"前的反思．国际金融报，2005.08.09(18).

理体制改革,提高政府的公信力,建立公信政府、法制政府、责任政府;二是要形成与国际通行做法相衔接的经济运行法规体系和制度环境;三是探索建立和谐社会、解决社会矛盾的方法。有人也将其称为“三个着力点”:着力转变政府职能,着力转变经济运行方式,着力改变二元经济与社会结构。

不妨这样去想,成为综合配套改革试验区,浦东就拥有了在制度创新方面先试的“特权”。目前,在国家有关部委的大力支持下,一些重要改革事项的调研和试点工作已经在浦东启动:一是中国人民银行上海总部于 2005 年 8 月 10 日成立;二是在浦东新区率先对跨国公司外汇资金管理实行九条新措施,以解决跨国公司在境内资金集中管理和调拨、资金跨境运作等多方面的新问题,并在此基础上在浦东成立了中国第一家货币经纪公司;三是国家发改委、科技部、国家知识产权局等在浦东开展科技体制创新试点,率先推进创业投资体制改革,并把浦东确定为国家火炬创新试验区和国家知识产权试点园区;四是商务部、海关总署等部委在浦东开展涉外经济管理体制的改革试点,支持浦东在建设空港保税物流园区、探索便捷大通关措施、承接国际服务外包等方面先行先试;五是监察部率先在浦东开展的依法监察试点方案已经完成,已经开展行政问责、效能评估、效能投诉、电子监察等制度,以提高机关的行政效能。同时,浦东先后实施取消、合并审批环节等,使新区的基本建设项目审批时限从原来的 281 个工作日减少到目前的不到 100 个工作日;六是人事部在浦东开展公务员聘任制、扩大人才中介服务市场对外开放等改革试点。

先拔头筹的浦东能否再创辉煌?拥有先行先试特权的浦东能否再次给国人惊喜?我们拭目以待。

10.4.2 天津滨海:紧随其后

首个综合配套改革试验区花落浦东,最失落的应该是天津滨海新区。因为,当时大家都预期,中央将有针对滨海的重大政策出台。事实也确实如此,在 2005 年 10 月 8 日至 11 日召开的党的十六届五中全会上,加快滨海新区发展写进了国家“十一五”规划建议,这标志着滨海新区被纳入了国家整体发展战略;11 月份,天津开发区被六部委批准为首批国家循环经济试点单位。

属于滨海新区的时代已经来临,但似乎还缺了点什么。对,就是综合配套改革试验区的身份!

虽然当时滨海新区的气势如日中天,但垂涎综合配套改革试验区这个头衔的地区太多了,早在 2005 年,申报综合配套改革试验区的省区就有 4 个,2006 年又申报了 6 个,[①] 其中不乏深圳、广州等具有很强竞争力的对手。但竞争并没有我们想象的激烈。

最终,滨海新区成为了继浦东新区之后的第二个综合配套改革试验区。2006 年 5 月 26 日,国务院下发了《关于推进滨海新区开发开放的意见》,批准天津滨海新区为国家综合配套

① 孔泾源 . 国家综改试验区:东中西互动格局初成 . 瞭望 .2008(10).32~34.

改革试验区。该文件的核心要义是批复滨海新区为国家综合配套改革试验区,国家在金融、土地、行政改革等方面的改革试点,安排在滨海新区进行先行先试。随后,国家各部委陆续表明了支持滨海新区开发开放的态度,并不断下发框架性先行先试支持政策。迅速地,滨海新区于2006年9月向国务院上报了《天津滨海新区综合配套改革试验方案》(初稿)。按照当时天津的估计,该方案两个月即可得到批复,但最终批复的时间却到了2008年3月。据说是因为滨海新区的综合改革方案涉及到了金融、土地、涉外经济体制、行政体制等多方面的改革试验内容,经过了十几个部委的沟通讨论,修改调整就达数百处。① 与《天津滨海新区综合配套改革试验方案》获得批复的同时,天津设立OTC市场(柜台交易市场)的申请也得到了批复。

事实上,在苦苦等待《天津滨海新区综合配套改革试验方案》批复的18个月里,滨海新区陆续启动和实施了部分条件成熟的改革措施:

金融方面,滨海新区被确定为全国保险改革试验区;滨海农村银行、工商银行金融租赁公司、摩托罗拉财务公司、渣打银行服务外包中心等一批金融总部机构落户滨海新区;国内第一只产业投资基金"渤海产业投资基金"、滨海创业风险投资引导基金相继成立;在金融综合经营方面,中农工建四大国有银行都已经将总行的综合经营业务部设在了滨海新区,进行"综合经营"的业务试点;而天津市的地方金融控股概念——泰达国际金融控股集团正在筹建之中。

土地管理方面,滨海新区创新了集体土地征收和农用地转用方式,开展城镇建设用地规模扩大与农村建设用地减少挂钩试点,试行农村集体建设用地及土地收益分配的改革。

……

"如果说20世纪80年代看深圳、90年代看上海的话,21世纪的前二十年,就要看环渤海、看京津冀的发展。"这是天津市市长戴相龙的一番话。② 手握国家整体发展战略和综合配套改革试验区两把利剑,披荆斩棘、开辟新路自然不在话下。我们关心的是,滨海新区将用多长时间来开辟这条道路,这条道路又将通向何方,这条道路、这个方向能否给后来者以福祉。

期待滨海新区的新成就!

10.4.3 西部成渝:厚积而薄发

上海浦东、天津滨海成为首个和第二个国家综合配套改革试验区似乎是众望所归,但谁将是下一个幸运儿?为了成为这个幸运儿,各申请地区是你方唱罢我登场,确也热闹非凡。2007年,中部、西部、东部、东北四大区域板块多达11个地区③ 发力综合配套改革试验区的争夺,但西部的成都和重庆一起成为了第三个综合配套改革试验区,尽管前面加了修饰:城

① 张庆源.天津"红三月":OTC市场落子.21世纪经济报道.2008-3-19(1).

② 李北方.21世纪看天津滨海新区.人民日报海外版.2006-2-10(6).

③ 孔泾源.国家综改试验区:东中西互动格局初成.瞭望.2008(10).32~34.

乡统筹。正值重庆市直辖十周年之际,国家发改委一纸通知,重庆市携手邻居成都市成为第三个国家综合配套改革试验区。

事非经过不知其难,人非亲历不知其艰。成渝能够杀出一条“血路”,不仅是因为地处西部,更重要的是其深厚的积淀。

实际上,在提出申请建立配套改革试验区的众多省市中,成都市显得很低调,但低调的背后,却是其充分的准备。从2003年开始,按照中央统筹城乡经济发展的思路,成都明确提出并大力实施了以“三个集中”和“三大工程”为核心的统筹城乡发展战略部署,将原来规模小、布局分散的116个工业开发区调整、归并为20个工业集中发展区;通过多种方式引导农民向城镇集中,全市共规划建设600个农村新型社区,近27万农民住进了城镇和农村新型社区;在稳定农村家庭承包经营的基础上,稳步推进土地规模经营,共实施土地规模经营153.8万亩。同时,成都市为了加快城乡统筹发展进程,于2004年率先提出实行一元化户籍制度,将全市户籍人口统一登记为居民户口,2006年又出台了消除农民向城镇转移限制的新政策。2006年,成都市农民人均纯收入达到4905元,城乡居民收入比缩小到2.58∶1。而且,农民最为担心的社保问题也得到了初步解决,成都已基本实现城乡社保全覆盖。

重庆市,是西部地区唯一一个直辖市,也具有最为典型的“大城市带大农村”二元结构。在重庆3100多万人口中,农村居民占80%以上,城乡居民收入比为4∶1。难怪有人称,重庆就是中国的缩影。而重庆在解决城乡统筹发展上的努力也有目共睹:2007年年初,重庆建“西部城乡统筹试验区”的设想得到了国务院的同意;在2007年初召开的重庆市二届人大第五次会议上,重庆又提出了“一圈两翼”的发展构想,决定打造以主城区为核心的“一小时经济圈”,建设以万州为中心的渝东北地区和以黔江为中心的渝东南地区“两翼”,构建“一圈两翼”的区域发展新格局,以推进城乡区域协调发展。按照重庆市的构想,“一小时经济圈”将分三个层次推进:第一层次是做优做强主城,逐步形成有机联系又相对独立的“一城五片”特大城市格局;第二层次是做强区域性中心城市,重点打造涪陵、江津、合川、永川等4个区域性中心城市,发挥对主城特大城市的支撑作用;第三层次是做活中小城市,建成一批成渝经济区、渝南黔北地区的重要“门户城市”,同时发展劳动密集型产业,带动农村人口向城市转移,提升“一小时经济圈”的综合承载能力。2007年3月2日,重庆市政府与国家开发银行签订备忘录,国家开发银行将为重庆的“一圈两翼”发展战略进行战略融资。

较之精彩纷呈的言语,有时候,默默无言的行动更让人动容。成渝依靠自己在城乡统筹方面做出的努力赢得了中央的认可,终于摘得第三个综合配套改革试验区的“头衔”。

但是,摘得头衔仅仅是新征程的开始。三农问题至今困扰着中国,成渝能够拿出让国人满意的试验成果来吗?

愿三农问题能在成渝试验下迎刃而解。

10.4.4　中部双城:守得云开见明月

2007年12月14日,对于自嘲塌陷的中部地区来说,是一个值得大书特书的日子。就在这一天,国家发改委正式批准武汉城市圈和长株潭城市群为全国资源节约型和环境友好型社会建设综合配套改革试验区。历经数年的艰苦跋涉,中部地区终于“守得云开见明月”。国家有关部门已经明确表示,近期将不再新批综合配套改革试验区,也就是说,中部双城登上了末班车。

中国第四个综合配套改革试验区花落中部,绝大多数人都不觉得意外。实际上,在四轮驱动格局下,当成渝成为中国第三个综合配套改革试验区之时,人们就猜测中部地区将会获得第四个综合配套改革试验区名额。事实证明,大家的猜测是正确的。

武汉城市圈和长株潭城市群获得了梦寐以求的试验区资格,但谁都清楚,获得资格仅仅是一个开始,关键在于双城如何打好这张牌。先行者如上海浦东、天津滨海已经树立了一座高耸的丰碑,双城绝不希望被远远抛在后面。

武汉城市圈,指以武汉为圆心,周边 100 公里范围内的黄石、鄂州、黄冈、孝感、咸宁、仙桃、潜江、天门等 8 个城市构成的区域经济联合体。武汉城市圈以不到湖北省 1/3 的面积,创造了全省六成以上的 GDP 总量,也集中了全省一半的人口。虽然武汉城市圈的建设开始较晚,但由于有了高起点、高标准的要求,一体化格局有了较大改观。如今,以武汉为龙头的多形式、多层次、多领域的“1+8”合作机制已经初步形成,武汉城市圈成为了湖北省当之无愧的增长极,也是中部地区最为重要的经济战略要地之一。2006 年,武汉城市圈实现 GDP 4598.94 亿元,比 2005 年增长 13.5%,占全省生产总值的 61.3%。

长株潭城市群,包括长沙、株洲、湘潭三市,面积 2.8 万平方公里,以全省面积的 13.3%、人口的 19.2%,创造了全省经济总量的 37.6%。[①] 没有人会怀疑长株潭城市群在湖南省的核心地位。实际上,长株潭三城市的一体化可追溯至上个世纪的 80 年代中期,但岁月蹉跎,虽然早期曾取得一些成就,但一体化进程却少有进展。直到 1997 年之后,通过总体规划,长株潭的一体化进程才得到快速推进。其目标是实现“五同”:交通同环、电力同网、金融同城、信息同享、环境同治。

根据武汉城市圈和长株潭城市群所透露的“两型社会”综合配套改革试验方案,我们可以一窥双城未来的景象。

武汉城市圈将努力在以下七个方面率先实现突破:一是探索建立统筹区域产业发展的体制机制,实现区域经济一体化;二是探索建立资源节约、环境友好的体制机制,实现区域的可持续发展;三是探索建立增强自主创新能力的体制机制,完善区域创新体系;四是探索加快发展现代服务业的体制机制,优化区域经济结构;五是探索建立基础设施共建共享和公共资源合理配置的体制机制,完善区域公共服务功能;六是完善城市圈土地资源管理的体制,探索节约和集约用地的新型城市化发展模式;七是创新城乡统筹发展机制,在实现城乡协调发展等重点领域和关键环节上加大工作力度,努力实现率先突破。[②]

长株潭城市群的三大改革内容为:

---

① 2006 年,长株潭城市群的 GDP 为 2 818 亿元,占湖南省的 37.6%.

② 顾兆农,贺广华.“两型社会”试验区 武汉长沙“双城记”.人民日报.2007-12-29(6).

——深化资源节约体制改革。探索建立资源节约、集约利用与循环利用模式,培育资源产权市场,探索建立水权、林权等资源管理制度,完善资源价格的形成机制,建立绿色 GDP 核算制度;要推进土地集约、节约利用,解决农村基础用地,引导农村集体建设用地进入市场;建立三市一体的土地供应规划、计划和地价管理机制;建立运行高效、支撑有力的基础设施平台,统筹区域型经济社会设置的规划建设,建立省市和三市间规划协调机制、整合机制、监管机制,完善基础领域的准入制度,推行共建、共管、共享与分建、分管、互享相结合的多样化监管模式。

——深化生态环境保护机制改革。创新生态环境保护机制,走出一条城市群发展之路及新型城市化发展之路。

——深化行政管理体制改革。创新城市群行政管理模式,推进服务型政府建设。

成为第四个综合配套改革试验区,武汉城市圈和长株潭城市群绝不仅仅是想成为一个纯粹的试验区,为中国提供发展的经验。它们还有更大的野心,那就是成为中国经济增长的又一极,带动中部地区崛起,摆脱目前的尴尬地位。中部,至少在某种程度上和东部、西部站在了同一起跑线上。双城成为综合配套改革试验区,对中部自身而言,说明其站在了更高的起点上。

中部站在了新的起点上,而中国改革试点布局也已告一段落。

全国已形成了上海浦东新区、天津滨海新区、武汉城市圈和长株潭城市群“两型社会”综合配套改革试验区、成渝统筹城乡综合配套改革试验区等互动的试点格局。围绕不同试验主题,东中西部均有所斩获:

——在东部地区,选择上海浦东新区开展以“着力转变政府职能、着力转变经济运行方式、着力改变二元经济与社会结构,率先建立起完善的社会主义市场经济体制”为主要内容的综合配套改革试点。选择天津滨海新区围绕开发开放,开展以金融体制、土地管理体制、对外开放体制、财税体制改革等为主要内容的综合配套改革试点。

——在西部地区,选择重庆市和成都市开展以统筹城乡发展为主要内容的统筹城乡综合配套改革试点。

——在中部地区,选择武汉城市圈和长株潭城市群开展以建立促进资源节约型和环境友好型社会建设的体制机制为核心的综合配套改革试点。

回头看去,关于综合配套改革试验区的那一场博弈过程虽然惊心动魄,但结局却也是皆大欢喜。区域协调发展仍是不变的主题,否则综合配套改革试验区也不会东中西部均沾了。中央如此布局,中国区域大格局不言自明,但这一切都要寄希望于综合配套改革试验区的作为。

10.5 区域变局:辉煌中的忧思

改革开放三十年,中国区域发展实现大突破。至今,给人印象最深的莫过于深圳的崛起和浦东的开发开放,确实,这些城市的荒凉恍如昨天;一转眼,眼前景色竟已大变。这就是中国的改革开放,它带给了中国太多的奇迹。

但是,我们在为中国区域发生翻天覆地的大变化而欢呼的同时,一些现象也令我们反思:区域差距、城乡差距有愈演愈烈之势,区域发展模式难以适应可持续发展要求,政府在区域发展中的作用过于强势……如何改变这些状况?一个大问号摆在了我们面前。

10.5.1　潘多拉的盒子:渐进发展中的隐忧

中国在区域层面的改革同样秉承了"摸着石头过河"的渐进精神,从经济特区试验,到沿海开放纵深,再到如今全国大开放;从效率优先,对东部沿海进行政策、资金倾斜,到注重公平,实施了西部大开发战略、东北老工业基地振兴战略、中部崛起战略;这些无不显示了中国区域改革的渐进性。

应该说,正是这种渐进性导致了中国区域的若干"顽疾":东部沿海率先开放,为了打造区域发展的样板,中央通过政策、资金倾斜,东部沿海"剥削"了自然资源相对丰富的中西部地带,拥有先发优势的东部沿海将中西部越抛越远;经济特区、沿海开放城市、浦东开发开放等政策的实施令这些区域屹立在中国区域之巅。随后,西部大开发、东北老工业基地振兴、中部崛起等政策相继实施,一系列政策的实施进一步强化了政府在区域发展中的主导作用;改革开放初期,中国还没有保护生态环境的意识,生态环境保护被置之脑后,环境问题日益严重……如此之多的问题,渐进性发展难辞其咎。如果我们采取的不是渐进性改革方式,这些问题还会存在吗?当然,我们知道,这世间没有如果!

因此,我们现在就是要认识区域发展中存在的问题,并想方设法解决这些问题。

首当其冲的就是区域发展差距问题。区域发展差距问题已经成为国人的心头之痛。我们不会忘记,毗邻香港那个小渔村仿佛一夜之间崛起的高楼大厦,繁华街上的车水马龙;我们也不会忘记,大西北风沙之中瑟瑟颤动的矮土房,摇摇欲坠的教室里满脸菜色的孩子,这是中国区域发展差距的真实写照。历经数十年的努力,中国区域差距依然如此悬殊。2007年,中国人均GDP最高的地区为上海,达64592元,比人均GDP最低的贵州高57757元,是贵州的9.45倍(见表10-2)。差距之大,令人瞠目结舌。这还是较大区域层次的比较,如果用城市数据进行比较,结果将令人更加难以接受。

另一个需要我们思考的问题是,政府在区域发展中应该充当的角色。回顾中国改革开放三十年,不难发现,中央的区域政策在相当大的程度上主导了中国区域的经济发展轨迹。经济特区的崛起如此,浦东的崛起同样如此,乃至最近的天津滨海,又何尝不是如此!有了这些榜样,各区域在发展过程中就形成了依赖,注重的不是着力形成自我发展能力,而是期待中央给予各种支持。所以,就有了中国独特的跑"部"进京现象,就有了中国各区域之间的明争暗斗。我们不能全盘否定政府在区域发展中的作用,但像中国这样的政府全盘参与,似乎太"过"了。

此外,环境问题也日益困扰着我们。改革开放初期,我们并没有意识到环境保护的重要性,在效率优先思想指导下,特别注重工业发展。而且,当时建设的绝大多数都是技术含量较低、污染排放严重的项目。于是,也就有了中国如今满身的创伤:曾经风景如画的河流变成了死气沉沉的"黑水",它们在呜咽;曾经的良田变成了一望无际的荒漠,它们在哀嚎;曾经葱翠的山头变成了裸露的岩石,它们在哭泣。黄河断流、太湖蓝藻、北京沙尘暴……令人触目惊心的环境事件挑战着我们的神经。

……

表 10-2　2007 年中国地区人均 GDP 位次

位次	地区	人均 GDP(元)	位次	地区	人均 GDP(元)
1	上海	64592	17	河南	16060
2	北京	56044	18	湖北	16055
3	天津	45829	19	海南	14631
4	浙江	37128	20	重庆	14622
5	江苏	33689	21	湖南	14405
6	广东	32713	22	陕西	14350
7	山东	27723	23	青海	13836
8	辽宁	25725	24	宁夏	13743
9	福建	25662	25	四川	12926
10	内蒙古	25092	26	江西	12562
11	河北	19967	27	广西	12408
12	安徽	19436	28	西藏	12109
13	吉林	19168	29	云南	10496
14	黑龙江	18510	30	甘肃	10335
15	新疆	16860	31	贵州	6835
16	山西	16835			

资料来源:各省市区 2007 年国民经济和社会发展统计公报.

以上所述远远不能穷尽中国区域发展过程所遭遇的难题,如资源型城市遭遇资源枯竭、工业城市发展模式难以持续、各区域产业结构趋同、农村经济起步艰难等。而且,随着中国区域改革的推进,一系列我们难以想象的问题仍然埋伏在前方。

中国区域的渐进发展过程就仿佛潘多拉抑制不住自己的好奇心,打开了众神送给她的礼物的过程,使幸福与灾难齐飞,但美好的希望始终存在。

10.5.2　区域发展战略:嬗变中前行

改革开放以来,我国区域经济发展战略经历了一个从非均衡、协调、统筹区域发展的嬗

变过程:①

第一阶段是效率优先导向的区域非均衡发展战略(1980—1990 年)。在此阶段,中央政府为了促进国内经济的快速增长,决定率先发展具有绝对优势或具有相对优势且具有较强带动作用的重点地区和重点部门,明确提出了优先发展沿海地区、并通过沿海地区的发展带动内地发展的区域发展战略方向。非均衡发展战略注重针对不同地区实施有区别的政策措施,"沿海地区经济发展战略"对沿海地区的政策倾斜及投资倾斜加速了东部地区经济的迅速发展,使东部地区特别是东南沿海地区成为推动我国国民经济持续高速增长的动力源泉,并通过示范效应和扩散效应,一定程度上带动了中西部地区经济的发展。

第二阶段是缩小差距的区域协调发展战略(1991—2000 年)。在邓小平"两个大局"思想的指导下,随着区域差距问题日益显现,中央政府不得不考虑到经济发展的公平问题,指出必须从提高国民经济的整体效益出发,发挥各个地区的比较优势,促进区域经济的协调发展,实行地区倾斜与产业倾斜政策相结合的方式,在继续发挥东部地区增长优势的同时,逐步促进中西部地区的发展。"八五"计划中明确指出:"正确处理发挥地区优势和全国统筹规划、沿海与内地、经济发达地区与较不发达地区之间的关系,促使地区经济朝着合理分工,各展其长,优势互补,协调发展的方向前进。"在继续促进东部地区发展的同时,一系列支持中西部地区发展的政策出台。

第三阶段是以科学发展观为指导的区域统筹发展战略(2000 年至今)。区域发展差距、城乡发展差距的日益扩大,西部大开发、环境保护、资源利用等新问题的出现,中央开始推行新的区域发展战略——区域统筹发展战略。在此战略指导下,陆续实施了推进西部大开发、东北老工业基地振兴、中部崛起等促进区域均衡发展的政策,逐渐形成了四轮驱动的区域格局。

改革无止境。不要说四轮驱动格局尚未真正形成,即使东部、中部、西部、东北四大区域已经实现协调发展,中国的区域改革也需继续。借鉴西方发达国家区域发展历史,发展陷阱无处不在,中国要做的就是尽量地先知先觉。应该说,综合配套改革试验区政策正是这样一种提前布局。

"路漫漫其修远兮,吾将上下而求索。"正如屈原对于真理的执著追求,中国的区域改革也一直处在探索之中,过去是,如今是,将来也是。

---

① 高新才.改革开放以来中国区域经济发展战略的嬗变."中国改革步入三十年:回顾与展望"国际论坛会议论文集.

第十一章　对外开放:勇往直前闯世界

对外开放是推动经济改革与发展的重要力量,改革伊始至今,我国在对外开放领域取得了举世瞩目的成就。对外开放水平的不断提高,为我国经济发展注入了生机与活力,促进了整个国民经济持续、快速、健康发展,人民生活跃上了新的台阶,综合国力日益增强,国际地位不断提高。三十年的对外开放,我国成功实现了从封闭走向全方位开放的伟大历史转折,与世界经济的联系越来越紧密,与世界各国和地区结成了全方位关系,并成为了拉动世界经济增长的重要引擎,以大国姿态展现于世人面前,在对外开放的强国之路上昂首阔步前进。

11.1　百折千回:对外开放的历程回顾

20 世纪 70 年代末,我国走上了对外开放的道路,在独立自主、平等互利的前提下,利用国际分工的好处,积极发展与世界各国的经济贸易往来。在三十年的发展过程中,相继制定了建立经济特区、利用外资、发展对外经济贸易的一系列方针和政策,对外开放由沿海地区逐步扩展到全国,对外开放领域不断拓宽,外经贸体制为适应社会主义市场经济发展和参与经济全球化的要求进行了全面改革。

我国的对外开放是全方位的对外开放,同时也包括积极发展同其他各国在科学、技术、文化、教育等方面的交流与合作。经济是基础,在实践中,首先是经济上的对外开放,重点是要大力发展和不断加强对外经济技术交流,积极参加国际经济合作和国际分工,以生产和交换的国际化取代闭关自守、自给自足,进而促进我国经济的变革和发展,逐步缩小同发达国家在经济技术水平上的差距,加速实现四个现代化建设的目标。

11.1.1　春回中华:选择对外开放之路

1. 顺时代潮流而动

解放后的几十年间,我国一直实行的是计划经济体制,总体上处于停滞、落后的封闭式发展状态,严重缺乏经济活力,与世界经济的联系十分有限,由于对外部世界的不了解,甚至在边境地带充满了紧张和对峙的气氛。“文革”的错误进行更是将我国国民经济推到了崩溃的边缘,处于何去何从的危机关头。20 世纪 70 年代末,邓小平以超人的远见卓识提出对外开放,引导我国从一系列的惨重挫折中走了出来,大刀阔斧改革、实行对外开放,走上了发展经济的正确道路。他指出:"对外开放具有重要意义,任何一个国家要发展,孤立起来,闭关自守是不可能的,不加强国际交往,不引进发达国家的先进经验、先进科学技术和资金,是不可能的。"

我国醒悟后开始发现,从收入水平到科技水平等方方面面,自身在世界上都已远远落后,同时认识到国际资本其实是一种可利用的资源,以往"帝国主义的本质就是资本输出、接受资本输出就是接受侵略"的观念是错误的,应该克服历史因素造成的巨大心理障碍,向资本主义借钱来搞社会主义现代化建设。1978 年,邓小平访美,和资本主义世界开始了前所未有的对话,展示了一个大国的战略转变的姿态,和平与发展将取代对抗与封闭。同年,谷牧副总理出访西方六国,肩负引进外资的特殊使命。我国领导人的相继出国访问,向世人宣告了我国顺应时代发展潮流、打开国门搞建设的重大抉择。

2. 千呼万唤始出来

我国踏上对外开放之路的伟大抉择,不仅仅来源于自身的观察、认识、总结,更来源于全球经济大环境的驱动,以及对各国历史经验的借鉴。

一方面,世界经济的发展要求我国对外开放。欧美等发达国家之间的竞争使得世界市场的争夺成为必然,而我国恰恰是发达国家争相觊觎的具有巨大挖掘潜力的土地。生产力发达的欧美等国家渴望将其经济活动推向全球,追求在世界范围内充分利用和重新配置生产要素等各种资源,以实现自身的更大利润,其拥有的资本、技术、管理等优势急需与我国的劳动力、土地、资源形成互补,从而便利地使用我国的廉价资源,扩大其出口和投资。事实上,对外开放在为世界开拓我国这样一个广阔空间的同时,也为我国自身启动了经济发展的引擎;之后三十年间我国的迅速强大让世界始料未及,甚至引得众多发达国家发出了"中国威胁论"的声音。

另一方面,世界近代以来的经济发展史向我们反复证明,任何国家或地区要想实现经济快速发展,都要通过对外开放来达到,可以说,对外开放是经济发展的重要途径和必经之路。从早期号称"日不落"的英国,到称霸世界的美国以及以贸易立国的日本,无不是通过开放和大力发展对外经济而使本国经济获得了高速增长的。从发展中国家来看,20 世纪 70 年代后亚洲"四小龙"的崛起,也是发展外向型经济取得极大成功的范例。各国以开放实现经济腾飞的经验是对我国走开放之路的一种激励与肯定,但由于我国与其他各国在具体国情、产业基础等方面存在着许多大大小小的差异,所以又不能完全遵照与其他国家相同的轨迹,而需要我国在实际的改革中独立走出一条前所未有的对外开放之路。

11.1.2 脚踏实地:对外开放的五大阶段

我国的对外开放在国际上没有现成可参照的模式,完全是根据我国实际国情在实践中不断进行摸索与完善。可以说，我国的对外开放经历了艰难的探索，具有很强的中国特色，从主要利用外部资源向利用国内外两种资源和两种市场发展，从吸引外资为主向利用外资和对外投资并重发展，从主要依赖少数发达国家市场为主向多元化国际市场发展，从双边合作为主向多边合作发展，从出口加工型为主向产业化、多元化投资与合作发展，从传统产业利用外资向传统产业和新兴产业利用外资并重发展，从经济领域的对外开放向文化等多领域对外开放发展。

在对外开放的实践中，我国的对外开放与国内的改革紧密相连，以国内改革促进对外开放，以对外开放推动国内改革，使开放与改革达到协调一致，逐步实现内部经济与外部经济的协调平衡。同时，结合不同时期的相关改革政策和措施，由南到北、由东到西层层推进，经历了经济特区、沿海港口城市、沿海经济开放区、沿江及内陆开放城市、沿边开放城市的开放过程，形成了从沿海地带到沿江、沿边和内地中心城市开放、再到西部和东北地区的多层次、点线面结合的全方位对外开放的地域格局。

作为一个发展中大国，我国的对外开放是分步骤推进的，在确保国家和社会稳定的前提下，一步一个脚印地走对外开放之路，从 1979 年开始的向发达国家举借外债、开办“三资企业”、改革外贸体制以及设立经济特区，到 2001 年加入世界贸易组织以及随之而来的参与世界经济一体化进程，在不断夯实既有成效的基础上，实现着经济的快速发展。三十年来，我国始终坚持对外开放的基本国策，主要经历了以下阶段：

1. 1979—1983 年：扬帆启程

对外开放最初，我国选择具备靠近港澳、侨胞众多、资源丰富、便于吸引外资等诸多优越条件的广东和福建，1979 年 7 月起对两省的对外经济活动实行特殊政策和灵活措施，同时在深圳和珠海试办出口特区，① 取得一定经验后，于 1980 年正式设置深圳、珠海、汕头和厦门经济特区，对进一步的对内改革和对外开放起到了极为重要的作用。

在对外经济贸易领域，开始分步骤进行改革，加强进出口管理，着手进出口商品检验管理体制、出口许可制度、进口商品免征工商税收等方面的探索。为保证对外贸易运输任务的完成，陆续开办张家港、南通、南京等港口。在对外贸易体制上，从 1983 年开始进行对部分国有大中型企业赋予自营进出口权的试点工作，将部分商品的进出口经营权赋予一些地方和部门，批准京、津、沪、粤、闽、辽 6 省市成立地方外贸公司，授予冶金、机械、兵器、航空、船舶等部门以进出口权。

1979 年颁布并实施的《中华人民共和国中外合资经营企业法》是我国利用外资的第一部法律，对于鼓励外商来我国投资开办企业，引进适应我国需要的先进技术和设备起到了积极作用。配合 1980 年出台的劳动管理、登记管理、建设用地、所得税等方面的规定，第一批合资企业得以申报。我国还积极开辟筹集外资的方式和渠道，1981、1982 年相继进行了中

---

① 1980 年 5 月 16 日，中共中央、国务院批转《广东、福建两省会议纪要》，正式将“特区”定名为“经济特区”。

国投资银行从国外筹集建设资金、在外国发行公司债券的首度尝试。

为了有效管理对外经济活动带来的外汇,我国设立了国家外汇管理局,并发布外汇管理暂行条例。随着对外开放的起步,我国开始以积极、开放、合作的新形象在关贸总协定第36届缔约方大会等国际会议上崭露头角。由于这一时期尚属我国对外开放的起步试点阶段,缺乏经验,立法不够完善,投资环境不够理想,所以在对外经济领域的一系列探索收效尚不显著。

2. 1984—1987年:重点延伸

沿海开放城市是国内经济与世界经济的结合地,是对内搞活经济和对外实行开放的会合点,直接影响整个改革开放的形势。我国自1984年5月起开放大连、秦皇岛、天津、烟台、青岛、连云港、南通、上海、宁波、温州、福州、广州、湛江和北海共14个沿海大中港口城市,并给予必要的优惠政策。1985年,继续加快开放沿海地带,将长江三角洲、珠江三角洲和闽南三角区的61个市、县开辟为沿海经济开放区,对城区及工业卫星镇吸引外资和发展创汇农业给予适当的政策扶持,以促进当地外向型经济的发展。

在外贸体制改革方面,我国于1985年将从事外贸经营许可的审批权从中央下放到地方,扩大地方政府的外商投资审批权限,同时逐步完善立法,开始实施出口退税等政策,大力鼓励出口。在促进外资利用方面,我国于1986年5月成立外国投资工作领导小组,以加强对利用外资工作的宏观指导和协调。1987年开始在沿海地区发展劳动密集型产业和加工工业,大力开展"三来一补"业务和发展"三资企业",吸引外商直接投资。

我国在这一阶段以沿海地区为重点实施了具有重要战略意义的布局,另外,根据经济特区发展的需要,于1986年初扩大了珠海、汕头和厦门经济特区的面积。随着开放地区的不断扩大,我国进一步制定有关利用外资的法律法规,同时给予开放地区更多的优惠政策及必要的权力下放,既使沿海地区吸引和利用外资的能力与积极性进一步增强,又改善了我国的投资环境。

3. 1988—1991年:持续推进

鉴于4个经济特区发展外向型经济的良好收效,我国兴建了海南经济特区,并给予了较大的政策倾斜。沿海经济开放区扩展到辽东和山东半岛,连同已经开放的大连、秦皇岛、天津、烟台、青岛等共同形成环渤海开放区。1990年,我国决定开发上海浦东新区,推动上海建设成为国际金融、贸易、经济中心。1991年,先后批准上海外高桥保税区、深圳福田和沙头角保税区、天津港保税区,将保税区作为关外的外贸基地,借鉴国际通行规则,发展保税仓储、报税加工出口和转口贸易。同年开放满洲里、丹东、绥芬河、珲春4个北部口岸。

为加快和深化外贸体制改革,我国自1988年起全面推行外贸承包经营制,由各省、市、自治区、计划单列市和外贸公司向国家承包上缴外汇任务和经济效益指标,对轻工、工艺、服装三个行业试点实行出口自负盈亏,外贸系统实行责、权、利统一,同时将审批权进一步下放到省级和经济特区、经济开发区所在城市的外经贸主管部门。这一阶段的外贸改革还包括试行多元的按商品分类的外汇留成制度、全面出口退税、鼓励来料加工及进料加工出口、发展国家出口商品基地、扩大出口信贷等,一揽子外贸改革使出口贸易获得了高速增长。

对外开放截至这一阶段,我国外汇储备已达426亿美元,实际利用外资超过800亿美元,经批准在境外直接投资企业共1638家,投资总额33.5亿美元,外贸出口在世界出口国的地位从开放之初的第32位跃居至第14位。我国还加入了亚太经合组织,与100多个国家和地区建立了科技合作关系,与50多个国家签订了政府间科技合作或经贸科技合作协定。

4. 1992—2000年:纵深发展

在1992年初邓小平南巡讲话的指引下,我国的对外开放加速向纵深发展,触角逐步由沿海向沿江、内陆和边境地带延伸,开放长江沿岸的芜湖、九江、黄石、岳阳、武汉和重庆,带动整个长江流域经济的迅速发展。开放内陆的合肥、南昌、长沙、成都、郑州、太原、西安、兰州、银川、西宁、乌鲁木齐、贵阳、昆明、南宁、哈尔滨、长春、呼和浩特17个省会城市,牵引广大内陆地区的经济发展,开放黑河、绥芬河、珲春、满洲里、二连浩特、伊宁、博乐、塔城、普兰、樟木、瑞丽、畹町、河口、凭祥、东兴13个沿边城市,鼓励其发展边境贸易和与周边国家的经济合作。2000年,随着西部大开发战略的实施,对外开放区域性推进的范围进一步向广袤的西部地区扩展,配合《中西部地区外商投资优势产业目录》,鼓励外商向中西部地区投资,促进中西部地区的对外开放。至此,我国全方位对外开放的地域格局基本形成。

与此同时,外贸体制改革进一步深化,从1994年开始,以统一政策、开放经营、平等竞争、自负盈亏、工贸结合、推行代理制和建立适应国际经济通行规则的运行机制为目标,针对外贸体制进行综合配套改革,取消补贴,适当增加外汇留成,实行全国统一的外汇流程比例,发挥外贸主渠道的骨干作用。外汇管理体制改革也取得了重大进展,自1996年12月1日起实现了人民币经常项目下的可兑换。

我国还加大了保税区、经济技术开发区的建设力度,并在经济特区和上海、天津、大连、广州、宁波、青岛、南京7个城市开展外币业务,扩大零售商业、交通运输、房地产、旅游业、保险业的外商投资,不断将地域层面的对外开放向行业层面的对外开放加深,使得我国的对外开放在这一阶段扩大到全国各地和国民经济的众多领域。另外,为了做好入世的准备,我国还大幅度削减多种商品的进口关税,降低了关税总水平。

5. 2001年至今:全面加速

2001年12月,我国加入WTO,对外开放从此进入了一个以多边规则为基础、全面提升开放水平的新阶段,在更加开放和更加复杂的国际环境中推进现代化建设,在更大范围、更广领域和更高层次上参与国际经济技术合作和竞争,在认真总结成功经验的基础上,不断深化对经济全球化发展规律的认识,增强对国内外复杂形势的判断能力,不断提高对外开放的质量和水平。自2002年1月1日起,我国信守在入世时所做出的广泛承诺,正式开始履行各项义务,遵照WTO规则对贸易体制和政策进行了全面的调整,逐步放宽投资领域,减少投资障碍,加强投资保护,放松投资管制,减少政府干预。

在外贸体制改革方面,我国自2004年7月1日起开始实行外贸经营权登记制,提前半年履行放开外贸权的承诺,取消了已实行长达五十年的外贸权审批制。2005年1月1日,取消丝绸的国营贸易管理及指定经营;继2004年底开放成品油零售市场之后,2006年底如期开放成品油批发市场。此外,我国还清理了大量与外经贸有关的法律法规。伴随着外贸体制的改革,我国市场逐步开放,开放领域由传统的货物贸易向服务贸易扩展,市场准入的程度进一步提高,市场环境也随着一系列法律和法规的制定和完善而更加透明和规范。

在货物贸易领域,不断降低关税和非关税壁垒。截至2005年1月1日,我国绝大多数关税削减承诺已执行完毕,并根据《信息技术协议》取消了所有信息产品的关税,进口配额、进口许可证和特定招标等非关税措施也遵照所承诺的时间表执行了调整,关税配额量逐年扩大,关税配额管理体制进一步完善,粮、棉、油、糖、羊毛、化肥等关系国计民生的大宗商品的进口建立起了完整、公开、透明的关税配额管理体制。截至2007年,平均关税水平由加入时的15.3%降至9.8%,农产品平均关税由23.2%降至15.2%,工业品平均关税由14.7%降至8.95%。在服务贸易领域,采取了大量实际行动开放服务业市场,开放领域由传统的货物贸易向服务贸易延伸。

针对加工贸易在国民经济发展和外贸增长方式转变过程中日益凸显的环境资源成本过高等问题,我国于2005年研究出台了控制"两高一资"产品(即高污染、高能耗、资源型产品)出口的宏观调控措施以及两批加工贸易禁止商品目录,转年公布了新一批取消和降低出口退税商品清单,而后又将已取消出口退税的大部分商品列入加工贸易禁止目录。

为适应国民经济结构调整和我国加入世界贸易组织的新形势,我国在2002年颁布了新修订的《指导外商投资方向的规定》和《外商投资产业指导目录》,2003年颁布了《鼓励外商投资高新技术产品目录》,2004年和2007年,两次对《外商投资产业指导目录》进行修订。最新的《外商投资产业指导目录》进一步扩大了开放领域,鼓励发展节能环保产业,积极促进贸易平衡和区域协调发展。

为了提升外资并购的数量和质量,我国逐步完善外资并购政策,相继出台了一系列的相关政策措施。2002年,《关于向外商转让上市公司国有股和法人股有关问题的通知》的发布为外商直接收购我国上市公司非流通股打开了大门,《合格境外机构投资者境内证券投资管理暂行办法》为合格境外投资者(QFII)打通了借由托管银行投资于我国A股市场的渠道。随后的几年又相继有《外国投资者并购境内企业暂行规定》、《关于外国投资者并购境内企业的规定》等实施和出台。

从1979年到2007年,外商投资企业一直享受着低税率的优惠待遇。这在我国对外开放进程中能够大量吸引外资确实发挥了积极作用。但是随着我国市场经济体制的不断完善,呼吁市场规范和公平竞争便成为各经济主体的最强音。在此情况下,为创造一个公平竞争的环境,内资企业和外资企业所得税法“两税合一”迈出实质性步伐。十届人大五次会议通过的《企业所得税法》于2008年1月1日起施行,规定的25%的统一税率使所有境内的内外资企业处于一个公平的竞争平台,使我国利用外资跨入了一个新的阶段。由此,我国对外资的需求开始从数量为主转向以质量为主,资金流动从流入为主转向流入和流出并重,吸收外资的方式从新设企业为主转向新设和并购两种方式并重。

再有,自2005年7月起,人民币汇率一改以往盯住美元的做法,开始实行以市场为基础、参考一篮子货币进行调节、有管理的浮动汇率制度,之后始终保持了渐进的稳步升值态势。在拥有入世带来的多边贸易体系促进贸易自由化成果、享受多边、稳定、无条件的最惠国待遇权利的同时,我国为适应对外开放的层次提升,也在加快政府职能转换,提高企业管理水平和技术水平,加快产业结构等方面做出了相应调整。

11.2　日新月异:对外开放的成效扫视

回顾改革开放以来的经济发展,我国创造了史无前例的连续二十九年年经济增长率9.7%的奇迹,近五年来,年经济增长率更是均超过10%,2007年GDP达249530亿元,与1978年的3645.2亿元相比,增长了近68倍,经济总量跃居世界第四,且占世界份额不断提高,这表明我国已进入了世界经济大国的行列。自实行对外开放以来,我国的对外经济贸易和对外经济合作随着生产力的进步取得了长足发展,并保持着稳定的良好发展势头。

11.2.1　穿梭往来:对外贸易的发展

自实行对外开放以来,我国对外贸易迅速发展,规模不断扩大,贸易总量在世界贸易中所占比重逐年提高。货物贸易总额从1978年的206.4亿美元扩大到2007年的21738.3亿美元,增长了104倍,位次也由1978年的第32位晋升至世界第二。截至2008年3月,我国货物贸易总额累计达5703.8亿美元。服务贸易总额由1982年的44亿美元发展到2007年的2560亿美元,二十五年间增长了57倍多。

三十年间,我国对外贸易的增长速度高于同期GDP的增长率,也高于同期世界贸易的增长速度,对外贸易的激增强有力地拉动了我国的经济增长,进出口规模的持续扩大与结构优化促进了我国产业结构的调整和升级,增加了国内税收及就业。我国对外贸易的迅速发展对于世界经济贸易也有着积极作用,为世界各国提供了巨大的商机,促进了世界经济贸易的持续发展。

1. 货物贸易

从进出口规模来看,呈现出持续扩大的态势。放弃原有计划经济转向市场经济、允许多种经济成分发展的改革思路,以及国际生产分工链条的延伸,使我国固有的资源禀赋等优势得以发挥。1978年,我国货物贸易进出口总额只有206亿美元,其中进口108.9亿美元,出口97.5亿美元。1978—2006年,我国进出口总额增长84.3倍,年均增长17.21%。2007年,进出口总额达21738亿美元,同比增长23.5%,其中,进口9558亿美元,增长20.8%,出口12180亿美元,增长25.7%(见图11-1)。

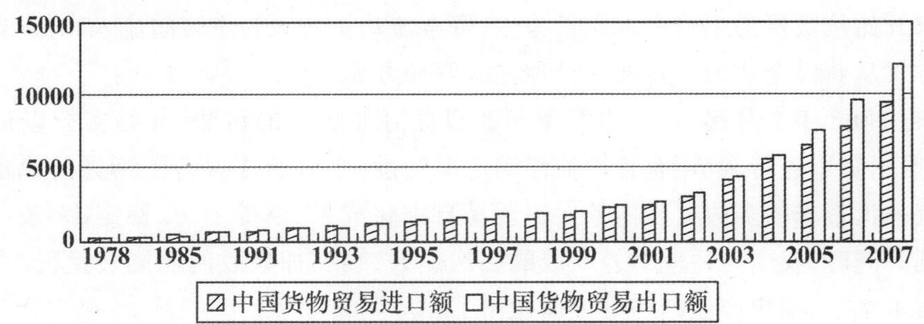

图11-1　1978—2007年我国货物贸易进出口情况　(单位:亿美元)

资料来源:根据《中国统计年鉴》2007相关数据整理.

从世界排名来看,我国也实现了大的飞跃。改革最初,我国在世界贸易格局中微不足道,随着贸易的快速增长,我国的贸易位序不断上升,2007年进、出口分别位居第三和第二(见表11-1)。

表11-1　2007年世界货物贸易进出口额前十名　单位:10亿美元

国别	出口	增速(%)	国别	进口	增速(%)
德国	1327.7	19.7	美国	1953.7	5.4
中国	1218.2	25.7	德国	1059.7	16.8
美国	1162.7	12.2	中国	956.3	20.8
日本	714.2	10.5	英国	633.8	12.0
法国	553.1	11.5	日本	621.9	7.5
荷兰	551.4	18.8	法国	614.5	13.4
意大利	492.2	8.0	意大利	505.0	14.1
英国	443.1	-0.91	荷兰	491.5	17.8
比利时	431.0	17.4	比利时	413.7	17.5
加拿大	419.6	8.1	加拿大	380.1	8.6

资料来源: World Trade Atlas.

从进出口结构来看,呈现不断优化,贸易增长点逐渐转移的态势。在出口结构的调整上,我国从1980年扭转了初级产品和工业制成品占比过大的情形,“八五”期间,纺织品比重逐渐下降,“九五”期间,机电产品成为比重最大的门类,高新科技产品比重出现较大规模上升;2002年以来,我国积极实施科技兴贸和品牌战略,加大自主研发力度,在保持轻工、纺织等传统产业比较优势的基础上不断提高家电、信息等新兴产业的综合竞争力,目前,我国出口主体已由劳动密集型的轻纺产品逐步转向机电产品和高新技术产品。与此同时,我国进口结构也发生了变化,在设备技术进口仍占据主体地位的基础上,初级产品在我国进口结构中越来越重要,石油及相关产品、大豆、优质钢材、矿石的比重不断上升。

从贸易市场和贸易主体来看,表现为日趋多元化的发展。对外开放后,我国同世界各国和地区积极发展贸易伙伴关系,交往日益密切,双边贸易蓬勃发展。加入世贸组织后,我国在巩固传统贸易合作关系的基础上,广泛参与各种区域经济合作,实施市场多元化战略,逐步形成了贸易市场多元化格局。截至2007年,欧盟、美国和日本分列我国贸易伙伴的前三位,东盟跻身第四。从贸易主体的变化来看,开放后的相当长时期内我国的贸易主体过于单一;实行外贸经营权的全面放开后,贸易主体的发展趋于多元化,外商投资企业稳定增长,集体、私营和个体等非国有内资企业迅速崛起,外商投资企业和非国有内资企业进出口增速趋高。

2. 服务贸易

在贸易总量上保持了快速增长,且占世界比重不断攀升。在我国实行对外开放前,服务贸易领域基本是一片空白。20世纪80年代,我国抓住国际服务业转移的历史机遇,服务贸易开始兴起并迅速发展,入世之后更呈现出蓬勃态势,服务贸易总量快速增长,占世界比重不断攀升。2007年,我国服务贸易进出口总额达2560亿美元,同比增长33.5%,其中,服务贸易进口额为1290亿美元,同比增长28.6%,占世界服务贸易的比重为4.2%,位居第五;服务贸易出口额为1270亿美元,同比增长38.9%,占世界服务贸易的比重为3.9%,位居第七;同年世界排名居首的美国服务贸易进、出口额分别为3360亿美元和4540亿美元。

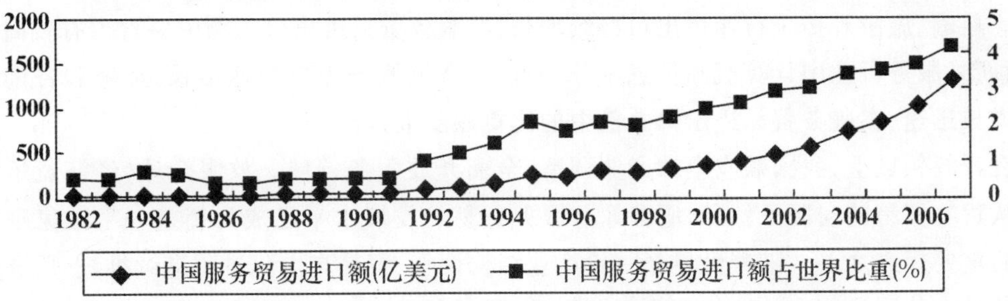

图11－2　1982—2007年我国服务贸易进口情况

资料来源:根据中国服务贸易指南网相关数据整理.

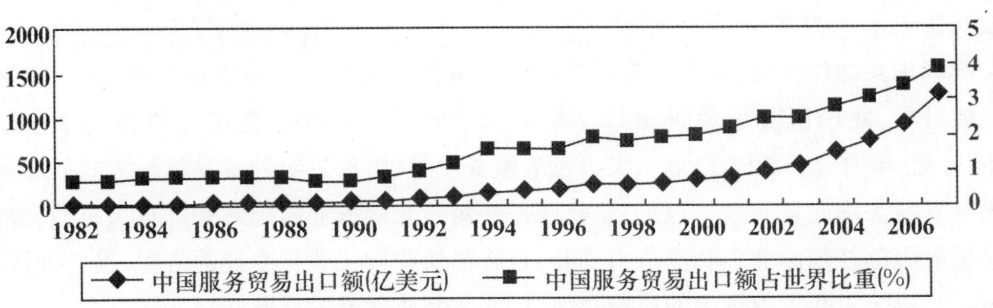

图11－3　1982—2007年我国服务贸易出口情况

资料来源:根据中国服务贸易指南网相关数据整理.

表 11-2 2007 年世界服务贸易进出口国家(地区)排名 (单位:10 亿美元)

位次	出口国/地区	出口额	占比(%)	年增长率(%)	进口国/地区	进口额	占比(%)	年增长率(%)
1	美国	454	13.9	14	美国	336	11.0	9
2	英国	263	8.1	17	德国	245	8.0	15
3	德国	197	6.1	18	英国	193	6.3	13
4	日本	136	4.2	11	日本	157	5.1	9
5	法国	130	4.0	11	中国	129	4.2	–
6	西班牙	127	3.9	21				
7	中国	127	3.9	–				

资料来源:根据中国服务贸易指南网相关数据整理.

在传统领域实现了持续增长,新兴领域增长显著,规模持续扩大的同时,我国服务贸易的结构也在不断优化。我国服务贸易在保持传统领域增长态势的同时,部分新兴领域增长显著。运输、旅游等传统行业进出口持续增长,在服务贸易进出口总额中一直占有较高的份额,而新兴服务行业中计算机和信息服务、通信和咨询服务出口快速增长,金融和咨询服务进口增长迅速,在服务贸易进出口总额中的比重逐步上升。

在开放领域上,我国顺应全球产业调整,全面开放服务领域。放眼全球,经济竞争的重点正从货物贸易转向服务贸易,服务业与服务贸易的发展水平已成为衡量一个国家现代化水平的重要标志之一。随着世界新一轮产业结构调整、贸易自由化进程继续推进,服务业和服务贸易在各国经济中的地位还将不断提升,服务贸易发展更加趋于活跃。目前,我国已开放《服务贸易总协定》12 个服务大类中的 10 个,涉及 160 个小类中的 100 个,占服务贸易部门总数的 62.5%,包括银行、保险、证券、电信服务、分销等在内,服务贸易领域的开放程度接近发达国家水平。①

在我国未来的经济发展中,服务贸易的地位将越来越重要。根据商务部"十一五"服务贸易发展目标,我国服务贸易进出口总额要由 2005 年的 1582 亿美元提升到 2010 年的 4000 亿美元,年均增长 20%以上。大力发展服务贸易,将促进对外贸易增长方式的转变,推动我国从贸易大国向贸易强国迈进,使我国抓住新一轮服务业跨国转移的重大机遇,提高我国承接世界服务外包的能力和竞争力,同时也将加快我国工业化发展的进程,提升我国制造业在国际产业分工和价值链中的层次和地位,并且解决大量的就业问题。

① 发达国家开放的部门数为 108 个.

11.2.2　和衷共济:对外合作的发展

自实行对外开放以来,我国逐步向世界敞开了大门,积极融入国际经济体系,与世界各国和地区持续展开大规模的资本合作,逐渐成长为了一个庞大的外资经济体,技术引进、劳务合作等也全面展开。对外经济合作迅速扩大,形式逐步多样化,为我国进一步对外开放,优化资源配置和产业结构,拓宽发展空间,带动设备、技术、劳务和产品出口,缓解国内就业压力,促进经济平稳增长起到了极大的推动作用。随着经营主体结构和市场结构的不断优化,我国对外经济合作成效显著。

1. 吸收外资规模平稳上升,外资企业蓬勃发展

我国的利用外资几乎由零开始,三十年间,外商直接投资总体呈平稳上升趋势,连续十四年居发展中国家之首。为了吸引外资大规模、持续地流入,我国不断改善投资环境,从1979年到2007年,累计外商直接投资7630亿美元;2008年第一季度,实际使用外资金额274.14亿美元,同比增长61.26%。外资流入我国后,区域分布和产业投向均比较集中。受西部大开发、振兴东北老工业基地和中部崛起等政策的影响,外资近年来逐渐加大向中西部的流入,但地域分布没有明显变化,仍主要集中于沿海地区。从产业流向来看,开放之初仅限于制造业、建筑业和少数服务业,而后投资领域不断拓宽,目前总体上集中于第二产业,占比大约七成,第三产业占比其次,第一产业最小,低于2%。

自1979年《中华人民共和国中外合资经营企业法》颁布后,中外合资这种形式被广泛采用、长期存在。随着市场环境的改善,不确定性风险的降低以及投资政策的逐步统一、规范和透明,外商投资企业逐渐发展起来,1998年合同利用外资总额(217.53亿美元)首次超过合资企业(172.86亿美元),一改以往合资企业独揽大局的情形。在之后多年的发展中,外商投资企业迅速成长为最活跃的投资方式。截至2007年底,我国实有外商投资企业28.62万户,实有投资总额达2.11万亿美元,外商投资企业户均注册资本403.67万美元,新登记外商投资企业规模进一步提升,户均注册资本达463.04万美元。外资的进入有力地支持了我国的经济建设,促进了经济结构调整,加速了工业化进程,带来了可观的财政收入,创造了大量的就业机会。

2. 注重引资水平提升,优化利用外资结构

改革开放以来,外资在推动我国国民经济发展方面做出了巨大贡献,在利用外资量上不断增加的同时,我国对外资加以分析和研究,在产业投资方面予以引导,近年来陆续采取有效措施,严格限制外商投资高能耗、高污染、低水平产业,将宏观调控的重点放在遏制高能耗产品的过快增长上,运用调低或取消部分高耗能产品的出口退税率等措施,严格抑制高能耗、高污染、资源型产品(即"两高一资"产品)大的增长。

鼓励外商投资高新技术产业、装备制造业、新材料制造等产业,投资发展循环经济、清洁生产、可再生能源和生态环境保护。同时一些不可再生的重要矿产资源不再允许外商投资

勘查开采,限制或禁止“三高”外资项目准入,不再继续实施单纯鼓励出口的导向政策,对部分涉及国家经济安全的战略性和敏感性行业,持谨慎开放的态度。坚持对外开放,促进产业结构升级,节约资源,保护环境,调整单纯鼓励出口的导向政策,促进区域协调发展,维护国家经济安全。

我国在利用外资方式上与开放之初相比发生了根本性的变化,对于外资,不再是来者不拒,而是充分发挥外资在推动自主创新、产业升级、区域协调发展等发面的积极作用,对技术含量低、“三高”以及影响国家经济安全的外资予以限制或禁止。不难看出,我国在继续走好改革开放的道路、拓展对外开放广度和深度、提高开放型经济水平的基础上,创新利用外资方式,优化利用外资结构。从长远看,这对于搞好宏观调控,统筹国内发展和对外开放,提升自主创新能力,促进产业结构优化和升级,提高利用外资质量和水平,将发挥积极的作用。

3. 实施“走出去”战略,资本双向流动日臻成熟

对外投资既可以为东道国创造就业机会,推动其经济发展,又能够实现原产地多元化,有效地规避贸易摩擦,是一种互利共赢的策略。自20世纪90年代我国提出“走出去”战略以来,我国的对外开放已从单纯的以“引进来”为主,向“引进来”、“走出去”相结合和并重的新阶段转变,对外开放水平进一步提高。

2002年以来,我国不断完善境外投资促进和服务体系,积极推进对外投资便利化进程,鼓励和支持有比较优势的各种所有制企业“走出去”,对外投资进入快速发展期,从建点、开办“窗口”等简单方式发展到投资建厂、收购兼并、股权置换、境外上市和建立战略合作联盟等国际通行的跨国投资方式。从2002年到2007年,我国对外直接投资从25亿美元上升到187.6亿美元,增长了近7倍,从世界第26位上升到第13位,居发展中国家之首。2008年一季度,对外直接投资达193.4亿美元,同比增长353%,增速惊人。对外直接投资的加速增长,不仅有助于提升企业的综合实力,而且有助于我国合理的资本双向流动格局的形成。

4. 技术合作日益密切,引进质量逐步提高

进入21世纪,国际经济技术合作日益成为国际经济关系的主体,极大地推动着世界经济的国际化进程。我国在坚定不移地实行对外开放基本国策的前提下,不断在更大范围、更广领域、更高层次上参与国际经济技术合作和竞争,并保持着良好势头。2002年以来,我国通过外商直接投资引进了大量先进适用技术,促进了产业技术改造和产品升级换代,加快了我国产业结构实现优化升级。目前,全球主要IT制造业企业纷纷在华设厂,许多还将研发中心移师我国,有力地促进了我国电子及通信设备制造业的技术进步,增强了我国产品的国际竞争力。

在积极参与国际经济技术合作的同时,我国注重引进技术的质量和水平,限制盲目进

口,规范技术进口管理。在《中国禁止进口限制进口技术目录》[①]中,明确列出了进口后将危害国家安全、影响社会公共道德和社会公共利益、影响人和动植物生命健康、破坏生态环境等方面的技术126项,涵盖农业、食品制造业、纺织业、化学原料及化学制品制造业、医药制造业、金属冶炼加工业、设备制造业、电力热力生产供应业及环境管理业等19个行业,细化控制要点和技术规格,不允许进口禁止类技术,限制类技术采取许可证管理。在严格把关技术进口的基础上,引导企业引进国外先进适用技术,对引进技术加以消化吸收和再创新。

截至2007年底,我国技术引进的来源国家和地区达68个,主要包括欧盟、美国和日本等发达国家和地区。在技术引进主体上,以外资企业和国有企业为主,民营企业和集体企业技术引进增速较快。技术引进主要集中在东部发达地区,东北地区的辽宁、中部地区的湖南等省市技术引进增长较快,以专有技术许可、成套设备与关键设备技术进口和技术服务等方式为主,重点行业包括电气、蒸汽、热水的生产和供应业、电子及通信设备制造业以及交通运输设备制造业。2007年,我国共登记技术引进合同9773份,合同总金额254.2亿美元,其中技术费194.1亿美元,同比增长31.5%,占合同总金额的76.4%,较去年同期增加近10个百分点,技术引进质量进一步提高。

5. 对外承包合同、对外劳务合作、对外设计咨询迅速发展

面对激烈竞争的国际工程承包和劳务合作市场,我国积极实施"走出去"战略,大力开拓国际市场。对外承包工程和劳务合作的主体由过去的以国有企业为主,逐步形成国有企业、股份制企业、民营企业整体推进的局面。对外承包领域不断拓宽,方式更加灵活,由分包工程走向自主经营、总承包项目。劳务合作的内容也由单纯提供劳务,发展为与外派技术、管理人员相结合的服务型、管理型的劳务输出。

表11-3 1976—2007年我国对外承包工程合同额、完成营业额情况 (单位:亿美元)

年度	对外承包工程合同额			对外承包工程完成营业额		
	当年	同比增长(%)	累计	当年	同比增长(%)	累计
1976—2001	—	—	997.3	—	—	715.6
2002	150.5	15.5	1147.8	111.9	25.8	827.2
2003	176.7	17.4	1324.5	138.4	23.6	965.6
2004	238.4	35	1562.9	174.7	26	1140.3
2005	296	24.2	1859.1	217.6	24.6	1357.9
2006	660	123	2519	300	37.9	1658
2007	776	17.6	3295	406	35.3	2064

资料来源:根据中国统计年鉴2007、中华人民共和国商务部对外经济合作司统计数据整理.

① 在《中国禁止进口限制进口技术目录(第一批)》(原对外贸易经济合作部、原国家经济贸易委员会令2001年第15号)的基础上修订,于2007年11月23日由商务部颁布,2007年11月22日正式实施.

表 11-4 1976—2007 年我国对外劳务合作合同额、完成营业额情况 (单位:亿美元)

年度	对外劳务合作合同额			对外劳务合作完成营业额		
	当年	同比增长(%)	累计	当年	同比增长(%)	累计
1976—2001	—	—	267.7	—	—	206.6
2002	27.5	-17.3	295.2	30.7	-3.3	237.6
2003	30.87	12.2	326.1	33.09	7.7	270.7
2004	35	13	361.1	37.5	13	308.2
2005	42.5	21.2	403.6	48	27.5	356.1
2006	52.3	26.3	456	53.7	12.3	410
2007	67	28.1	523	67.7	26	478

资料来源:根据中国统计年鉴 2007、中华人民共和国商务部对外经济合作司统计数据整理.

表 11-5 1995—2007 年我国对外设计咨询合同额、完成营业额情况 (单位:亿美元)

年度	对外设计咨询合同额			对外设计咨询完成营业额		
	当年	同比增长(%)	累计	当年	同比增长(%)	累计
1995—2001	—	—	13.68	—	—	8.55
2002	0.85	-3.2	14.53	0.87	38.8	9.42
2003	1.76	107	16.29	0.88	1.15	10.3
2004	3.51	99	19.8	1.47	67	11.77
2005	3.57	1.6	23.4	2.27	54	14
2006	4.1	14.8	27.5	3.3	45.4	17.3
2007	10.3	151	37.8	4.9	48.5	22.2

资料来源:根据中国统计年鉴 2007、中华人民共和国商务部对外经济合作司统计数据整理.

2008 年 1~4 月份,我国对外承包工程完成营业额 130.8 亿美元,同比增长 30.8%,新签合同额 279.3 亿美元,同比增长 47.2%,截至 4 月底,我国对外承包工程累计完成营业额 2195.1 亿美元,合同额 3574.6 亿美元。对外劳务合作完成营业额 24.6 亿美元,同比增长 33.7%,新签合同额 25.8 亿美元,同比增长 44.9%,派出各类劳务人员 11.53 万人,较上年同期增加 0.91 万人,4 月末在外各类劳务人员 75.86 万人,较上年同期增加 5.66 万人,截至 4 月底,我国对外劳务合作累计完成营业额 502.1 亿美元,合同额 548.7 亿美元,累计派出各类劳务人员 430.3 万人。对外设计咨询业务完成营业额 1.09 亿美元,同比增长 115.8%,新签合同额 2.4 亿美元,同比增长 3.5 倍,截至 4 月底,我国对外设计咨询累计完成营业额 23.32 亿美元,合同额 40.13 亿美元。

11.3　重中之重:对外开放的焦点问题

11.3.1　披荆斩棘:当对外开放遭遇"反倾销"

1. 问题背景

我国对外开放大门打开后,贸易摩擦逐渐成为一个关键语汇,贸易摩擦的频发逐渐呈现出常态化、多样化、复杂化态势。细数反倾销、反补贴、保障措施、特保调查(即"两反两保")等诸多阻挡我国对外贸易发展的障碍,反倾销无疑是其中遭遇到的最大威胁。仅以2006年为例,共有25个国家和地区对我国发起"两反两保"调查86起,其中反倾销就占到了63起,涉案金额达14.2亿美元。随着我国出口产品在国际市场所占份额越来越大,越来越多的国家频频发难,国外对我国的反倾销案呈现上升趋势,不断升级的反倾销大战使我国出口贸易面临严峻挑战。

从1979年8月欧共体对我国出口糖精发起第一起倾销指控至今,我国已受到各国和国际组织600多起指控,在所有WTO成员中,连续十多年成为全球遭受反倾销调查最多的国家,范围广布轻工、纺织、机械、电子等众多领域,使我国蒙受了巨额的经济损失。20世纪90年代以前,对我国出口产品提出反倾销诉讼的主要集中在欧美等发达国家;进入90年代以来,除了传统的欧盟、美国、澳大利亚和加拿大等实施反倾销大国外,印度、墨西哥、阿根廷、巴西、南非等发展中国家对我国产品的反倾销指控也越来越多。

2. 多重原因

面对越来越多的反倾销国家、越来越频繁的反倾销指控、越来越广泛的反倾销涉及产品,究其原因是多方面的,既缘于贸易保护主义、歧视性政策等的压制,也来自出口结构欠合理、遇事应诉不力等因素。

从外部障碍来看,有的国家肆行贸易保护主义,采取有失公平公正的做法,用歧视性政策向我国出口产品发起责难。反倾销是各国所公认的维护公平贸易和保护国内安全的合法手段;然而,有的国家为保护本国产品的国内市场,应付国际收支危机,将我国视为众矢之的,滥用反倾销手段,贸易保护主义肆虐。在我国业已建立起市场经济体制的现实下,一些国家却不承认我国的市场经济地位,认为我国的国内价格不是市场价格,采用替代国参考价格断定是否倾销时,往往做出误判。我国赞成和支持世贸组织所允许的反倾销措施,不赞成以倾销方式扭曲公平贸易竞争的秩序,反对以倾销损害贸易伙伴国相关企业的利益。但是,我国坚决反对把反倾销变成贸易保护和歧视性政策的手段,对于种种非公平的歧视性做法,坚决予以反击,捍卫自身权益。

从内部进行反思,我国存在着出口产品结构欠合理、遭遇反倾销案件后应诉不力等现实。受企业规模、技术水平等方面的制约，我国在国际分工格局中一直作为低附加值、低水平的加工中心，在出口产品结构中以劳动密集型和高耗能、高污染及资源型产品为主，重视出口的"量"却没有在出口的"质"上把好关，这自然容易触及一些国家和地区所设定的严格进口限制，从而诱发诸多的反倾销调查。当遭遇反倾销起诉时，我国企业经常因为惧怕麻烦、胜诉信心不足而遇事躲闪，没有及时地通过有效渠道与起诉方联系和抗辩；另外在反倾销案件的协调机制上也缺乏权威性，谈判队伍的建设比较滞后，缺乏应对反倾销的专业人才，这些都严重影响了争端的解决进程及结果，使我国成为了反倾销调查中的最大受害国。

3. 实战策略

随着全球贸易规模的不断扩大，贸易伙伴之间出现纠纷是正常的。尤其是我国加入WTO过渡期结束后，要求进一步开放市场的压力加大，各种贸易摩擦也进一步增多，我国企业面临着更大的压力。从一定程度上来讲，反倾销的实质是世界市场惧怕我国巨大而低廉的生产能力。针对我国出口产品的反倾销案件以后还会有，而且在较长时期内都会存在。对此我们不应回避，要保持平常心对待，正确认识贸易摩擦，研究分析其产生的原因，学会用多边规则维护权益，增强防范和应对能力，保护国内企业的正当利益。

首先，要着力推进国际上对我国市场经济地位的认可度。虽然我国企业应诉反倾销的国际环境正在得到逐步改善，但还是有一些国家不了解我国市场经济的发展程度，因而对我国做出了非市场经济国家的误判。承认我国的市场经济地位，将为深化我国与其他各国和地区开展经贸合作创造公平和谐的环境，推动双方企业实现互利共赢。为此，我国应在与各国和地区继续密切经济往来的同时，扩大我国市场经济快速进展的宣传，推动承认我国市场经济地位的工作，加强双方的交流，实现信息的对称化。

其次，对出口产品结构进行优化也是减少贸易摩擦的有效途径。2007年底，我国公布了新一批加工贸易禁止类商品目录，目的在于抑制低附加值、低技术含量产品出口的过快增长，这一针对加工贸易领域进行的政策调整切实优化了出口产品结构，有效减少了反倾销调查抬头的机会。我国应进一步引导和鼓励企业出口优质产品、高技术产品，促使企业向更高技术含量、更大增值环节发展，利用先进的技术设备提高出口产品质量，运用商标、包装、公关、广告等策略参与国际市场竞争，打响品牌，让我国的出口产品在世界上真正占有一席之地。

再次，应充分发挥政府、企业、中介的应诉职责。以《出口产品反倾销案件应诉规定》为指导，积极发挥中央、地方、企业、中介组织的职责，在应对反倾销的实践中发挥作用。一旦争端发生就要通力合作，积极开展应对工作。商务主管部门和行业中介组织充分发挥协调功能，加强对外交涉力度，依据多边贸易相关规则和国际惯例认真做好磋商或启用争端解决机制，行业协会组织召开企业座谈会，为反倾销应诉取得胜利提供有力的人才资源支持，多层次、多渠道与起诉国家或地区进行交涉和抗辩。与此同时，企业要主动予以密切配合，努力减轻对自身出口产品的不利影响。

此外,我国应进一步拓宽进口反倾销调查的领域。从1979年首次遭遇反倾销指控之后的二十年间,我国只是一味地防守,成为世界上反倾销案的最大受害者。1997年12月,我国新闻纸产业提出反倾销调查申请,成为我国运用反倾销法律手段保护国内产业的首次实践,具有划时代的意义。

11.3.2　后起之秀:服务外包之新亮点

1. 由来与作用

近年来已广泛应用于IT服务、人力资源管理、金融、会计、客户服务、研发、产品设计等众多领域的服务外包,指的是发达国家将高科技产业或服务业的部分业务,外包到成本相对较低的国家或地区的经营方式,具有信息技术承载度高、附加值大、资源消耗低、环境污染少、吸纳就业能力强等特点。伴随着全球经济一体化的深入及信息产业的进步,世界服务业转移正经历着深刻的变化,即从生产成本高的地方转向成本低的地区,由此正逐渐形成服务外包产业的转移浪潮。

近年来,全球服务外包保持平稳增长,交易规模持续扩大,半数以上的欧美公司计划将更多服务外包到海外。据我国电子信息产业发展研究院(CCID)预计,未来几年,全球服务外包市场将保持7.6%的年均复合增长率,到2011年,全球服务外包市场规模将突破5000亿美元。国际服务外包的承接方大多为发展中国家,其中亚洲的承接国家最多,约占45%,印度是亚洲最主要的承接国,其次是我国和东盟;欧洲服务外包的主要承接地为爱尔兰和东欧国家。服务外包承接国积极发展本国服务外包产业,可以优化和提升产业结构,增加出口收入,创造就业,从而快速地为本国带来巨大的经济和社会利益。

2. 现状与趋势

在竞逐全球服务外包市场的国家和地区中,我国凭借广阔的市场空间、充足的人力资源、低廉的劳动力成本、较为完善的现代通信基础设施等诸多优势,正逐步成为全球承接服务外包的主要目的地之一。近年来,我国服务外包业务量不断增加,2006年收入总额达118亿美元,据毕博咨询公司预测,2010年我国服务外包收入总额将达262亿美元。

在国际服务外包领域前沿,动辄就有金额达数百万美元的交易。相比之下,我国服务外包市场从总体上看发展迅速,但是规模不大。目前我国承接的主要是ITO[①] 软件外包,以日韩和欧美为主体市场,诸多全球著名的大服务商纷纷在我国建立研发中心、外包中心、全球服务中心。《中国软件离岸外包市场2007—2011年预测与分析》显示,2006年我国软件离岸外包市场规模达13.8亿美元,同比增长48.4%,日韩市场营业额占56%,欧美市场占

---

① ITO即信息技术外包,按照外包内容的不同,具体可分为业务流程外包(BPO,Business Process Outsourcing)、信息技术外包(ITO,Information Technology Outsourcing)和知识流程外包(KPO, Knowledge Process Outsourcing),这三者共同构成了全球服务外包业的主要内容。

比为36%,未来五年,我国软件离岸外包市场规模将增加近五倍,年均复合增长率将达到37.9%,欧美市场的收入贡献率将在2009年超过日韩市场。

根据服务外包"千百十工程"工作目标,"十一五"期间,我国要建设10个具有一定国际竞争力的服务外包基地城市,推动100家世界著名跨国公司将其服务外包业务转移到我国,培育1000家取得国际资质的大中型服务外包企业,创造有利条件,全方位承接国际(离岸)服务外包业务,并不断提升价值,实现2010年服务外包出口额在2005年基础上翻两番。目前,我国已建成14个服务外包基地城市、3个服务外包示范区和服务外包示范基地,服务外包基地建设初显形态。

表11-6 我国服务外包基地建设情况

分类	数量	内容
服务外包基地城市	14个	大连、西安、成都、上海、深圳、北京、杭州、天津、南京、武汉、济南、合肥、长沙、广州
服务外包示范区	3个	大庆、无锡、南昌
服务外包示范基地	1个	苏州

资料来源:根据中国服务外包网相关资料整理.

从当前来看,我国服务外包业的市场竞争力还有待提升。跨国公司作为新一轮全球产业转移和服务外包模式的主体,既是最大的潜在服务外包市场,也是颇有实力的外包服务提供商。从总体上看,技术水平高、合同金额大、合作期限长、合作关系稳定的中高端外包业务,基本上都发生在大型跨国公司之间。近年来,得益于软件业和信息技术的带动,我国服务外包在中低端发展的同时也不断向中高端挺进,但目前仍然缺乏具有国际竞争实力的大型外包服务企业,在规模上与国际知名企业差距明显,在管理方面相对粗放,在开发流程方面有待细分,在技术人员水平方面有待提升,在服务质量与资格认证方面有待加强。

优势企业应该担当服务外包的先驱角色,积极拓展海外市场。一方面,我国许多具备规模、品牌优势和出口前景的软件企业开始主动实施"走出去"战略,在境外设立研究开发、市场营销及服务机构,更加贴近发包市场,为客户量身定做符合发包企业的商业习惯,并且能够适应我国市场特殊要求的解决方案,使客户满意度和企业利润均达到最大化。比如在2006年,软通动力于韩国市场专门设立了第一离岸开发中心。另一方面,收购海外企业也成为外包企业实施"走出去"战略开拓国外市场的重要途径。比如在2007年,浪潮集团战略合并日本伸和外包团队,成为了我国第一批成功并购国外同行业公司的软件外包企业。

在服务外包蓬勃发展的过程中,其地域分布逐渐呈现出转移趋势。2004年,以大连、北京、上海为中心的东北、华北、华东三个区域市场合计的比例高达87.16%,而2005年下降到约75%,这标志着外包服务产业正向第二梯队城市转移。目前,我国软件和信息服务外包产业进入迅速成长期,北京、上海、大连、深圳等一线城市已经很难满足整个产业发展所需的人才资源,加之成本上升等因素,服务外包产业开始加速向天津、武汉、西安、长沙、成都等第二梯队城市转移,区域市场结构逐步分散,打破了原有的集中格局,逐步由东部沿海向中西部地区迈进。在我国服务外包的发展中,中西部地区正成为承接东部沿海地区产业转移的重要力量。

11.3.3　气量宏阔:对外开放中的外汇储备

1. 现有储备的形成

对外开放后,我国的进出口贸易保持了整体上的顺差,吸引外资持续增加,加之人民币升值等因素,使得我国的外汇储备水平总体上不断提升。对外开放的进程使我国的外汇储备由短缺走向了相对过剩。1978 年,我国的外汇储备仅有 16 亿美元,在经历了由规模较小到较快增长、再由缓慢增长到大幅度增长的变化过程后,截至 2008 年 4 月,我国的外汇储备已达 1.76 万亿美元,比东北亚其他国家和地区外汇储备的总和还要多,并且超过了世界主要七大工业国的总和。据世界银行的预计,我国 2008 年的外汇储备将达到 1.987 万亿美元。

对外开放初期,我国通过努力增加出口、控制进口,使外汇储备在 1983 年迅速升至 89 亿美元,接下来经历过受储备过多思想影响的大幅减少(1986 年急剧下降至 21 亿美元)后,外汇储备水平逐渐恢复,直至 1993 年都维持在一二百亿美元。

1994 年,我国对外汇管理体制进行了重大改革,实施了汇率并轨、取消外汇留成、银行结售汇制、成立银行间外汇交易市场等举措,使外汇储备得以快速增长,1997 年的外汇储备相比 1993 年增加了近 6 倍。

受亚洲金融危机爆发的影响,我国的外汇储备自 1998 年起连续三年增长额分别仅有 50.97 亿美元、97.15 亿美元和 108.99 亿美元,与 1997 年的外汇储备增加额相比,占比分别仅有 14.62%、27.87%和 31.27%。

2001 年起,我国的外汇储备再度进入高速增长阶段,年增长额从 2001 年的 465.91 亿美元到 2003 年的 1168.44 亿美元,再到 2004 年的 2066.81 亿美元和 2005 年的 2090 亿美元,不断实现着新的突破和攀升。

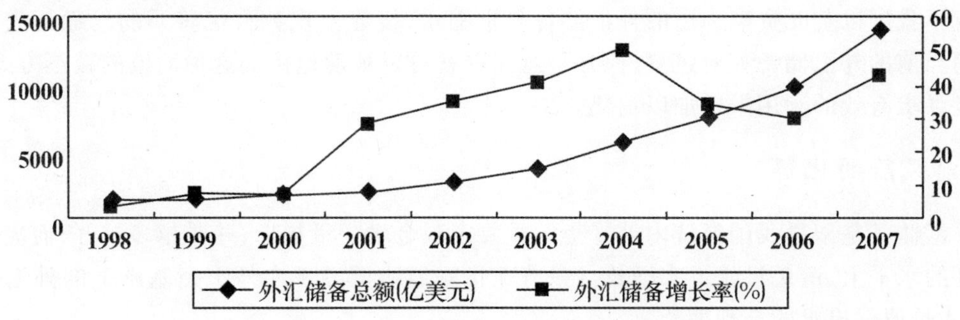

图 11－4　我国近十年外汇储备增长情况

资料来源:根据国家外汇管理局网站相关数据整理.

2. 高额储备的挑战

外汇储备的壮大增强了我国的综合国力,提高了我国的对外支付能力、偿债能力和防范金融风险的能力,有利于应对突发事件,对维护我国的金融体系稳定和国家经济安全有着积极作用。但是,在国际金融与货币体系动荡不定的背景下,过于庞大的外汇储备规模会招致很大的风险,外汇储备超出适度范围的过快增长则给经济发展造成负面效应,成为影响我国宏观经济发展的突出问题。高额外汇储备给我国带来的诸多挑战需要引起重视。

第一,弱化了货币政策的调控效果。近年来,我国外汇储备的迅速增加导致了外汇占款的激增,国际收支不平衡的矛盾持续累积,基于外汇占款的基础货币投放已经成为央行基础货币投放的主要渠道。基于外汇占款投放的基础货币在2005年已占到基础货币总量的90%左右,央行用于对冲操作发行的票据总量高达27700亿元人民币,支付的成本可谓不菲。在现行外汇管理体制下,央行负有无限度对外汇资金回购的责任。随着外汇储备的增长,外汇占款投放量不断增大,其快速膨胀制约了宏观调控的效果,使央行采取货币政策的调控空间越来越小。

第二,加剧了通货膨胀和人民币升值的压力。作为一种金融资产,外汇储备的增加需要相应的人民币来进行交换,外汇储备越多,人民币的投放越多。在当前我国金融工具有限的状况下,一旦央行难以对冲过多的外汇占款,则无法遏制住基础货币的投放速度。大量的基础货币会借由货币乘数效应导致市场上实际货币供应量的大幅增长,进而构成潜在的通货膨胀威胁。与此同时,在外汇储备激增的现实下,许多国家纷纷对人民币升值发起强劲攻势,向我国施加压力。人民币升值与否的主要理由不在于我国外汇储备的增加,而取决于是否有利于我国实现经济内外均衡的战略考虑。

第三,高额外汇储备带来的挑战还表现在因外币汇率变动而遭受损失方面。美元在国际货币体系中占有重要地位,美国金融市场容量大、流动性高,美国政府债券、机构债券等美元资产是我国外汇储备投资的重要组成部分。在我国现有的外汇储备中,美元资产占到了大约70%,欧元和英镑约20%,日元约10%;自美国爆发次债危机以来,美元接连贬值,从而造成了我国以美元资产为主的外汇储备严重缩水,接连出现数百亿美元的巨额损失。虽然我国当前的外汇储备相对过剩,但并不意味着就可以被动地接受这种消极的减汇方式,而应积极寻求有效的利用渠道加以消化。

3. 当前风险的化解

外汇储备是衡量我国经济内外平衡的重要宏观金融变量指标,并非越多越好,而应保持在适度的水平上,避免过快过多增长。只有在很好地协调经济内外平衡基础上的外汇储备增长,才是值得追求的合理增长。

针对外汇储备的结构,要进行适当调整。当前美元存在着越来越高的风险,所以外汇储备不宜集中于美元,应在币种多样化的基础上采取渐进式的调整。适当削减外汇储备中的美元储备,增持欧元和英镑的储备,以分散汇率变动带来的风险,减少因美元贬值而引发的外汇储备总额波动。另外,可以考虑进行石油、贵金属及其他重要矿产资源的战略储备。我国当前在重要战略资源的实物储备规模上还不及国际公认标准,在这方面尚有较大的改进空间。

对于过剩的外汇储备,要进行合理疏导,妥当安排,使其发挥最大的经济效益。众所周知,日本在现代化进程中以不足百亿美元的外汇换取了美欧等近二百年的先进技术和专利,迅速缩小了与发达国家的差距,跻身世界经济强国的位置。我国不妨借鉴其经验,利用充足的外汇储备积极培育和发展尖端科技产业,大力引进世界一流技术,推动自主创新。同时利用雄厚的外汇储备积极寻求全球市场的拓展,鼓励和促进企业进军海外,通过兼并美、欧、日等发达国家的企业等方式把外汇带到国外,逐步减少外汇储备的超速增长。

同时,要注意维持人民币升值的合理预期。2005 年 7 月,人民币汇率一改以往盯住美元的做法,开始实行以市场为基础、参考一篮子货币进行调节、有管理的浮动汇率制度,之后人民币始终保持了渐进的稳步升值态势。但从目前的情况来看,人民币升值的预期使得大量国外资金流入,加剧了我国的高额外汇储备风险。对此,应考虑将市场对人民币升值预期维持在一个合理的限度内,注意全面把握全球范围内的储备规模变化,从世界大环境的演变趋势掌控储备规模,提高和稳固人民币的地位。

要想从根本上化解当前高额外汇储备的风险,还必须加强外汇储备的有效管理。在现有基础上,继续以安全、流动、收益为主要经营目标,遵循安全、灵活、保值、增值的原则,以长期、战略的眼光,并结合考虑我国对外经济发展、国际货币体系的演进、国际资本及外汇市场的变动趋势等多种因素,确定货币资产结构。用好稳定外汇市场的储备,利用外汇储备促进外汇拆借市场的发展。把国际收支平衡作为宏观调控的重要任务,维持国际收支基本平衡,保证外汇储备的适度规模。

11.3.4　结草衔环:积极参与区域经济合作

1. 合作背景

全球化已成为未来世界经济的发展趋势,而当前经济全球化的一个重要特征就是区域经济合作,各国都在积极寻求区域经济合作的机会,来融入全球化的浪潮之中。20 世纪 80 年代末和 90 年代初,我国提出了“市场多元化”战略,这是我国在对外开放中首次提出全方位发展对外贸易并将其作为国家战略予以实施。在继续巩固和发展与美国、日本、欧洲和港澳地区贸易的同时,我国大力开拓周边国家、东盟国家、中东国家市场,努力增加同非洲地区和拉美地区的贸易,采取多种形式发展同前苏联和东欧国家的贸易往来。经过多年的努力,市场多元化战略已取得成效,我国的贸易伙伴不断增加,逐步形成了面对全球开放的格局。我国非常重视在经济贸易领域开展与世界各国和地区的双边沟通和交流,与 140 多个国家和地区建立了经济贸易混合(联合)委员会机制,定期磋商,全面探讨双边经贸关系发展,缓解矛盾,促进经贸关系健康发展。我国还先后与欧盟、美国、日本等国家建立起对话机制,积极参与亚太经济合作组织、上海合作组织等区域组织活动,并在世界贸易组织及国际多边组织中承担义务和发挥建设性作用。可以说,我国已成为世界经济的全面参与者。

2. 自由贸易区的建设

自由贸易区(FTA:Free Trade Area)是两个以上的主权国家或单独关税区通过签署协定,在世贸组织最惠国待遇基础上,相互进一步开放市场,分阶段取消绝大部分货物的关税和非关税壁垒,改善服务和投资的市场准入条件,从而形成的实现贸易和投资自由化的特定区域。近年来,世界区域经济一体化迅猛发展,以自由贸易区为主的区域贸易安排大量涌现,尤其是在WTO多哈回合谈判进展不顺的情况下,很多国家都把经贸政策的重点从WTO转向了自由贸易区。截至2007年9月,向WTO通报、仍然有效的区域贸易安排达194个。

我国将自由贸易区的建设作为以开放促改革、促发展的新平台、新方式。截至2008年5月,我国已与东盟、巴基斯坦、智利、新西兰等签署了自由贸易协定,建立起了涵盖我方和对方全部关税领土的自由贸易区。此外,还正积极推进与海湾合作委员会、新加坡、秘鲁、冰岛、澳大利亚及南部非洲关税同盟的FTA谈判,并已完成与印度的区域贸易安排联合研究和与挪威的自由贸易区联合研究,与韩国、哥斯达黎加等国的自由贸易区联合研究也正在展开之中。

我国自1991年与东盟建立对话关系后,在2000年提出建立中—东自由贸易区的设想,得到了东盟的积极回应。2002年11月,我国与东盟10国共同签署《中国—东盟全面经济合作框架协议》,启动了组建中—东自由贸易区的进程,决定以在2010年建成中—东自由贸易区,核心是区域内各国货物贸易的自由化和便利化,双方将以农业、信息通讯技术、人力资源开发、投资促进和大湄公河流域开发五大领域为合作重点,并逐步向其他领域拓展。2004年11月,双方签署《货物贸易协议》和《争端解决机制协议》,规定2005—2010年我国与东盟老六国(文莱、印尼、马来西亚、菲律宾、新加坡和泰国)绝大多数货物贸易实现零关税,与东盟新四国(越南、柬埔寨、老挝、缅甸)可放宽至2015年。从2005年7月20日起,双方正式开始按照协议规定的时间表,对原产于中国和东盟的产品相互给予优惠关税待遇,自由贸易区投入实质运行。2007年1月14日,我国与东盟10国签署中—东自由贸易区《服务贸易协议》。这是我国在FTA框架下与其他国家和地区签署的第一个关于服务贸易的协议,对于促进我国与东盟各国经济的融合有着强有力的推动作用,并对双方服务业的开放与发展有着进一步的推动作用。随着货物和服务贸易谈判的完成,目前,中—东自由贸易区建设进程已经过半,双边经贸合作全面发展,双边贸易额持续增长,为确保于2010年如期全面建成中—东自由贸易区奠定了坚实基础。

2005年11月18日,我国与智利签署了《中智自由贸易协定》,对双边货物贸易自由化作出了安排,2006年10月1日正式实施以来,效果良好,2007年中智双边贸易额达147亿美元,同比增长65%,其中,我国自智利进口103亿美元、出口44亿美元,分别同比增长79%和42%。2006年9月,双方启动了中智自由贸易区服务贸易谈判,历经6轮磋商后,于2008年4月13日签署《中华人民共和国政府和智利共和国政府自由贸易协定关于服务贸易的补充协定》,在WTO承诺基础上进一步开放我国的计算机、管理咨询、房地产、采矿、环境、体育、空运等23个部门和分部门,以及智利的法律、建筑设计、工程、计算机、研发、房地产、广告、管理咨询、采矿、制造业、租赁、分销、教育、环境、旅游、体育、空运等 37 个部门和分部门。中智自由贸易区服务贸易协定是我国同拉美国家签署的第一个自由贸易区服务贸易协定，意义重大，有助于双方进一步相互开放服务市场，增进优势互补，提升国际竞争力；有助于改善投资环境，创造商业机会，降低交易成本，为两国企业和人民带来更多福利；有助于推动两国在各个领域的全方位合作，拓展合作领域，提高合作水平，促进全面合作伙伴关系的深入发展。

我国与巴基斯坦自 2005 年 5 月 4 日启动自由贸易协定谈判，而后双方就市场准入、原产地规则、技术性贸易壁垒、卫生和植物卫生措施、贸易救济、投资、争端解决、合作等问题进行了 6 轮磋商，于 2006 年 11 月 24 日签署了《中华人民共和国政府和巴基斯坦伊斯兰共和国政府自由贸易协定》。根据协定，双方将分两个阶段对全部货物产品实施降税：协定生效后五年内，双方对占各自税目总数 85%的产品按照不同降税幅度实施降税，协定生效第六年开始，在对以往情况进行审评的基础上，对各自产品实施进一步的降税。近年来，中巴双边经济贸易发展较快，我国主要对巴出口高科技产品、化工产品、塑料制品和家电等，主要从巴进口棉纺织品、皮革、水产品等，在产业结构和进出口商品结构上实现了很强的互补。除货物贸易自由化外，未来双方在服务贸易等领域还将有着广阔的发展前景。

新西兰是第一个完成我国入世双边谈判，并承认我国完全市场经济地位的国家。2008 年 4 月 7 日，新西兰与我国正式签署《中国—新西兰自由贸易协定》，成为第一个与我国完成自由贸易区谈判的发达国家。中新 FTA 谈判始于 2004 年 11 月，历经 15 轮磋商，最终在近四年后完成。目前，我国是新西兰第三大贸易伙伴国、第四大出口市场和第二大进口来源地，出口新西兰的主要产品包括电子机器和设备、机械设备、服装、家具、玩具、钢铁产品等，新西兰出口我国的主要产品则包括乳制品、木材、纸浆及其他纸制品和羊毛等。中新 FTA 协定的形成将缩小目前的顺差，预计未来二十年，新西兰对我国出口将增长 39%，我国对新出口将增长 11%。对于我国企业来说，实行中新 FTA 协定后，对新出口产品或者到新投资，都将逐步享受更为优惠的关税或国民待遇，从而降低出口成本。

11.4　继往开来：对外开放的战略选择

党的十一届三中全会以来，对外开放作为我国的一项基本国策，始终被置于经济发展的重要战略地位。1982 年 9 月，十二大报告指出："实行对外开放，按照平等互利的原则扩大对外经济技术交流，是我国坚定不移的战略方针"。1987 年 10 月，十三大报告指出："进一步扩展同世界各国包括发达国家和发展中国家的经济技术合作与贸易交流。"1992 年 10 月，十四大报告指出："我国坚定不移地实行对外开放，愿意不断加强和扩大同世界各国在平等互利基础上的经济、科技合作，加强在文化、教育、卫生、体育等多领域的交流"，"进一步扩大对外开放，更多更好地利用国外资金、资源、技术和管理经验"，"积极开拓国际市场，促进对外贸易多元化，发展外向型经济"。1997 年 9 月，十五大报告提出："努力提高对外开放水平"，"发展开放型经济，增强国际竞争力"，"要形成平等竞争的政策环境，积极参与区域经济合作和全球多边贸易体系”。2002 年 11 月,十六大报告指出:“坚持‘引进来’和‘走出去’相结合,全面提高对外开放水平,适应经济全球化和加入世贸组织的新形势,在更大范围、更宽领域和更高层次上参与国际经济技术合作和竞争”,“实施‘走出去’战略是对外开放新阶段的重大举措”,“积极参与区域经济交流和合作”。

在实践“市场多元化战略”、“以质取胜战略”、“大经贸战略”、“科技兴贸战略”等对外开放战略的基础上,《“十一五”规划纲要》提出了实施“互利共赢”的开放战略,把既符合本国利益又促进共同发展作为处理与世界各国和地区经贸关系的基本原则,指导我国在“十一五”期间统筹国内发展和进一步对外开放。“十一五”时期,我国对外开放面临更加复杂的国际环境和国内发展提出的新要求,必须提高对外开放水平。十七大报告指出:“当代我国同世界的关系发生了历史性变化,我国的前途命运日益紧密地同世界的前途命运联系在一起。”改革之初以来的实践证明,坚持对外开放是一个正确选择,继续坚持对外开放的基本国策应当成为我国未来经济发展中的重要战略。时逢我国由开放大国向开放强国转变的关键时期,在看到既有成就的同时,应当透彻把握目前全球经济一体化的大背景,就自身的经济状况进行清晰把脉,进一步提高开放型经济水平,抓住关系到改革发展全局的关键,实行更为积极主动的对外开放战略,把握住经济全球化、区域化的机遇。

11.4.1　势不可挡:稳走经济全球化道路

“冷战”结束后出现了新的全球化浪潮,由此形成发达国家产业资本向发展中国家的大量转移。经济全球化不可阻挡,这一革命性的浪潮带来了生产要素的全球流动以及跨国公司的全球活动,增强了国家之间在经济上的相互依赖。经济全球化在经历了漫长的发展过程之后,将实现世界经济高度一体化的终极目标,届时各国和地区的经济领域将融合为一个整体,经济国界淡化,形成统一的世界市场,实现生产等要素在全球范围内的合理配置。

在目前全球范围形成的市场中,各国都拥有广阔的发展空间,突破了单个国家在市场规模、资源禀赋等方面的限制,实现了资源在全球范围内的优化配置,使各国获得更高的效益。每一个国家都面临着经济全球化的挑战,无论主动还是被动。如果刻意抗拒或者消极回避这一不可逆转的时代潮流,将遭受必然的损失。参与到经济全球化当中去迎接挑战,是发展中国家的不二之选。在积极参与的过程中,能够充分依靠发展中国家的集体力量,共同分享经济全球化带来的有利条件,尽快走向世界经济的前沿,赶超一线发达国家的步伐。

我国的对外开放与国际化进程相适应,通过对外开放,我国成功地抓住了经济全球化的重要机遇,通过积极参与国际分工来发展壮大自己,变封闭的经济体为全面开放的经济体,既弥补了自身发展资本的不足,利用外部市场缓解了就业的压力,也有效地促进了国内改革的步伐。在三十年的对外开放中,我国很好地把握了国际产业结构调整带来的机遇,在扩大进出口贸易、利用外商直接投资等方面取得了显著成效,促进了国内经济高速增长,成为经济全球化当中受益最大的发展中国家之一。

经济全球化的发展道路不会一帆风顺,在我国对外开放的过程中仍然存在着许多挑战,需要我国在诸多方面加以调整。随着我国越来越深入地融入世界经济,有的部门可能会由于日益激烈的国际竞争而受到冲击,表现为失业、收入下降等,但这些困难都是短期的。我们要认识到,经济全球化是一条正确、和平、互利、可持续的发展之路,也是唯一可行的发展之路,沿着这条路坚定不移地走下去,我国必将以更加骄人的姿态屹立于世界之林。

1. 防范、控制全球化的不利冲击

我国在积极参与经济全球化的过程中收获丰厚,但也未能免除不利冲击的遭遇:新贸易保护主义对我国出口产品接连打压,我国在国际分工的低层次地位上利益分配失衡,外资投向的地区结构性失衡加剧了我国区域经济发展的差距,等等。透过繁荣看隐患,我国应全面研究经济全球化的发展走向和自身所面临的经济形势,建立国家经济安全的防范体系,适时提出应对措施,在经济全球化浪潮的冲击下当好"掌舵"的角色。进一步深化外贸体制改革,对进出口商品的经营管理加以完善,健全与国际接轨的有关法律法规,加强投资引导的宏观调控。值得注意的是,在新的全球化格局的发展中,发达国家产业转移的后续重点将是重工产业,这将会导致发展中国家承接的国际投资和出口增长都会向重工产业转移;我国在产业结构的调整与升级上要加大力度,进一步促进增长方式的转变。

2. 选择、把握、发展机遇产业

在经济全球化的浪潮中,选择环保、信息等有前景的机遇产业进行发展,对于我国的经济发展来讲具有极其重要的战略意义。从十六大的"走资源消耗低、环境污染少的新型工业化道路"到十七大的"节能减排",近年来,我国的环保产业在政府的大力支持下实现了快速发展,开发的新技术、改造的新工艺、推广的新产品层出不穷,不断向污染治理和生态保护的各个领域覆盖。在全球范围内环境日益恶化的严峻形势下,我国的环保产业有着潜在的巨大市场需求。经济全球化使得整个世界"扁平化",各国和地区在诸多领域的密切交流呼唤着信息产业向更快更高层次迈进;我国信息产业起步较晚但发展迅速,在未来的对外开放和改革进程中需要进一步巩固其先导、支柱产业的地位。

3. 培育、提升企业国际竞争力

我国的市场经济从总体上看还处于发展的初级阶段,企业在国际上的竞争力也还处于初级培育阶段,在国际市场中的总体竞争力还不够强。放眼世界,现代企业的竞争已经从传统的产品、市场、技术竞争逐步过渡和上升到战略层面的竞争,总结当今知名跨国企业的发展过程以及我国企业走向世界的成功经验,无不是根据自身特点以及所处的不同发展阶段来制定不同的发展战略,从而走上了企业的可持续发展之路,不断将企业做大、做强。有了战略的指引,我国企业就要在自身所处行业内努力提升地位,在创新中发展壮大,抢占行业的制高点,争取做到行业的领先地位。企业国际竞争力的提升将进一步促进"走出去"战略的实施,有利于我国对两个市场、两种资源的更好利用。

11.4.2　方兴未艾:推动经济区域化进程

经济区域化是当今世界经济发展的另一重要趋势,是经济全球化的一种形式、一个阶段、一种结果,有助于消除全球化带来的负面作用,增强民族和地区经济抗御全球化浪潮冲

击的能力。自20世纪80年代中后期起，新一轮的经济区域化浪潮在世界范围内掀起，并开始与经济全球化平行发展。目前，包括发达国家在内的遍布全球的区域性经济合作方兴未艾，北美、欧盟、拉美等区域性经济合作已初具形态，经济区域化将成为未来世界经济中强有力的发展趋势之一。经济区域化促进区域内贸易、生产的发展，对经济全球化进程起到了有力的推动作用，经济区域化的扩展与融合将最终使全球形成一个完整的统一市场，这与经济全球化的终极目标相一致。

经济区域化是发展中国家应对经济全球化的有效途径，是较为实际和稳妥的选择。发展中国家常选择南南合作的方式来集体应对由发达国家主导的经济全球化，以循序渐进面对全球化竞争。在利益分配明确、监督和协调机制较完善的合作中，有效地保证了发展中国家的利益。发展中国家的经济发展水平普遍偏低，且存在着产业结构趋同等问题。在南南经济合作效果不理想的情况下，同发达国家开展南北合作也成为新的合作方式，可以吸引发达国家的投资，引进大量的先进技术，扩大出口，增加更多的就业机会。目前，主要由发展中国家组成的一些地区经济合作组织，如东盟、海湾合作委员会、西非经济和货币联盟、东南部非洲共同市场、南部非洲发展共同体、南美共同市场等都显示出了很强的生命力。

一个国家的力量是有限而微薄的，在经济全球化和市场竞争日益激烈的形势下，我国选择推动经济区域化进程具有深远意义。经济区域化既可以作为我国逐步融入经济全球化的初始过渡阶段，也可以用来抵御发达国家的经济冲击，通过经济区域化的途径来撼动不合理的全球化规则，有效维护自身利益。从我国经济开放的长远战略目标来看，不仅在于重视与区域化进程迅速的东南亚国家开展经济合作、直接加入东南亚经济一体化进程，更在于大力发展同中亚、西亚国家及俄罗斯的经济关系，扩展我国对外开放的空间，最终建立一个我国在其中占据主导地位、联结东南亚、中亚、西亚和俄罗斯的共同市场，制衡与消解对日本、美国、西欧的依赖。

1. 促进区域合作形式多样化

我国积极实施自由贸易区战略，当前在自由贸易区建设方面已经取得了一定进展，正持续深入巩固区域经济合作关系，并不断拓展以大湄公河为典型的次区域经济合作。未来我国自由贸易区的建设具有很大的发展空间，比如，可以重点建立边境自由贸易区来进一步提升对外开放水平，从而推动与周边国家的经济合作。目前，在与发达国家往来密切、积极发展南北合作的同时应看到，我国与发展中国家的经济有着很强的互补性，例如，在与东盟的合作中弥补了钢材方面的短缺；南南合作潜力巨大，可以使我国在国际交换中获取新的资源和原材料供应，解决资源短缺的潜在威胁。另外，在未来推动我国企业走出去投资和开展经营的同时，可以鼓励其建立境外经济合作区，以更好地熟悉国际经济贸易和投资环境，按照国际通行的规则办事，培育我国的跨国公司和世界品牌。

2. 加速实现区域贸易自由化

区域贸易自由为国内外企业提供了更宽松的交易环境，有助于减少区域内的贸易壁垒，是多边贸易体制的有益补充，使区域内得以实现贸易便利化，对参与国的贸易发展起到了有力的推动作用。区域贸易自由化将成为我国深化对外开放领域、提高开放型经济水平的重要路径和必然选择。我国在下一步的对外开放中有必要大力推进区域贸易自由化进程,促进要素跨境流动和优化配置,按照各种区域贸易安排形式,与合作伙伴间进一步开放市场,降低关税水平,对合作伙伴进口产品实行比最惠国税率更低的协定税率,最终实现零关税。具体来讲,为实现区域贸易自由化的目标,我国需要在简化通关程序、提高通关效率、减少文件要求、能力建设、商务人员通关便利等方面作出不懈的努力。

3. 从经济区域化走向经济全球化

在对外开放道路的探索中,一些政策和措施的试行在区域经济合作中能得到初步的实践和验收,作为深入广泛推进的依据。比如,在推进人民币可自由兑换方面,可以逐步推进人民币的区域化、国际化进程,首先在周边国家地区的边境贸易和经济合作中全面实施,允许将人民币作为贸易往来、承包工程、劳务合作等的结算货币。这样做有效地减少了汇率风险和交易成本,避免了世界大范围内的冲击。当试行取得一定成效和经验、得以不断改进和完善、操作运行比较成熟后,再继续推进资本市场对外开放,拓宽境外机构在我国境内的融资渠道,稳步实现资本项目可兑换。如前所述,经济区域化与经济全球化的终极发展目标是一致的,在我国顺应世界经济潮流的过程中,既要努力适应经济全球化的要求,又要积极寻求区域经济合作,在经济全球化与经济区域化相互交织的复杂形势下灵活应对。

主要参考文献

[1]《社会保障制度改革与开征社会保障税可行性研究》协作课题组.我国社会保障制度改革的基本思路[J].经济研究.1994,(10):10～18.

[2]阿马蒂亚·森著.任赜,于真译.以自由看待发展[M].北京:中国人民大学出版社,2002.

[3]安洪.积极应对反倾销:中国对外开放的重大课题[J].理论探索,2004,(1):72～73.

[4]安明.我国外汇储备高速增长利弊及对策建议[J].未来与发展,2007,(1):62～65.

[5]保罗·G.黑尔著.赵阳译.转型时期的制度变迁和经济发展[J].经济社会体制比较,2004,(5):1～11.

[6]财政部财政科学研究所.中国财政管理体制改革十年回顾[J].经济研究参考,2004,(2):21～29.

[7]曹子坚.中国农村改革正在酝酿"第三次浪潮"[J].甘肃理论学刊,2005,(5):78～79.

[8]曾慧琴.中国市场价格体制形成过程及实证分析[J].东南学术,2004,(5):36～38.

[9]曾志兰.中国对外开放思路创新的历程——从外向型经济到开放型经济[J].江汉论坛,2003,(11):17～20.

[10]陈东琪.中国二元结构转换:实证分析[J].宏观经济研究,2001,(12):14～16.

[11]陈共.财政学[M].北京:中国人民大学出版社,2002.

[12]陈佳.浅谈国库集中支付制度存在的问题及对策[J].湖南财经高等专科学校学报,2007,(8):38～39.

[13]陈明淑.民营经济:发展的新机制、新动力和新机遇[M].昆明:云南人民出版社,2004.

[14]陈文敬.中国对外开放三十年回顾与展望[EB/OL].http://www.caitec.org.cn/c/cn/news/2008～04/02/news-1055.html,2008年4月2日.

[15]陈钺,孟夏,郑焱焱.1993年中国经济对外开放综述[J].南开经济研究,1994,(2):44～50.

[16]陈宗胜.中国经济体制市场化进程研究[M].上海:上海人民出版社,1999.

[17]丛树海.1994年中国税制改革探析[J].财经研究,1994,(5):37～42.

[18]丛树海.财税改革二十年回顾与展望[J].财经研究,1998,(12):12～21.

[19]崔联会.中国财政制度研究[M].北京:社会科学出版社,2005.

[20]戴园晨.中国经济的奇迹:民营经济的崛起[M].北京:人民出版社,2005.

[21]单东.民营经济论[M].太原:山西经济出版社,2005.

[22]党国英.中国农村改革与发展模式的转变[J].社会科学战线,2008,(2):10～13.

[23]道格拉斯·C.诺思著.胡志敏译.理解经济变迁的过程[J].经济社会体制比较,2004,(1)1～7.

[24]邓小平.坚持按劳分配原则.邓小平文选(第二卷)[C].北京:人民出版社,1994年.

[25]杜青林.农业产业化是农村经济发展大战略[J].农村经营管理,2003,(12):9～11.

[26]樊纲,王小鲁.中国市场化指数——各地区市场化相对进程2000年度报告[M].北京:经济科学出版社,2001.

[27]樊纲,王小鲁.中国市场化指数——各地区市场化相对进程2004年度报告[M].北京:经济科学出版社,2004.

[28]方福前.论经济全球化的特征[J].江汉论坛,2001,(2):5～9.

[29]方建卿.完善国库集中支付制度的建议[J].财会研究,2008,(3):14～15.

[30]冯惠敏.对现行预算制度改革的思考[J].理论前沿,2005,(15):33～35.

[31]冯云.财政基本建设预算管理存在的问题与对策[J].中国科技信息,2007,(5):16～17.

[32]傅京燕.我国服务贸易总量和结构的国际比较分析[J].经济体制改革,2008,(1):49～53.

[33]傅允生.市场化进程与区域经济发展的关联分析[J].经济理论与经济管理,2003,(8):54～58.

[34]高培勇,温来成.市场化进程中的中国财政运行机制[M].北京:中国人民大学出版社,2001.

[35]高培勇.收入分配:经济学界如是说[M].北京:经济科学出版社,2008.

[36]高书生.中国社会保障改革:困境与出路.江苏行政学院学报,2005,(6):59～64.

[37]高新才.西部大开发:国家战略的变迁与完善[J].兰州大学学报(社会科学版),2005,(3):9～14.

[38]高新才.与时俱进:中国区域发展战略的嬗变[J].兰州大学学报(社会科学版),2008,(3):2～16.

[39]高新才.中国经济发展之魂:经济篇[M].兰州:甘肃文化出版社,2004.

[40]高新才.中国经济改革三十年:区域经济卷(1978～2008)[M].重庆:重庆大学出版社,2008.

[41]高新才.中国经济体制大走势[M].兰州:兰州大学出版社,1993.

[42]葛文静,李建中.中国流通体制改革模式探析[J].农村经济与科技,2007,(1):45～46.

[43]龚静,杨林.我国财政债务规模的现状及对策建议[J].南通纺织职业技术学院学报,2006,(6):71～75.

[44]国务院发展研究中心课题组.营造良好外部环境——“十一五”计划期间我国发展的外部环境与对外开放的战略任务[J].国际贸易,2005,(5):4~7.

[45]和春雷.社会保障制度的国际比较[M].北京:法律出版社,2001.

[46]胡鞍钢,门洪华.中国对外开放与融入世界[J].太平洋学报,2005,(4):15~25.

[47]胡耀国.价格机制与市场机制[J].价格月刊,1998,(6):7

[48]华民.经济全球化与中国的对外开放[J].学术月刊,2007,(7):62~71.

[49]华民.我们究竟应当怎样来看待中国对外开放的效益[J].国际经济评论,2006,(1):41~47.

[50]贾康.2007年财政政策特点分析与2008年财政政策功能定位[J].中央财经大学学报,2007,(10):1~5.

[51]贾康.我国财政体制改革的回顾与评析[J].财经科学,1999,(5):25~28.

[52]贾月梅.论我国市场经济中的价格法制建设[J].现代财经,2003,(12):50~51.

[53]江小涓.中国对外开放进入新阶段:更均衡合理地融入全球经济[J].经济研究,2006,(3):4~14.

[54]蒋善利.对建立社会主义市场经济中价格运行机制的几点认识[J].价格理论与实践,1996,(3):11~12.

[55]匡利民.论经济全球化与21世纪中国面临的机遇和挑战[J].企业家天地下半月刊(理论版),2007,(1):1~2.

[56]冷崇高.论社会主义市场价格体制的基本框架[J].福建经济,1996,(9):27~28.

[57]冷崇高.谈谈价格机制的内容[J].市场经济管理,1997,(3):17~19.

[58]李安方.科学发展观与中国对外开放战略的调整[J].现代经济探讨,2005,(7):48~52.

[59]李国健.财政改革与发展研究[M].济南:山东人民出版社,2007.

[60]李惠.分税制财政体制改革的若干思考[J].江西社会科学,1998,(11):118.

[61]李慧中.中国价格改革的逻辑[M].太原:山西经济出版社.1998.

[62]李京文.中国区域经济发展的主要趋势与对策[J].中国城市经济,2007,(10):10~13.

[63]李爽.起点公平和机会公平是实现公平分配的前提和基础[J].中国金融,2007,(16):28~30.

[64]李小深.探索财政预算改革的思路[J].审计天地,2007,(5):20~21.

[65]李哲.加入WTO后中国经济对外开放的发展[J].北京广播电视大学学报,2004,(3):35~39.

[66]梁丹.关于进一步完善财政转移支付制度的思考[J].经济研究参考,2008,(7):57~60.

[67]廖建祥.对外开放发展研究[M].北京:国际文化出版公司.2001.

[68]林桂军,孙玉琴.中国对外开放思维定式的稳定性[J].国际贸易问题,2005,(2):11~28.

[69]林毅夫,李志赟.中国的国有企业与金融体制改革[J].经济学,2005,(7):912～936.

[70]刘传江.城镇化与城乡可持续发展[M].北京:科学出版社,2004.

[71]刘家桂,万小兵.中国对外开放模式的重大创新[J].经济师,2004,(11):80～81.

[72]刘秀英.我国服务贸易对外开放的战略模式研究[J].商业现代化,2006,(6):60～61.

[73]龙茜,孙莉萍.对中国农业与农村改革的成效和出现的问题分析[J].农业科技与信息,2007,(4):54～55.

[74]卢黎霞.实施取消农业税政策的几点思考[J].成都行政学院学报,2004,(8):63～65.

[75]罗必良.中国农产品流通体制改革的目标模式[J].经济理论与经济管理,2003(4),58～63.

[76]罗伊·鲍尔著.许善达,王裕康,廖体忠等译.中国的财政政策——税制与中央及地方的财政关系[M].北京:中国税务出版社,2000.

[77]罗长远,张军.转型时期的外商直接投资:中国的经验[J].世界经济文汇,2008,(1): 27～42.

[78]马骏.全国社会保障基金会的运行规则:国际经验及对中国的启示[J].经济研究.2001,(9):50～59.

[79]马凯.从计划价格走向市场价格[M].北京:中国物价出版社.1993.

[80]马强.从货物贸易顺差角度看我国外汇储备[J].经济研究参考,2007,(2):22～30.

[81]马瑞萍.浅谈中国对外开放中的制度创新问题[J].环渤海经济瞭望,2004,(8):17～18.

[82]毛蕴诗,戴勇.经济全球化与经济区域化的发展趋势与特征研究[J].经济评论,2006,(4):131～138.

[83]米红,王丽郦.从覆盖到衔接:论中国和谐社会保障体系“三步走”战略[J].公共管理学报.2008,(1):1～15.

[84]苗秀杰.对国内价格国际化的几点认识[J].辽宁师范大学学报,1997,(3):11～13.

[85]穆怀中.社会保障适度水平研究[J].经济研究,1997,(2):56～63.

[86]牛士华,杨频,李奎.中国—东盟经贸合作新形势与推进措施[J].产业与科技论坛,2007,6(11):53～54.

[87]彭莹,陆甦颖.我国服务贸易发展研究综述[J].江苏商论,2007,(10):77～78.

[88]蒲源清.健全公共财政体制促进经济社会协调发展[J].经济师,2008,(1):44～45.

[89]钱运春等.新开放观——中国对外开放政策与战略再探索——《世界经济研究》公开发行 20 周年研讨会综述[J].世界经济研究,2005,(9):33～36.

[90]曲光俊.中国经济的对外开放进程及其对经济增长的影响[D].重庆大学,2005.

[91]任浩,郝晋珉.剪刀差对农地价格的影响[J].中国土地科学,2003,(3):38～39.

[92]阮应国.中国财政形势与问题评析[J].江淮论坛,2006,(6):16～21.

[93]石小敏.中国改革三十年[J].中国物流与采购,2006,(24):16～18.

[94]隋广军,申浩明.贸易自由化模式与中国的比较优势[J].改革,2008,(2):30～35.

[95]孙久文.中国区域经济实证研究——结构转变与发展战略[M].北京:中国轻工业出版社,1999.

[96]孙开,彭键.财政管理体制创新研究[M].北京:社会科学出版社,2004.

[97]万广华.经济发展与收入不均等:方法和证据[M].上海:上海人民出版社,2006.

[98]王海港.中国居民的收入分配和收入流动性研究[M].广州:中山大学出版社,2007.

[99]王宏宇.农村家庭承包经营的局限性及对策探讨[J].农业经济,2008,(3):55～57.

[100]王欢.中国 20 年价格改革的回顾与展望[J].集团经济研究,2007,(4):67.

[101]王慧谦,梁凯.关于生产资料价格并轨的思考与建议[J].中国物资经济,1990,(10):6～7.

[102]王建.新时期中国对外开放战略和需要正确看待的五个问题[J].董事会,2007,(9):22～25.

[103]王洛林.面向 21 世纪的思考——中国经济体制改革和对外开放二十周年:回顾与前瞻[M].北京:社会科学出版社,1999.

[104]王平,王东,张磊.我国对外开放战略的演变[J].中国乡镇企业会计,2006,(1):41.

[105]王萍萍,倪斌.浅析我国公债政策的使用与经济效应[J].沿海企业与科技,2007,(3):21～23.

[106]王谦,王强.建立政府采购制度:我国财政管理体制改革的必由之路[J].经济工作导刊,2003,(6):9～10.

[107]王盛开,方彬.改革开放以来中国共产党的农村政策趋向演变的历史考察[J].求实,2006,(12):99～101.

[108]王一江.当前财政体制的问题与改革方向[J].西部论丛,2007,(12):34～35.

[109]王玉华,刘英杰.我国公债政策的效用与未来走向[J].财税问题研究,2004,(4):19～21.

[110]王志乐.被动防御还是主动整合——新时期对外开放战略的选择[J].浙江经济,2007,(12):22～24.

[111]韦素华.加强财政法制建设问题探析[J].经济师,2008,(2):91～92.

[112]魏后凯.促进地区经济协调发展的两个政策问题[J].经济学动态,2006,(8):18～20.

[113]魏娟.社会主义发展史上两次农村改革的理论启示[J].江西社会科学,2000,(3):78～79.

[114]温家宝.不失时机推进农村综合改革,为社会主义新农村建设提供体制保障[J].求是,2006,(18):1～2.

[115]温铁军.回望改革[J].南风窗,2007,(10 下):23～25.

[116]文贯中.走经济全球化的发展之路:中国在新世纪的机遇与挑战[J].经济学(季刊),2002,(2):489～500.

[117]吴楠,冯中朝,李晓莉.我国外汇储备规模结构与国家经济战略[J].商业时代,2007,(1):32～34.

[118]吴志菲,厉以宁:把脉中国民营经济[J].今日中国论坛,2007,(1):30～32.

[119]武安华,韦宝毅.中国—东盟经贸合作分析[J].南宁职业技术学院学报,2007,12(1):51～54.

[120]夏斌.解决我国外汇储备过多问题之我见[J].宏观经济管理,2007,(1):30～32.

[121]夏兴园,李洪斌.对转轨时期我国产业结构趋同的理论思考[J].经济评论,1998,(2):53～56.

[122]项怀诚.我国财税改革十年回顾与思考[J].财经研究,2001,(6):3～8.

[123]向宇.经济区域化:经济全球化的一种形式或一个阶段[J].中南民族大学学报(人文社会科学版),2005,25(1):119～122.

[124]萧冬连.中国对外开放的决策过程[J].中共党史研究,2007,(2):12～22.

[125]谢丹.经济全球化与我国经济发展对策思考[J].商业现代化,2007,(3):48～49.

[126]谢旭人.落实科学发展观推进财政改革与发展[J].求是,2008,(5):16～18.

[127]徐伟东.我国外汇储备的规模与结构管理研究[D].东北财经大学,2005.

[128]徐震.调整对外开放战略形成对外开放新格局[J].政策瞭望,2007,(11):33～35.

[129]杨丹辉.对外开放战略的新思路与政策建议[J].中国经贸导报,2007,(12):31～32.

[130]杨鲁.关于生产资料价格双轨制的改革[J].改革与战略,1991,(2):45～46.

[131]阳小华.民营经济发展研究[M].武汉:湖北人民出版社,2000.

[132]杨燕青.对生产资料价格双轨制问题的思考[J].中央财政金融学院学报,1992,(4):56～57.

[133]杨志勇.中国财政体制改革理论的回顾与展望[J].财经问题研究,2006,(7):11～17.

[134]叶卫平.经济全球化与经济区域化[J].中国人民大学学报,2001,(4):19～22.

[135]叶振鹏.中国财政改革:难点与热点[M].北京:中国经济出版社,1999.

[136]于遨洋.经济全球化条件下中国经济发展的几点建议[J].理论界,2007,(1):66～67.

[137]于凌云,杨树琪.取消农业税以来农村财税改革理论研究动向综述[J].经济问题探索,2007,(9):97～99.

[138]于培伟.经济全球化的“续”与“变”[J].经济研究参考,2007,(2):2～9.

[139]于培伟.如何认识和顺应经济全球化[J].宏观经济管理,2007,(1):35～38.

[140]于文涛.我国高额外汇储备探析[J].宏观经济管理,2007,(1):32～34.

[141]苑秀丽.全球化浪潮里中国对外开放道路的选择[J].内蒙古师范大学学报(哲学社会科学版).2004,33(2):58～62.

[142]载天顺,王大勇,唐恒照.社会主义经济概论[M].北京:兵器工业出版社,1998.

[143]张柄富.社会主义市场价格体制的特征[J].价格理论与实践,1993,(7):19~21.

[144]张超.新区域主义的兴起及其在东亚的发展研究[D].华中科技大学,2004.

[145]张二震,方勇.贸易投资一体化与中国对外开放战略[J].江苏行政学院学报,2004,(3):38~43.

[146]张光远.经济转轨中的价格机制[M].北京:中国物价出版社.2002.

[147]张光远.愚者千虑:走向市场经济的探索[M].北京:中国物价出版社.2003.

[148]张光忠.经济全球化的意义、影响与发展趋势评论[J].河南商业高等专科学校学报,2004,(6):1~4.

[149]张汉林.加入世贸组织与中国经济的对外开放[J].思想理论教育导刊,2001,(3):43~47.

[150]张京震.经济全球化发展态势及其对我国的影响[J].经济师,2007,(2):285.

[151]张可云.区域经济政策[M].北京:商务印书馆,2005.

[152]张明玉.对外开放·通货膨胀·经济增长相关机制实证分析[M].天津:南开大学出版社, 1991.

[153]张平.增长与分享:居民收入分配理论和实证[M].北京:社会科学文献出版社,2003.

[154]张万成.加入 WTO 后国内价格国际化趋势及我国的对策选择[J].商业研究,2002,(6):123~125.

[155]张旭宏.新形势下我国对外开放的战略思考[J].宏观经济管理,2005,(2):23~27.

[156]张燕生.对外开放战略已到"转向"点[J].中国改革,2007,(8):53~54.

[157]张莹雪.创新公共财政促进社会和谐[J].河北能源职业技术学院学报,2007,(6):50~51.

[158]张幼文.中国对外开放的新战略构想[J].社会观察,2005,(2):3~6.

[159]张幼文等.新开放观——对外开放理论与战略再探索[M].北京:人民出版社,2007.

[160]赵人伟.中国居民收入分配再研究——经济改革和发展中的收入分配[M].北京:中国财政经济出版社,1999.

[161]赵三英,蔡文浩.中国对外开放进程的演化[J].生产力研究,2007,(9):70~71.

[162]郑秉文.社会保障制度改革二十年鸟瞰与评论[J].中国人口科学.2007,(5):9~13.

[163]郑功成.社会保障学:理念、制度、实践与思辨[M].北京:商务印书馆,2000.

[164]郑功成等.中国社会保障制度变迁与评估[M].北京:中国人民大学出版社,2002.

[165]周柄灼.论我国价格规制法律体系的完善[D].湖南大学,2006.

[166]周林.迈向世界的中国经济——对外开放二十年回顾与展望[J].外交学院学报,1998,(4):18~23.

[167]周其仁.收入是一连串事件[M].北京:北京大学出版社,2006.

[168]周淑景,朱乐尧.新农村建设与经济发展模式重建[J].财经问题研究,2006,(8):82～83.

[169]朱明熙.对我国公债的几点看法[J].财经科学,1999,(5):81～84.

[170]祝鸿玲.我国财政政策十年回顾及其效果评析财税问题研究[J].时代经贸,2007,(9):113～115.

后 记

当《中国经济体制:变革与挑战(1978—2008)》终于完整地呈现在诸君面前,一颗忙碌的心才稍稍得以松弛。书的写作虽已告一段落,但中国的改革进程依然在继续,我们的思考也依然在延续。

改革开放三十年,看似挺长一段时间,但在人类历史的长河中仅仅是弹指一挥间。三十年的改革开放,在历经了无数艰难险阻之后,中国取得了令世人震惊的伟大成就。但这一切都只是中国改革走向最终成功的阶梯。我们更关心中国经济的未来,更关注中国经济体制未来的改革方向。虽然有了三十年改革开放的奠基,但我们都很清楚地知道,更多的困难正在前方埋伏。进一步的改革到底如何进行,这需要中国的理论工作者和实践工作者立足现实,大胆探索。本书其实就是我们在经济体制改革领域的一些思考。

本书是集体劳动的成果,参与编写工作的作者还有:闫磊、雒明峰、王琳、崔琰、卢超、王云峰、赵玲、许倩、周西南、童长凤、周颖。虽然编写组全体成员为本书的写作倾注了大量精力,但限于我们的学识和水平,本书难免存在错误和疏漏。我们以极大的热忱欢迎任何善意的批评与建议,并以此作为我们前进的动力。

作者

2008 年 9 月 6 日